Krug
Korruption in verschiedenen Wirtschaftssystemen

GABLER EDITION WISSENSCHAFT

Sabine Krug

Korruption in verschiedenen Wirtschaftssystemen

Eine komparatorische Analyse

Mit einem Geleitwort
von Prof. Dr. Gert-Harald von Kortzfleisch

Springer Fachmedien Wiesbaden GmbH

Die Deutsche Bibliothek - CIP-Einheitsaufnahme

Krug, Sabine:
Korruption in verschiedenen Wirtschaftssystemen : eine
komparatorische Analyse / Sabine Krug.
Mit einem Geleitw. von Gert-Harald von Kortzfleisch.
- Wiesbaden : Dt. Univ.-Verl. ; Wiesbaden : Gabler, 1997
(Gabler Edition Wissenschaft)
Zugl.: Mannheim, Univ., Diss., 1996

© Springer Fachmedien Wiesbaden 1997
Ursprünglich erschienen bei Betriebswirtschaftlicher Verlag Dr. Th. Gabler GmbH, Wiesbaden 1997

Höchste inhaltliche und technische Qualität unserer Produkte ist unser Ziel. Bei der Produktion und
Auslieferung unserer Bücher wollen wir die Umwelt schonen: Dieses Buch ist auf säurefreiem und
chlorfrei gebleichtem Papier gedruckt.

Die Wiedergabe von Gebrauchsnamen, Handelsnamen, Warenbezeichnungen usw. in diesem
Werk berechtigt auch ohne besondere Kennzeichnung nicht zu der Annahme, daß solche Namen
im Sinne der Warenzeichen- und Markenschutz-Gesetzgebung als frei zu betrachten wären
und daher von jedermann benutzt werden dürften.

ISBN 978-3-8244-6446-3   ISBN 978-3-663-08659-8 (eBook)
DOI 10.1007/978-3-663-08659-8

Meiner Familie

Geleitwort

Es gibt kein Wirtschaftssystem ohne Korruption, wie es kein Gesellschaftssystem ohne Prostitution gibt. Beide, Korruption und Prostitution, sind so alt wie die Menschheitsgeschichte, beide werden regionalspezifisch gehandhabt und beide sind von jeher ambivalent angesehen. Das ist auch heute noch so; die fortschreitende globalökonomische Arbeitsteilung zwingt jetzt aber viele Unternehmen, weltweit Korruptionspraktiken zu studieren, die ihnen selbst fremd sind.

Die rund 180 Nationalökonomien, die es z. Zt. auf der Erde gibt, sind u.a. nach den mehr oder weniger großen Einflüssen von organisierten Politikern auf das alltägliche Wirtschaftsleben zu unterscheiden. So gesehen, sind es die beiden idealtypischen, d.h. nicht real existierenden Extreme: "Völlig freie Marktwirtschaft" einerseits und "total dirigistische Planwirtschaft" andererseits. Werden alle wirklich bestehenden Wirtschaftssysteme dazwischen irgendwo gedanklich plaziert, dann sind in erster Näherung die Verbreitung und das Gewicht der Korruption aus ihrer Position in diesem Kontinuum abzuschätzen nach der Faustregel: Je größer die Schnittmenge von politischen und ökonomischen Aktivitäten, desto mehr Korruption. Diese Regel gilt für ganze Volkswirtschaften, aber auch für deren abgrenzbare Sektoren, wie Branchen (z.B. Rüstungsindustrie oder Bauwirtschaft) und Regionen (z.B. Großstädte oder Regierungsbezirke).

In zweiter Näherung ist die Üblichkeit und damit die Notwendigkeit von passiver und aktiver Korruption in mehr oder weniger freien Marktwirtschaften danach abzuschätzen, inwieweit die Freiheit der Akteure im Wirtschaftsleben freiwillig oder gesetzlich begrenzt wird durch deren Bindungen an metaökonomische Werte. Akteure im Wirtschaftsleben sind in dieser Sicht alle arbeitenden Menschen, alle Konsumenten und vor allem alle Unternehmer mit ihren Chancen und Risiken. Metaökonomische Werte sind soziale Werte, moralische und ethische Werte, die ihrerseits letztlich aus religiösen Wertvorstellungen, d.h. der Verantwortung des Menschen für seine Mitmenschen, abgeleitet sind. Wirtschaftliche Freiheit ohne jede Bindung an metaökonomische Werte läßt anarchische "Korruptionsökonomien" entstehen; dafür bieten einige der neuen Staaten in Osteuropa, aber auch einige Entwicklungsländer anschauliche Beispiele. Das extreme Gegenteil wären Volkswirtschaften mit strengsten Bindungen ohne jede wirtschaftliche Freiheit; dafür gibt es keine Beispiele, denn das wären "Illusionsökonomien" und die sind wegen ihrer Ineffizienz nicht existenzfähig, wenngleich idealistische Sektierer derartiges immer noch für möglich zu halten scheinen.

Die Arbeit von Sabine Krug gibt keine Patentrezepte zur Lösung schwieriger Korrup-
tionsprobleme, die auf jedes Unternehmen zukommen können; sie zeigt aber, wo
derartige Probleme zu erwarten, und wie diese zu präzisieren sind.

Gert - Harald von Kortzfleisch

Vorwort

Mein besonderer Dank gilt Herrn Professor Dr. Gert - Harald von Kortzfleisch, der die vorliegende Arbeit durch die mehrfache Erwähnung des Phänomens der Korruption in seinen betriebswirtschaftlichen Veranstaltungen angeregt hat. Durch seinen unerschöpflichen kritischen und zugleich konstruktiven Rat hat er meine Arbeit wirkungsvoll gefördert und zu ihrem Gelingen beigetragen.

Bedanken möchte ich mich außerdem bei Herrn Professor Dr. Heinz Bergner, der das Korreferent übernommen hat, und bei Herrn Professor Dr. Peter Milling für seine die Arbeit voranbringende Kritik.

Nicht zuletzt der bereitwilligen Übernahme zweier Doctoranden zum Themengebiet Korruption durch Herrn Professor Dr. Gert - Harald von Kortzfleisch ist es zu verdanken, daß Herr Andreas Oliver Vogt und ich uns gegenseitig durch sehr konstruktive und unaufhörliche Gespräche unterstützen konnten. Der ständige Gedankenaustausch förderte nicht nur in besonderer Weise die beiden Arbeiten zur Korruption (die Arbeit von Herrn Andreas Oliver Vogt ist veröffentlicht bei Gabler Edition Wissenschaft / Deutscher Universitätsverlag, Korruption im Wirtschaftsleben, Eine betriebswirtschaftliche Schaden - Nutzen - Analyse, ISBN 3-8244-6447-0), sondern ließ auch die wissenschaftliche Auseinandersetzung zu einem sehr lebendigen Unterfangen werden.

Schließlich möchte ich allen denjenigen, die mir in unterschiedlichster Weise bei der Erstellung der Arbeit ihre Unterstützung anboten und erwiesen, meinen Dank aussprechen.

Sabine Krug

Inhaltsverzeichnis

1. Korruption in Politik und Ökonomie als Phänomen in allen Wirtschaftssystemen

1.1. Korruption in der Theorie, in der Geschichte und in der Gegenwart

Korruption als Teil der *conditio humana* tritt in allen Wirtschaftssystemen auf und läßt sich aufgrund ihrer vielfältigen Erscheinungsformen semantisch nicht eindeutig beschreiben. Die zahlreichen Facetten von Korruption, die immer auch im Kontext mit dem sie umgebenden Wirtschafts- und Gesellschaftssystem zu sehen sind, machen eine allgemeingültige Definition des Begriffes unmöglich. Diese Schwierigkeiten werden auch in der Gesetzgebung deutlich: Die diffizile Begriffsklärung erschwert (augenblicklich noch) die Zuordnung krimineller bzw. illegitimer Akte zur Korruption und die Formulierung umfassender gesetzlicher Regelungen, die jede korruptive Handlung, unabhängig von den sie Ausübenden, einschließt. Die enge Verbindung von Korruption, gesellschaftlichen Normen und ökonomischen Zielen eines Individuums und/oder einer Volkswirtschaft verhindern u.a. auch ein koordiniertes internationales Vorgehen gegen Korruption.

Das Phänomen Korruption hat eine lange historische Tradition. Erste schriftliche Hinweise darauf stammen aus den Jahren um 2000 v. Chr. und ziehen sich durch die ganze Geschichte bis in die Gegenwart. Ähnlich der Prostitution verändert sich die Intensität der Korruption im Zeitablauf. Bezeichnend ist die mangelnde Faßlichkeit und die verwandte Grundstruktur dieser beiden ähnlich empfundenen menschlichen Verhaltensweisen. Deren Vielschichtigkeit und Verworrenheit, auch untereinander, verhindert ihre eindeutige Beurteilung durch die Gesellschaft.

Heute, gegen Ende des 20. Jahrhunderts, weckt die Korruption offensichtlich wieder großes Interesse. Die Medien beschäftigen sich eingehend mit spektakulären Korruptionsfällen und aktivieren das Bedürfnis der breiten Öffentlichkeit, sich mit den verschiedenen Erscheinungsformen der Korruption auseinanderzusetzen. Sensibilisiert für korruptive Handlungen und geschärft in ihrem Rechtsempfinden, erwartet die Gesellschaft ein angemessenes Vorgehen der Rechtsprechung gegen die überführten Defraudanten. Nur wenn diese adäquat bestraft werden, ist auf Dauer die Schwere der Vergehen allgemein zu erkennen, und wird Korruption nicht als Kavaliersdelikt angesehen.

1.1.1. Definitorische und praktische Abgrenzungen der Korruption gegen andere Defraudantismen

Die Formulierung einer allgemeingültigen Definition des Begriffs Korruption ist wegen seines interdisziplinären Charakters und seiner Bedeutungsvielfalt schwierig, zumal das Phänomen Korruption den verschiedenen wissenschaftlichen Disziplinen unterschiedliche Ansätze zur Behandlung bietet. Die Vieldeutigkeit des Begriffs Korruption im deutschen Sprachgebrauch erklärt sich aus seiner lateinischen Wurzel. Das lateinische Verb *corrumpere* bedeutet etwas unbrauchbar machen, vernichten, zu Schanden machen, zu Grunde richten, verderben, verschlechtern, entstellen, entkräften, verlieren, vereiteln, verfälschen, verdrehen, moralisch verderben, entehren, schänden, verführen, bestechen.[1] Die ungeachtet der begrifflichen Vielschichtigkeit schon in der Vergangenheit existente gesellschaftliche Bedeutung der Korruption zeigt sich in den damaligen Nachschlagewerken: "Korruption, Bestechlichkeit. -Korruption ist kein Rechts-, sondern ein Moralbegriff und bedeutet das Verschwinden der Hemmungen gegen die Verlockung zu unlauteren Handlungen. Der oft gehörte Vorwurf des Mangels an ausreichenden gesetzlichen Bestimmungen zur Bekämpfung der Korruption ist unbegründet. Zu ihrer Bekämpfung ist eine Verschärfung der bestehenden Strafgesetzgebungen nicht erforderlich. Es genügt eine Wiederauflebung des moralischen Empfindens aus der Mißbilligung durch die Gesellschaftskreise."[2] Inzwischen wird die Notwendigkeit einer Verschärfung der Strafgesetzgebungen nicht mehr bezweifelt, obwohl durch die unterschiedlich weiten Interpretationen des Begriffs von der gezielten Beamtenbestechung über den allgemeinen Machtmißbrauch bis hin zur systematischen Modifikation gesellschaftlicher Normen, etwa durch politisch motivierte Randgruppen oder diktatorische Regierungen, Abgrenzungsschwierigkeiten entstehen.

Ziel und Motiv aller korruptiven Tätigkeiten ist die Durchsetzung eigener Interessen in einem sozialen System. Korruption ist ein *ubiquitäres Phänomen*, das individuell unterschiedlich und eingebettet in das jeweils geltende Normensystem betrachtet werden muß.[3] "Korruption ist nicht immer abweichendes Verhalten; gleiches Handeln wird unterschiedlich wahrgenommen -einmal gebilligt, ein anderes Mal toleriert und ein drittes Mal verfolgt."[4]

---

1 Vgl. Heinichen, F. A.: Lateinisch - deutsches Schulwörterbuch, 1887.
2 Der große Herder, Nachschlagewerk für Wissen und Leben, 1933, Sp. 108.
3 Vgl. Alemann, U. von / Kleinfeld, R.: Begriff und Bedeutung der politischen Korruption aus politikwissenschaftlicher Sicht, 1992, S. 261 f.
4 Fleck, C. / Kuzmics, H.: Korruption - Zur Soziologie nicht immer abweichenden Verhaltens, 1985, S. 7.

Im Gegensatz zur Unterschlagung oder Erpressung, die gemeinhin als moralisch verwerflich angesehen werden, kann eine solche Qualifizierung für die Korruption nur unter Miteinbeziehung des sozialen Umfeldes erfolgen. Zur Abgrenzung des Begriffs Korruption müssen Vergleiche mit anderen Defraudantismen angestellt werden. Folgende Definitionen von Korruption oder einem Korruptionsfall gehören u.a. zu den gebräuchlichsten in der einschlägigen Literatur: "Man kann ... sagen, daß ein Korruptionsfall im allgemeinen dann vorliegt, wenn ein mit bestimmten Aufgaben bevollmächtigter, d.h. verantwortlicher Funktionär oder Amtsträger durch Geldzuwendungen oder andere Belohnungen wie die Zusage eines hohen Postens veranlaßt wird, etwas zu unternehmen, was dem nützt, der ihn belohnt, und damit der Gruppe oder Organisation schadet, zu welcher der Funktionär gehört, besonders der Regierung."[5] "Corruption is behavior which deviates from the formal duties of a public role because of private-regarding (personal, close family, private clique) pecuniary or status gains; or violates rules against the exercise of certain types of private-regarding influence".[6]

Hier erscheint es schon sinnvoll, zwischen Korruption und Protektion zu unterscheiden. In Übereinstimmung mit *Friedrich* und *Nye* liegt Korruption dann vor, wenn ein öffentliches Amt zu privaten Zwecken mißbraucht wird. Protekteure und Korrumpeure mißachten gleichermaßen die Prinzipien der Neutralität, der Fairneß und der bürokratischen Sachbezogenheit, doch findet Protektion nur dann statt, wenn persönliche Beziehungen die Tätigkeit der öffentlichen Verwaltung beeinflussen. Häufig bedingen sich die beiden Phänomene gegenseitig.

Die angeführten Definitionen kennzeichnen bestimmte Facetten des Phänomens Korruption, es fehlt jedoch eine explizite Erwähnung seiner moralischen Komponente. Nach *Streissler* wird unter Korruption "... ganz allgemein moralische Minderwertigkeit von Personen, gemessen an einem Maßstab durchschnittlicher Redlichkeit oder einem bestimmten, in heiligen Schriften gebotenen Verhalten verstanden."[7] *Streisslers* Definition reicht zwar nicht zur vollständigen Begriffsklärung aus, aber sie ist für eine komparatorische Analyse verschiedener Wirtschaftssysteme insofern zweckmäßig, als gerade für eine solche Untersuchung moralische Standards nicht außer acht gelassen werden dürfen.

Nyes Definition ist ungenügend, da nicht zu erkennen ist, ob sie allein auf Rechtsvorschriften oder auch auf kulturelle Normen bezogen ist. Weiterhin wird Korruption auf

5   Friedrich, C. J.: Pathologie der Politik. Die Funktion der Mißstände: Gewalt, Verrat, Korruption, Geheimhaltung, Propaganda, 1973, S. 103.
6   Nye, J. S.: Corruption and Political Development: A Cost-Benefit Analysis, 1978, S. 567.
7   Streissler, E.: Zum Zusammenhang zwischen Korruption und Wirtschaftsverfassung, 1981, S. 299.

Bestechung reduziert, die zwar der Kern, aber begrifflich zu eng für die vielfältigen Erscheinungsformen der Korruption ist.

Bestechung liegt nach dem § 334 StGB vor, wenn einem Amtsträger[8] oder einem für den öffentlichen Dienst besonders Verpflichteten ein Vorteil als Gegenleistung für eine vergangene oder künftige Dienstpflichtverletzung angeboten, versprochen oder gewährt wird. Der aktiven Bestechung entspricht auf seiten des Amtsträgers die Bestechlichkeit (passive Bestechung, § 332 StGB), die vorliegt, wenn dieser für eine Pflichtverletzung einen Vorteil fordert, sich versprechen läßt oder annimmt. Bestechungsgelder werden zur Erhaltung von Vorteilen gezahlt, aber auch zur Vermeidung von Nachteilen.

Wegen Vorteilsgewährung (§ 333 StGB) wird bestraft, wer einem Amtsträger oder einem für den öffentlichen Dienst besonders Verpflichteten für eine in dessen Ermessen stehende, künftige Diensthandlung einen Vorteil anbietet, verspricht oder gewährt. Wegen Vorteilsannahme (§331 StGB) wird bestraft, wenn dieser solche fordert, sich versprechen läßt oder annimmt. Bereits der Versuch der zusätzlichen Entlohnung für eine Amtshandlung ist strafbar.

Seit Januar 1994 ist zusätzlich der Straftatbestand der Abgeordnetenbestechung in § 108e StGB juristisch definiert: "(1) Wer es unternimmt, für eine Wahl oder Abstimmung im Europäischen Parlament oder in einer Volksvertretung des Bundes, der Länder, Gemeinden oder Gemeindeverbände eine Stimme zu kaufen oder zu verkaufen, wird mit Freiheitsstrafe bis zu fünf Jahren oder mit Geldstrafe bestraft. (2) Neben einer Freiheitsstrafe von mindestens sechs Monaten wegen einer Straftat nach Absatz 1 kann das Gericht die Fähigkeit, Rechte aus öffentlichen Wahlen zu erlangen, und das Recht, in öffentlichen Angelegenheiten zu wählen oder zu stimmen, aberkennen."[9]

Das Strafgesetzbuch beschränkt sich auf die Bestechung im öffentlichen Dienst, berührt den privaten Sektor also nicht. Demnach ist Korruption im privatwirtschaftlichen Bereich nicht strafbar im Sinne des StGB. Um diese Gesetzeslücke zu schließen, hat der deutsche Gesetzgeber als eine Schutznorm für die Wirtschaftsordnung der Bundesrepublik den strafbaren Tatbestand des Schmierens und Forderns im UWG vorgesehen:

---

8 Amtsträger ist nach § 11 Abs. 1 Nr. 2 StGB, wer Beamter oder Richter ist, in einem sonstigen öffentlich-rechtlichen Amtsverhältnis steht oder sonst dazu bestellt ist, bei einer Behörde oder anderen Stelle Aufgaben der öffentlichen Verwaltung wahrzunehmen.
9 28. StrÄndG v. 13.01.1994, BGBl, Teil 1, S. 84.

"(1) Wer im geschäftlichen Verkehr zu Zwecken des Wettbewerbs einem Angestellten oder Beauftragten eines geschäftlichen Betriebes einen Vorteil als Gegenleistung
dafür anbietet, verspricht oder gewährt, daß er ihn oder einen Dritten bei dem Bezug
von Waren oder gewerblichen Leistungen in unlauterer Weise bevorzuge, wird mit
Freiheitsstrafe bis zu einem Jahr oder mit Geldstrafe bestraft.

(2) Ebenso wird ein Angestellter oder Beauftragter eines geschäftlichen Betriebes
bestraft, der im geschäftlichen Verkehr einen Vorteil als Gegenleistung dafür fordert,
sich versprechen läßt oder annimmt, daß er einen anderen bei dem Bezug von Waren oder gewerblichen Leistungen im Wettbewerb in unlauterer Weise bevorzuge."[10]

Eine ökonomisch orientierte Definition der Korruption muß den privatwirtschaftlichen
Bereich berücksichtigen. Die ökonomische Theorie behandelt die Korruption als
Tausch in Anwendung preistheoretischer Erkenntnisse.[11] Die Berücksichtigung ge-
samtwirtschaftlicher und privatwirtschaftlicher Aspekte läßt folgende Definition für die
in dieser Arbeit zu behandelnde Problematik sinnvoll erscheinen: Korruption ist ein
geheimes Tauschgeschäft zwischen Parteien, die über unterschiedliche knappe
Güter oder Einfluß verfügen und dessen Abschluß zu Lasten wenigstens einer dritten
Partei geht, wobei gegen geltende Gesetze oder weitgehend anerkannte Verhaltens-
normen verstoßen wird.

Typisch für solche geheim gehaltenen Tauschakte sind der erzielte Gewinn für die
korrumpierende Partei und die erhaltenen Vorteile für den korrumpierten Partner,
wobei der Gewinn nicht unmittelbar monetär, die Vorteile nicht notwendigerweise
materiell sein müssen. Dem Korruptionsgewinn steht immer ein Verlust gegenüber,
den andere, zumeist die Öffentlichkeit, erleiden. Inwieweit solche *Geschäfte* einer
Nationalökonomie nützen oder schaden, sei an dieser Stelle dahingestellt.

Das strikte Verheimlichen korruptiver Machenschaften als systemimmanentes Kriterium verschiedener Wirtschaftssysteme erschwert breit angelegte Untersuchungen
des verschieden weit verbreiteten Phänomens. Folglich muß die Auseinandersetzung
mit makroökonomischen Randbedingungen und Folgen der Korruption mangels
empirischer Informationen weitgehend theoretisch im weiteren Sinne erfolgen.

---

10 § 12 UWG.
11 Vgl. Schmidt, K.: Zur Ökonomik der Korruption, 1969, S. 130.

6

1.1.2. Korruption und Prostitution - zwei gleichalte und als ähnlich empfundene menschliche Phänomene

Korruption und Prostitution sind beide durch uneinheitliche, nicht eindeutige und nicht klar abgrenzbare Charakteristika gekennzeichnet. Dies erschwert die objektive und spezifische Auseinandersetzung mit diesen beiden offenbar zutiefst menschlichen Phänomenen, die gleichalt sind und von der Allgemeinheit ähnlich empfunden werden. In den jeweiligen Kulturen, möglicherweise ineinander verwoben, müssen Korruption und Prostitution als Formen sozialen Fehlverhaltens interdisziplinär betrachtet werden, um sie zu beurteilen.

Überlieferte Hinweise auf Korruption und Prostitution reichen bis ca. 2000 v. Chr. zurück, wo Bestechungszahlungen und Straßenprostitution beschrieben sind.[12] U.a. die Bibel[13] berichtet mehrfach über Bestechlichkeit und käufliche Liebe. Im Deuteronomium steht geschrieben: "Du sollst in deinem Beutel nicht zwei verschiedene Gewichte haben, eine größeres und ein kleineres [...] Volle und richtige Gewichte sollst du haben, volle und richtige Hohlmaße sollst du haben, damit du lange in dem Land lebst, das der Herr, dein Gott, dir gibt. Denn alle, die so etwas tun, alle Betrüger, sind dem Herrn ein Greuel."[14] "Verflucht, wer sich bestechen läßt [...].[15] Zum Verbot *sakraler Prostitution* heißt es: "Unter den Frauen Israels soll es keine sakrale Prostitution geben [...] Du sollst keinen Dirnenlohn in den Tempel des Herrn, deines Gottes, bringen [...] denn auch dieser ist dem Herrn, deinem Gott, ein Greuel."[16] Der Evangelist Matthäus schreibt zu *Jesu Verrat durch Judas*: "Darauf ging einer der Zwölf namens Judas Iskariot zu den Hohepriestern und sagte: Was wollt ihr mir geben, wenn ich euch Jesus ausliefere? Und *sie zahlten* ihm *dreißig Silberstücke*. Von da an suchte er nach einer Gelegenheit, ihn auszuliefern."[17] Micha schreibt zu den *bestechlichen Führern Israels*: "Die Häupter dieser Stadt sprechen Recht und nehmen dafür Geschenke an, ihre Priester lehren gegen Bezahlung. Ihre Propheten wahrsagen für Geld, und doch berufen sie sich auf den Herrn..."[18]. In Jesus Sirach heißt es zum *rechten Umgang mit Frauen*: "Gib dich nicht mit einer Dirne ab, / damit sie dich nicht um dein Erbe bringt."[19] Und Levitikus äußert sich zur *Strafe für unzüchtige Priestertöchter*: "Wenn sich die Tochter eines Priesters als Dirne entweiht, so

6

---

12 Vgl. Truong, T. - D.: Sex, Money and Morality: Prostitution and Tourism in Southeast Asia, 1990, S. 13 und Kümmel, H. M.: Bestechung im Alten Orient, 1982, S. 61.
13 Die dieser Arbeit zugrundeliegende Bibel ist eine Einheitsübersetzung des Jahres 1980 aus dem Verlag Herder, Freiburg.
14 5. Buch Mose, Kap. 25, Vers 13 - 16.
15 5. Buch Mose, Kap. 27, Vers 25.
16 5. Buch Mose, Kap 23, Vers 18 - 19.
17 Matthäus, Kap. 26, Vers 14 - 16.
18 Micha 3, 11.
19 Jesus Sirach, Kap. 9, Vers 6.

entweiht sie ihren Vater [...]."[20] Prostitution und Korruption beschäftigten damals schon die Gemüter und stellten eine Abweichung von gesellschaftlichen Normen dar. Die moralische Verurteilung beider Phänomene ergibt sich auch aus der Bibel: "Der Herr sah, daß auf der Erde die Schlechtigkeit des Menschen zunahm und daß alles Sinnen und Trachten seines Herzens immer nur böse war. Da reute es den Herrn, auf der Erde den Menschen gemacht zu haben..."[21].

Das *älteste Gewerbe* hat seinen Ursprung wahrscheinlich in religiösen Sitten des Altertums.[22] Aus Babylon (ca. 1400 v. Chr.) ist die Tempelprostitution bekannt, die körperliche Hingabe von jungen Frauen an Priester und Gläubige, die sich im alten Ägypten von der sakralen oder der gastfreundlichen zur gewerbsmäßigen Prostitution gegen Entgelt entwickelt.[23] Zur gleichen Zeit belegen Dokumente erste Auseinandersetzungen mit der Korruption, die oft in ursächlichem Zusammenhang mit der Prostitution steht. Prostitution ist zu dieser Zeit durch ihre Verbundenheit zur Religion öffentlich und legitim, die meist auffällig gekleideten Frauen gehören zum gesellschaftlichen Leben. Korruption dagegen findet im Verborgenen statt, die Geheimhaltung der Vorgänge ist eine der Voraussetzungen für ihr Gelingen. Die allgemeine Anerkennung als religiöser Akt und die spätere Duldung der gewerbsmäßigen Prostitution sind auf die Korruption nicht zu übertragen: Korruption wird in aller Regel nicht als gesellschaftliche Gegebenheit akzeptiert.

Auch in der Antike versucht der Staat mit ihm jeweils zur Verfügung stehenden Maßnahmen, die zeitweise weit verbreitete Korruption zu unterbinden. Im antiken Griechenland wird die auf eine lange Tradition zurückgehende Geschenkannahme im Amt verboten, als die Korruption solche Ausmaße angenommen hat, daß Amtsträger ohne besondere Zuwendungen ihre Pflichten nicht mehr erfüllten.[24] Die politisch motivierten Bestechungen des Orakels von Delphi kann der Staat allerdings nicht erfolgreich verbieten.[25] Im antiken Rom werden Gesetze und Erlasse gegen zunehmende Wahlbetrügereien und Ämterkäufe erlassen, weil diese den öffentlichen Sektor stark beeinflussen.[26] Ämter sind damals gefragt, denn damit sind weitere Privilegien verbunden, für die sich der Einsatz korruptiver Handlungen lohnt. Selbst Kriege

20 3. Buch Mose, Kap. 21, Vers 9.
21 Genesis 6, 5f.
22 Vgl. Bauer, W.: Geschichte und Wesen der Prostitution, 1956, S. 58.
23 Vgl. Bauer, W.: Geschichte und Wesen der Prostitution, 1956, S. 58 ff.
24 Vgl. Noethlichs, K.: Bestechung, Bestechlichkeit und die Rolle des Geldes in der spartanischen Aussen- und Innenpolitik vom 7. - 2.- Jh. v. Chr., 1987, S. 129.
25 Vgl. Noethlichs, K.: Bestechung, Bestechlichkeit und die Rolle des Geldes in der spartanischen Aussen- und Innenpolitik vom 7. - 2.- Jh. v. Chr., 1987, S. 155 ff.
26 Vgl. Sturminger, A.: Korruption in der Weltgeschichte, 1982, S. 124 ff.

werden in der Antike durch Korruption entschieden, obwohl hohe Strafen auf Verrat festgesetzt sind.[27]

In der Antike wird zunächst nicht versucht, die Prostitution gesetzlich zu verhindern.[28] In Griechenland gründete Solon, der bedeutende griechische Gesetzgeber, das erste Bordell, um dem Staat die gleiche Einnahmenquelle zu verschaffen wie den Priestern. Die moralische Rechtfertigung sieht er im Schutze der Ehefrauen vor unsittlichen Belästigungen. Die Hetären, die dritte und höchste Rangklasse der Dirnen, erwerben mit der Zeit großes gesellschaftliches Ansehen, so daß sie sogar politischen Einfluß nehmen, was sie für Korruption empfänglich macht.[29] Im alten Rom war die Prostitution ähnlich verbreitet und fand in der Kaiserzeit ihren Höhepunkt. Nero etwa vergreift sich nicht nur an vielen fremden Frauen und an seiner Mutter; er heiratet schließlich einen entmannten Jüngling.[30] Erst dem aufkommenden Christentum gelingt es durch seine moralische Verurteilung, die Prostitution einzuschränken. Gezielte Steuererhöhungen schmälern darüber hinaus den durch Prostitution zu erringenden Gewinn und führen zu ihrem Rückgang. Nebeneffekt der Steuereintreibungen ist jedoch ein Ansteigen der Korruption, da sich die Beamten gegen entsprechende Leistungen gerne manipulieren lassen. Abgeschafft wird die Prostitution nie, da auch die Christen sie als notwendiges gesellschaftliches Übel rechtfertigen.[31] So existiert sie trotz phasenweiser Verbote bis heute.

Die Entwicklung von Korruption und die Entwicklung von Prostitution in Gesellschaft und Staat sind ähnlich. Zeitweise haben Korruption und Prostitution im gesellschaftlichen Leben gefährdende Ausmaße. Als Reaktion folgen Gesetze und Verbote, die dem Treiben scheinbar ein Ende setzen. Wahrscheinlicher ist, daß diese Tätigkeiten im Untergrund weiter ausgeübt werden und sich so der staatlichen Kontrolle weitgehend entziehen. Dies gilt vornehmlich für die Prostitution, denn die Korruption findet per definitionem im Verborgenen statt und entbehrt so jeglicher staatlichen Einflußnahme. Zur Bekämpfung beider Phänomene reichen Gesetze und Strafandrohungen allein nicht aus. Langfristig muß auch eine Veränderung moralischer Einstellungen, gesellschaftlicher und staatlicher Gegebenheiten erreicht werden.

Anreize zur Korruption und/oder zur Prostitution sind zumeist außergewöhnlich hohe Einkommen für gewöhnliche Leistungen. Während viele Prostituierte aus finanziellen Nöten zur Prostitution veranlaßt werden, sind Korrumpeure und Korrumpierte bis auf

---

27 Vgl. Noethlichs, K.: Bestechung, Bestechlichkeit und die Rolle des Geldes in der spartanischen Aussen- und Innenpolitik vom 7. - 2.- Jh. v. Chr., 1987, S. 131 ff.
28 Vgl. Leontsini, S.: Die Prostitution im frühen Byzanz, 1989, S. 173.
29 Vgl. Bauer, W.: Geschichte und Wesen der Prostitution, 1956, S. 67 ff.
30 Vgl. Bauer, W.: Geschichte und Wesen der Prostitution, 1956, S. 80.
31 Vgl. Bauer, W.: Geschichte und Wesen der Prostitution, 1956, S. 81.

einige Ausnahmen vor allem Angehörige oberer Gesellschaftsschichten. Korruption und Prostitution dienen zwar einer Bedürfnisbefriedigung, deren Ausprägungsformen aber hängen von ideologisch-moralischen Standpunkten, dem Staat und der jeweiligen Wirtschaftsordnung ab. Prostitution kann auch der Korruption dienlich sein. Der Fall Profumo belegt die Folgen, die eine derartige Verwicklung für den Einzelnen und die Gesellschaft haben kann.[32] Allgemein gelten Korruption und gewerbsmäßige Prostitution als moralisch verwerflich, die Beteiligung an solchen Machenschaften ist gesellschaftlich verrufen.

Ein Staat kann auch zur Unterstützung der Prostitution beitragen. Durch sie erzielt er u.U. große Einnahmen. Mit Korruption kann sich ein Staat innenpolitisch nicht bereichern. Er wird Korruption daher nicht gleichermaßen unterstützen, denn der Machteinfluß, der bei der Korruption eine bedeutende Rolle spielt, könnte ihn von innen heraus zerstören.

Im 20. Jahrhundert breiten sich Korruption und Prostitution weiter aus. Der Grund dafür ist u.a. in expandierenden internationalen Wirtschaftsbeziehungen und geöffneten Grenzen zu sehen. Der Sextourismus und die wirtschaftliche Bedeutsamkeit von Schwellenländern für die Industrienationen leisten einen erheblichen Beitrag. Sind beide Phänomene bisher als gegeben und unvermeidbar angesehen, werden inzwischen nationale und internationale Anstrengungen unternommen, um die Verbreitungen in Grenzen zu halten, zumal Korruption und Prostitution in Kontakt zueinander treten und gemeinsam staatliche Organisationen gefährden. Die ökonomischen Vorteile, die durch Korruption und Prostitution für eine Volkswirtschaft erreicht werden können, führen aber dazu, daß beide Phänomene zwar kontrolliert, aber nicht unterbunden werden.

Die erdumfassenden Phänomene Korruption und Prostitution werden länderspezifisch behandelt. Es gibt keine einheitlichen Regelungen, da Korruption und Prostitution in verschiedenen Ländern unterschiedlich betrachtet werden. In Deutschland ist die Ausübung der Prostitution als solche straflos; u.a. ist nach § 180a StGB nur die gewerbsmäßige Unterhaltung oder Leitung eines Betriebes, in dem Personen der Prostitution nachgehen und in dem diese in persönlicher oder wirtschaftlicher Abhängigkeit gehalten werden oder die Prostitutionsausübung durch Maßnahmen gefördert wird, welche über das bloße Gewähren von Wohnung, Unterkunft oder Aufenthalt und die

---

32 Der Fall des britischen Verteidigungsministers der fünfziger Jahre Profumo zeigt die enge Verflechtung von Korruption und Prostitution, bei dem Profumo durch den Einfluß einer Prostituierten, die gleichzeitig mit einem stellvertretenden sowjetischen Marineattaché Umgang pflegte, zur Herausgabe geheimer Daten gebracht werden sollte. Profumo widerstand. Vgl. Friedrich, C. J.: Pathologie der Politik. Die Funktion der Mißstände: Gewalt, Verrat, Korruption, Geheimhaltung, Propaganda, 1973, S. 115 ff.

damit üblicherweise verbundenen Nebenleistungen hinausgehen, strafbar.[33] Korruption ist bis jetzt über § 12 UWG, § 108e und §§ 331 - 334 StGB hinaus gesetzlich nicht festgemacht. Die fehlenden gesetzlichen Grundlagen deuten darauf hin, daß die schwer faßbaren, komplexen Phänomene kaum durch eine allgemeine Gesetzesformulierung regelbar sind. Die *conditio humana* ermöglicht es nicht, Korruption und Prostitution vollständig zu eliminieren; es kann nur darum gehen, beide im gesellschaftlichen Zusammenleben zu begrenzen.[34]

Grundlage der Funktionsfähigkeit beider Phänomene ist das Prinzip des *do ut des*, Leistung und Gegenleistung zweier Parteien, von dem sich die Beteiligten Vorteile versprechen. Das Tauschgeschäft findet oft im Geheimen statt und kann weitere kriminelle Akte nach sich ziehen. Leidtragende sind neben den direkt Geschädigten die Steuerzahler, die die Vorgänge finanzieren. Am Rande der Legalität treffen sich Angebot und Nachfrage auf einem (Schwarz)Markt und gleichen sich aus. Die Moralvorstellungen einer Gesellschaft bestimmen den Umfang der Nachfrage nach Korruption und Prostitution, und wo Geld lockt, findet sich auch ein Anbieter, der die erwünschte Gegenleistung erbringt.

1.1.3. Jüngere Korruptions - "Skandale" und deren Behandlung in der Presse sowie deren rechtliche Würdigung

In der nationalen und internationalen Presse mehren sich die Schlagzeilen über Korruptionsskandale. Das einstmals den Italienern zugesprochene Phänomen ist mittlerweile in vielen Staaten Alltag geworden. Bundesweit ist von Rita Süssmuths *Dienstwagen-Affäre*, Lothar Späths *Traumschiffaffäre*, Günther Krauses *Dienstmädchen-Affäre*, Max Streibls *Amigo-Affäre*, Günter Wetters *Lotto-Affäre* oder vom *Herzklappenskandal* die Rede. In Frankreich wird von *Verhängnisvollen Affären* in Politik und Wirtschaft berichtet, Italien versinkt im *Sumpf der Korruption*, auf den Philippinen gibt es den *Führerschein für Blinde* und in der Dritten Welt breitet sich die Korruption wie ein *Flächenbrand* aus. Korruption *höhlt die Marktwirtschaft aus* und *gefährdet die Demokratie.* In China wurde ein *Unternehmenschef wegen Korruption hingerichtet.*[35]

---

33 Vgl. Dreher, E. / Tröndle, H.: Kommentar zum Strafgesetzbuch, 1995, S. 905.
34 Vgl. Mayer-Maly, T.: Grundsätzliche Überlegungen zur Wirksamkeit des Rechts bei der Bekämpfung von Korruption, 1981, S. 494.
35 Vgl. Knüpfer, U.: Dienst am Volk in "Sack und Asche"?, in: Badische Zeitung vom 28. Mai 1994; Bräutigam, H. H. / Perina, U.: Kuhhandel im OP, in: Die Zeit vom 03. Juni 1994; Fischer, H. - J.: Indigniert sehen die Italiener, wie ihr Staat im Sumpf der Korruption versinkt, in: Frankfurter Allgemeine Zeitung vom 03. November 1993; Associated Press: Behörde stellte Führerschein für Blinden aus, in: Frankfurter Allgemeine Zeitung vom 14. Januar 1994; Kaps, C.: Die Korruption in der Dritten Welt ist wie ein Flächenbrand, in: Frankfurter Allgemeine Zeitung vom 04. März

Hat die Korruption tatsächlich weltweit zugenommen? Oder nutzt die Presse die Sensibilität ihrer Leser aus, weil das Vertrauen in die Redlichkeit der Politiker erschüttert ist? Dazu haben wechselseitige ehrverletzende Vorwürfe von Parteipolitikern erheblich beigetragen.

In jüngster Zeit haben auch andere Berufsgruppen zur Auflagensteigerung der Presse beigetragen. Der Skandal betrifft Herzzentren in deutschen Kliniken. Leitende Ärzte stehen im Verdacht, Herzklappen zu überhöhten Preisen zu Lasten der Krankenkassen beschafft und als Gegenleistung Rückvergütungen auf Drittmittelkonten der Kliniken und auf private Konten erhalten zu haben. Außerdem wird ihnen angelastet, auf Kosten der Industrie Reisen, zum Teil mit der Familie, unternommen zu haben. Der AOK-Bundesverband beziffert den Schaden auf jährlich etwa 45 Millionen DM.[36] Nach Berechnungen des Verbandes der Angestelltenkassen sparen die Kassen 1,5 Milliarden DM, wenn diese Machenschaften ein Ende finden. Inzwischen liegen dem Bundesgesundheitsministerium dokumentierte Einzelfälle und verschiedene Gedächtnisprotokolle vor, die Rabattverhandlungen an sieben deutschen Herzzentren betreffen. Da die Enthüller bei Aufhebung ihrer Anonymität um die berufliche Existenz fürchten müssen, sind sie nur ohne Namensnennung bereit, ihre Berichte durch eidesstattliche Erklärungen zu erhärten, um eine umfassende Strafverfolgung zu ermöglichen.

Eindeutig ist die Rechtslage nicht: Während Universitätsärzte als Beamte oder Angestellte im Öffentlichen Dienst wegen Vorteilsannahme nach dem Strafgesetzbuch belangt werden können, gilt das StGB für Ärzte an Privatkliniken nicht. Sie können jedoch wie Einkäufer in anderen privatwirtschaftlichen Unternehmen nach § 12 UWG bestraft werden.

Die Vermutung liegt nahe, daß der Herzklappenskandal von den Krankenkassen gezielt zu diesem Zeitpunkt publik gemacht worden ist, da die Entscheidung des Bundesrats über die Pflegesatzverordnung anstand.[37] Seit dem negativen Bescheid der Länderkammer läßt das Interesse der Presse an diesem Thema deutlich nach.

1994; Otte, R.: Korruption höhlt die Marktwirtschaft aus, in: Blick durch die Wirtschaft vom 15. April 1994; o. V.: "Korruption gefährdet die Demokratie", in: Frankfurter Allgemeine Zeitung vom 16. Juni 1994; dpa: Unternehmenschef in China wegen Korruption hingerichtet, in: Frankfurter Allgemeine Zeitung vom 12. April 1994.

36 Vgl. Associated Press: Korruptionsvorwürfe gegen deutsche Herzzentren, in: Frankfurter Allgemeine Zeitung vom 30. Mai 1994 und o. V.: Bares oder einen BMW, in: Der Spiegel, 22/1994, S. 92.

37 Die neue Pflegesatzverordnung sieht u.a. vor, Herzklappenoperationen künftig pauschal abzurechnen. Dadurch sinken die Kosten der Krankenkassen und die finanziellen Spielräume der Kliniken werden beschränkt gegenüber der zu diesem Zeitpunkt gültigen Einzelfallabrechnung.

Eine Fortsetzung der Auseinandersetzungen zwischen Krankenkassen und Ärzteschaft in der Öffentlichkeit ist daher nicht zu erwarten.

Nach dem bundesdeutschen Herzklappenskandal stellt sich die Frage, ob solche Verunglimpfungen eines ganzen Berufsstandes ohne umfassende und stichhaltige Beweisführung legitim sind.[38] Trotz dieser Kritik darf die Korruption nicht weggeredet bzw. verharmlost werden.

In Japan wird nach sehr nüchtern gehaltenen und kurzen Pressemitteilungen am 30. Mai 1994 die zweitschwerste Strafe, die je in der japanischen Parlamentsgeschichte gegen einen Politiker wegen Korruption verhängt wurde, ausgesprochen.[39] *Fumio Abe*, von August 1989 bis Januar 1990 Minister für die Entwicklung der Inseln Okinawa und Hokkaido, wird wegen Bestechlichkeit im Amt zu drei Jahren Haft und einer Geldstrafe in Höhe von 90 Millionen Yen (umgerechnet 1,47 Millionen DM), die der Bestechungssumme entspricht, verurteilt. Er hatte vom Stahlgerüsthersteller Kyowa diese Summe dafür angenommen, daß er Informationen über Bauprojekte von Autobahnen auf Hokkaido und ein Sportstadion in Sapporo an die Firma weitergegeben hat.

Dem Urteil, gegen das *Abe* Berufung ankündigte, wird in Japan beispielhafte Bedeutung zugemessen, da es der erste Schuldspruch gegen einen korrupten Politiker ohne Bewährung ist. Darüber hinaus ist es die zweithöchste Geldstrafe seit dem Prozeß gegen den ehemaligen Ministerpräsidenten *Tanaka*. *Tanaka* wurde 1983 im Zusammenhang mit dem Lockheed-Skandal zu vier Jahren Haft und 500 Millionen Yen (8,2 Millionen DM) Geldstrafe verurteilt. Allerdings wurde das Urteil nie rechtskräftig, denn bis zu seinem Tod im Herbst 1993 war das Berufungsverfahren beim Obersten Gerichtshof Japans anhängig.[40] Auch im Fall *Abe* ist offen, wie lange das Berufungsverfahren dauert.

Wie in Europa und Asien mehren sich auch in den USA Maßnahmen gegen korrupte Politiker. In Washington erhebt die Bundesstaatsanwaltschaft Anklage gegen den Vorsitzenden des Steuer- und Finanzausschusses des Repräsentantenhauses *Dan Rostenkowski*. Ihm werden korrupte Praktiken während der letzten 20 Jahre zu

---

38 "Deutsche Herzchirurgen lassen sich von der Industrie schmieren", "Die Crème der deutschen Ärzteschaft ... steht da als Trupp von Schmiergeld-Empfängern, die auf Kosten der Industrie das Wohlleben rund um den Globus genießen", o. V.: Bares oder einen BMW, in: Der Spiegel, 22/1994, S. 92 ff.
39 Vgl. Schmitt, U.: Ehemaliger Minister in Japan verurteilt, in: Frankfurter Allgemeine Zeitung vom 31. Mai 1994.
40 Vgl. Schmitt, U.: Ehemaliger Minister in Japan verurteilt, in: Frankfurter Allgemeine Zeitung vom 31. Mai 1994.

Lasten amerikanischer Steuerzahler vorgeworfen, so z. B. der Kauf von sieben PKW für den Eigengebrauch mit offiziellen Wahlkampfgeldern, der unlautere Eintausch von Büro-Briefmarken gegen Bargeld sowie die Beschäftigung von 14 Personen für Privatangelegenheiten auf Kosten des Kongresses. Der Prozeß gegen *Rostenkowski* wird sich vermutlich über Jahre hinziehen, wodurch die Presse sich veranlaßt sieht, a priori über seine Nichtverurteilung zu mutmaßen. *Rostenkowskis* ernsthafte Überlegung einer erneuten Kandidatur zeigt, daß Veröffentlichungen in der Presse keine langanhaltenden Wirkungen bei den Wählern hinterlassen. Die Bestrafung eines hohen Politikers oder wichtigen Stelleninhabers zieht Schwierigkeiten in der Besetzung der freiwerdenden Position nach sich. Nach Ansicht von Fachleuten wird die entstehende Lücke, gerade im Fall Rostenkowski, nur schwer zu füllen sein.[41]

Der Vorwurf mangelnder Beweisführung der Medien muß abgemildert werden, da Geheimhaltung ein notwendiges Element der Korruption ist. Selbst ohne Beweise trägt die Presse durch ausführliche Berichterstattungen ihren Teil dazu bei, das Bewußtsein zu wecken und intensivere Auseinandersetzungen mit der Korruption und ihren Auswirkungen anzustoßen.

Die spanische Presse berichtet über den Fall des Polizeichefs *Luis Roldán*. Roldán mißachtete eine der Grundregeln der Korruption, die Geheimhaltung. Die zahlreichen, im öffentlichen Immobilienregister unter seinem Namen aufgeführten Wohnungs- und Grundstückskäufe belegen, daß sich das erworbene Eigentum nicht allein aus seinem Gehalt als Guardia-Civil-Direktor finanzieren läßt. Roldán verheimlicht auch nicht die von denjenigen Unternehmen erhaltenen Provisionen, die für die Guardia Civil Kasernen bauen. Die ohne Studium erhaltenen zwei Hochschultitel sind in dem Zusammenhang eher eine Lappalie.[42] Sein Verhalten in der Vergangenheit erleichtert es der Presse, Beweise für seine Verfehlungen anzuführen. Konsequenz dieser ausführlichen Berichterstattung ist die Suche nach Roldán mit Haftbefehl. Am 20. Februar 1995 wird er von der Polizei in Laos verhaftet und der spanischen Polizei übergeben.[43]

Die Presse überläßt nach der Aufdeckung von Korruptionsfällen das weitere Vorgehen der Justiz und wendet sich anderen Aktualitäten zu. Die Rechtsprechung allerdings hat weltweit grundsätzliche Probleme bei der Verfolgung der Korruption. Eindeutige Richtlinien und drakonische Strafen bleiben bis dato die Ausnahme.

---

41 Vgl. Kaps, C.: Rostenkowski wegen Betrugs angeklagt, in: Frankfurter Allgemeine Zeitung vom 03. Juni 1994.
42 Vgl. Haubrich, W.: Wenn das Geld auf dem Tisch liegt, in: Frankfurter Allgemeine Zeitung vom 26. Mai 1994.
43 Vgl. Haubrich, W.: Befriedigung in Madrid nach der Festnahme Roldáns, in: Frankfurter Allgemeine Zeitung vom 01. März 1995.

Die Korruption ist weltweit in alle existierenden Wirtschafts- und Gesellschaftssysteme eingedrungen und richtet dort mitunter große Schäden an. Die Aufgabe der Medien im Rahmen der Korruptionsbekämpfung besteht darin, durch ernstzunehmende Berichte über Korruptionsfälle zur Entstehung eines öffentlichen Bewußtseins und einer Meinungsbildung aller Angehörigen des sozialen Systems beizutragen. Problematisch ist allerdings die Kurzlebigkeit der Presseberichte. Die Erfahrung zeigt, daß Skandale von der Gesellschaft schnell vergessen werden. Konsequente und kontinuierliche mediale Verfolgung aufgedeckter Korruptionstätigkeiten könnte diesem Vergessen entgegensteuern.

Die Presse ist in ihrer Zielerreichung von den Konsumenten abhängig. Solange die Öffentlichkeit der Korruption tolerant gegenübersteht und kleinere Vergehen als Nebensächlichkeit oder womöglich als intelligente Akte betrachtet, wird sich das Meinungsbild zur Korruption in der Gesellschaft nicht verändern. Inwieweit intensivierte Berichterstattungen dieser Gleichgültigkeit Vorschub leisten, indem sie ein Gefühl der Machtlosigkeit der Einflußnahme erzeugen, ist nicht absehbar. Detaillierte Fallbeschreibungen korruptiver Tätigkeiten mit allen negativen Konsequenzen für den einzelnen und das soziale System in Verbindung mit unermüdlicher Weiterverfolgung rechtlicher Bestrafungen könnte moralische Aspekte miteinbeziehen und den *circulus vitiosus* aufbrechen.

1.2. Typologie für Wirtschaftssysteme nach den Relationen zwischen Politik und Ökonomie

Wirtschaftssysteme unterscheiden sich u.a. in Abhängigkeit von ihren zugrundeliegenden politischen Einflußnahmen. Greift der Staat durch seine Politik stark lenkend in das Wirtschaftsleben ein, werden Wettbewerb und privatwirtschaftliches Handeln eingeschränkt oder unterbunden. Fänden wirtschaftliche Tätigkeiten vollkommen unabhängig von dem sie umgebenden Gesellschaftssystem und damit frei von jeglichen Regeln und Vorschriften statt, würde letztlich jedes System im Chaos enden.

Zentralverwaltungswirtschaften charakterisieren sich durch die zentrale politische Ordnung der Wirtschaft. Ökonomische Prozesse laufen nach strikt organisierten und bis ins Detail geplanten Vorgaben ab und funktionieren nur bei korrekter Erfüllung aller Planvorgaben. Grundlagen der Produktion und des Konsums sind politische Entscheidungsprozesse einer Einheitspartei, die die Bedürfnisse der Gesellschaft festlegt, den Gesamtplan erstellt und seine Realisierung überwacht. Politik dient in Planwirtschaften wesentlich der Lenkung der Wirtschaft und der Versorgung der Bevölkerung; Politik und Ökonomie entsprechen sich.

Marktwirtschaften sind durch eine weitestmögliche formale Trennung von Politik und Wirtschaft gekennzeichnet. Die Garantie individueller Freiheiten in allen Bereichen gesellschaftlichen Zusammenlebens ist Aufgabe der Politik. Eine wirtschaftliche Ordnungspolitik und die Verfassung sorgen für einen Ausgleich der Interessen. Innerhalb eines behutsam veränderbaren, politisch überwachten Rahmens ermöglicht freiheitliches und eigenverantwortliches Handeln die wirtschaftliche Versorgung der Gesellschaft. Politik und Wirtschaft beeinflussen sich gegenseitig, wobei der Ökonomie durch ihre systemerhaltende Relevanz wachsende, auch internationale Bedeutung zukommt.

Ein auf freiheitlichen Prinzipien basierendes Wirtschafts- und Gesellschaftssystem benötigt zur Erhaltung seiner Funktionsfähigkeit die Erfüllung bestimmter, mit den Freiheiten korrespondierender Pflichten aller Beteiligten. Besteht in Planwirtschaften die kollektive Aufgabe in der Pflichterfüllung, kann die Wettbewerbsordnung in Marktwirtschaften nur auf Basis eines angemessenen Gleichgewichts von politischen und ökonomischen Freiheiten und Pflichten funktionieren.

1.2.1. Politik zur Lenkung der Wirtschaft im Sinne einer allgemein verbindlichen (sozialistischen) Ideologie

Das Eigentum hat in der marxistisch-leninistischen Gesellschaftstheorie neben der volkswirtschaftlichen Planung eine besondere Bedeutung. Das soziale System und seine Entwicklung bestimmen sich nach dem Historischen Materialismus[44] entscheidend durch die menschliche Arbeit. Die sich durch die Kombination von Arbeit und Produktionsmitteln ergebenden Produktionsverhältnisse, die das gesellschaftliche Wohl beeinflussen, hängen fast ausschließlich von der Verteilung des Eigentums an Produktionsmitteln ab. Da das Privateigentum an Produktionsmitteln nach sozialistischem Gedankengut die Klassengesellschaft begründet und Besitzlose ökonomisch ausbeutet, soll es in einer marxistisch-leninistischen Gesellschafts- und Wirtschaftsordnung kein privatwirtschaftliches Eigentum geben. Allein das gesellschaftliche Eigentum an Produktionsmitteln ist nach Marx Garant für eine klassenlose Gesellschaft und eine effiziente ökonomische Struktur.[45] Der Staat als oberste Gesell-

---

44 Der historische Materialismus ist die Grundlage der marxistischen Gesellschaftstheorie, die den Menschen in den Mittelpunkt ihrer Betrachtungen stellt, der zur Befriedigung seiner Bedürfnisse arbeitet und durch die Arbeit und ihre gesellschaftliche Organisation seine Lebensbedingungen schafft.

45 Diese sozialistischen Ansichten berufen sich auf das Gesetz der Übereinstimmung der Produktionsverhältnisse mit dem Charakter und dem Entwicklungsniveau der Produktivkräfte, das in der Politischen Ökonomie mit dem Anspruch auf wissenschaftliche Absicherung beschrieben ist. Vgl. Hamel, H.: Soziale Marktwirtschaft - Sozialistische Planwirtschaft, 1989, S. 16 f.

schaftsinstanz hat die Aufgabe, das kollektive Eigentum zu verwalten: Politik und Ökonomie sind dementsprechend untrennbar miteinander verbunden und bilden eine Einheit. Die Politik übernimmt nach der sozialistischen Ideologie die Lenkung der Wirtschaft.

Die zentralistische Planwirtschaft ist durch einen hohen Grad arbeitsteiliger Produktionsformen geprägt. In der Industrie werden Güter in vielen Produktionsstufen hergestellt: In großen Kombinaten[46] werden Vorprodukte für Produktionsgüter gefertigt, deren Inputs wiederum aus anderen Betriebsstätten stammen. Weitreichende wirtschaftliche und personalpolitische Verflechtungen erfordern für eine optimale kollektive Bedürfnisbefriedigung eine detaillierte Planung und Koordination sämtlicher an der Produktion beteiligter Faktoren. Hauptaufgabe der Kombinatsleiter ist die Überwachung der Planerfüllung. Rentabilitätsgesichtspunkte bleiben unberücksichtigt. Durch die Top-to-down-Planung des gesamten Produktionsprozesses ist der Verantwortliche frei von strategischen Entscheidungen und kontrolliert allein die Einhaltung der vorgeschriebenen Sollmengen.

Die Planung dieses komplexen Systems erfolgt z. B. in der DDR bis 1989 zentral und direkt vom Politbüro des Zentralkomitees als oberstem politischen Gremium.[47] Die Mitglieder des Politbüros treffen grundsätzliche Entscheidungen politischer und ökonomischer Art, wie etwa die Schwerpunktbildung von Investitionen auf Produktions- oder Konsumgüter. Der Ministerrat[48] konkretisiert diese ökonomischen Direktiven und setzt sie im Wirtschaftssystem um. Unterstützt wird der Ministerrat von der staatlichen Plankommission und der Arbeiter- und Bauern-Inspektion[49], die ihm als Stabstelle zugeordnet ist. Die staatliche Plankommission ist für die Koordinierung und Bilanzierung der Planentwürfe verantwortlich, die die Bedürfnisbefriedigung aller zum Ziel haben. Die Bilanzierung als Engpaßbestimmung für Güter aller Ordnungen ist der komplizierteste Vorgang innerhalb der Produktionsplanung, bei dem der politische Einfluß auf die volkswirtschafliche Struktur besonders deutlich wird. Die faktische

---

46 Kombinate sind (vertikale) Zusammenschlüsse volkseigener Betriebe mit ähnlicher oder gleicher Produktion unter einheitlicher Leitung, die direkt dem Industrieministerium unterstehen.

47 In Marktwirtschaften produzieren Unternehmen als selbständige Wirtschaftseinheiten, die durch eine eigene Rechtsform, eigenes Risiko und ein eigenes Rechnungswesen gekennzeichnet sind. In Planwirtschaften bilden Kombinate ohne unternehmerische Charakteristika die Wirtschaftseinheiten, denen Ministerien übergeordnet sind.

48 Der Ministerrat ist Teil des Staatsapparats. Während die Partei die Führung von Wirtschaft und Gesellschaft übernimmt, ist der Staatsapparat das Hauptinstrument der politischen Führung, das die getroffenen Entscheidungen in konkrete Handlungsprogramme umsetzt. Ämter in Partei und Staatsapparat werden häufig in Personalunion wahrgenommen. Vgl. Leipold, H.: Wirtschafts- und Gesellschaftssysteme im Vergleich, S. 199 ff.

49 Aufgabe der Arbeiter- und Bauern-Inspektion ist die Kontrolle der Planerfüllung und der Effizienz der Betriebe.

Unmöglichkeit, die Bedürfnisse der Individuen ex ante zentral bestimmen und festlegen zu können, und die im Sozialismus häufig beobachtbare Konzentration der Wirtschaftsplanung politischer Strategien auf Produktionsgüter gipfeln in einer Unterversorgung der Gesellschaft. Die Erlangung benötigter Konsumgüter erfolgt in Zentralverwaltungswirtschaften, in denen wirtschaftliche Handlungen im voraus für alle Beteiligten festgelegt werden, mittels Korruption. Korruption schafft notwendige, politisch gedeckte oder tolerierte wirtschaftliche Freiräume, deren Ausnutzung als Zweitwirtschaft der Versorgung der Bevölkerung dient.

Im Gegensatz zur freien Preisbildung in der Marktwirtschaft setzt in der Planwirtschaft das *Amt für Preise* die Werte der Konsum- und Investitionsgüter fest, um den jeweiligen gesellschaftlich notwendigen Arbeitsaufwand in Preisen auszudrücken. Ziel ist die Denaturierung der Inputs und Outputs. Jeder ermittelte Preis basiert auf gesetzlichen Grundlagen, staatlichen Bestimmungen oder staatlichen Genehmigungen und erfüllt planrechnerische Funktionen, drückt aber keinen Knappheitsgrad aus.[50]

Die Hauptaufgabe der geldwirtschaftlichen Planung besteht in der Versorgung der Haushalte und der Betriebe mit Geldbeträgen zum Kauf natural geplanter Güter, wobei ein Gleichgewicht zwischen dem Kauf- und dem Warenfond[51] erreicht werden soll. Die festgelegten Preise geben den vorgegebenen Warenwert eines Produktes monetär wieder und sind nicht durch Marktmechanismen veränderbar, denn dieses Fixum entspricht allein der geleisteten Arbeit. Die Teleologie der politischen Steuerung der Volkswirtschaft in der Planwirtschaft im Sinne einer sozialistischen Ideologie wird anhand dieser Systematik deutlich.

1.2.2. Wirtschaft statt Krieg als Politik mit anderen Mitteln im Dienste internationaler Aktivitäten

Marktorientierte Wirtschaftssysteme in Verbindung mit demokratischen Staatsprinzipien basieren auf einer grundsätzlichen Trennung von Politik und Ökonomie. Die Politik soll nach der Verfassungslehre allein für die Institutionalisierung und die Einhaltung bestimmter wirtschaftlicher Rahmenbedingungen sorgen. Die Wirtschaft soll diese akzeptieren und nicht ungebührlich in politische Entscheidungsprozesse eingreifen. Die faktische Untrennbarkeit von Politik und Ökonomie führt jedoch zu Überschneidungen und wechselseitigen Abhängigkeiten: Die Politik beeinflußt wirtschaft-

---

50 Vgl. Leipold, H.: Wirtschafts- und Gesellschaftssysteme im Vergleich, 1988, S. 223 ff.
51 Der Kauffond beinhaltet die Geldbeträge der Bevölkerung. Der Warenfond ermittelt die monetäre Summe der produzierten und importierten Konsumgüter und Dienstleistungen. Die Größen beziehen sich auf eine Periode.

liches Handeln, ökonomische Gegebenheiten verändern aber auch, direkt und indirekt, politische Handlungsmaximen.

Zunehmende transnationale Verflechtungen erfordern ein synchronisiertes Vorgehen von Politik und Ökonomie. Zur Anbahnung und/oder Verbesserung internationaler politischer Beziehungen und zum Abbau militärischer Spannungen trägt eine Ausweitung der Wirtschaftsbeziehungen bei. Auf politischer Ebene angebahnte Entwicklungs- und Wirtschaftshilfe oder integrationsfördernde Handelsabkommen zwischen zwei oder mehreren Staaten benötigen zu ihrer erfolgreichen Realisierung bzw. Finanzierung ökonomisch sinnvolle Konzeptionen. Riskante Wirtschaftstätigkeiten der Privatunternehmen genießen politische Unterstützungen. Unter dieser für die Theorie der Marktwirtschaften eher untypischen Schirmherrschaft können sich im weiteren Verlauf lukrative Handelspartnerschaften entwickeln, die den beteiligten Wirtschaftssubjekten neue Märkte erschließen, die heimische Produktion anregen, Arbeitsplätze sichern oder schaffen und das Wirtschaftswachstum bzw. die gesamtgesellschaftliche Wohlfahrt fördern.

Stabile ökonomische und politisch opportune Expansionen vermögen bei gerechten Austauschrelationen durch wirtschaftliche Ungleichgewichte initiierte politische Aggressionen zu nivellieren. Wirtschaftliche Abkommen unterstützen durch die Schaffung gegenseitiger ökonomischer und kultureller Abhängigkeiten und Verflechtungen politische Zusammenarbeit und gesellschaftliche Akzeptanz. Die Wichtigkeit der Erschließung neuer Märkte zur Aufrechterhaltung des heimischen Wettbewerbs ermöglicht wiederum die Ausbreitung von Korruption in Konkurrenzbeziehungen verschiedener Länder. Im internationalen Ringen um Aufträge erhält häufig das Unternehmen den Zuschlag, das für die entscheidungsbefugten Regierungsbeamten die lukrativsten Zusatzleistungen bietet. Neue Territorien werden im Kampf um Marktanteile auf wirtschaftlicher Basis 'erobert'. Durch Korruption erlangte Handelsverträge schädigen langfristig jedoch die politischen und wirtschaftlichen Beziehungen in und zwischen den Ländern, da die angewendeten, demokratischen Prinzipien zuwiderlaufenden Praktiken eine im Umbruch bzw. Aufbau befindliche Staatsform, wie sie sich in den meisten wirtschaftlich aufstrebenden Regionen findet, von vorneherein schwächen und in ihrer Entwicklung hemmen.

Die Effizienz wirtschaftlicher Macht beeinflußt auch politische Entscheidungen. Die Androhung oder Durchsetzung ökonomischer Konsequenzen gegenüber Ländern, die sich unter Mißachtung allgemeinverbindlicher Normen ins politische Abseits begeben, bewirkt durch die Abhängigkeit des Staates von seinem binnenwirtschaftlichen und - politischen Gleichgewicht u.U. auf Dauer Entscheidungsrevisionen. Das einem Land (inter)national auferlegte Handelsembargo intendiert dessen wirtschaftliche Schwächung und verwendet die Ökonomie als politisches Druckmittel zum kollektiven Interessenausgleich. Als schwierig erweist sich allerdings die stringente Durchführung eines wirtschaftlichen Ausschlusses. Die durch den Nachfrageüberhang langfristig erhöhten Preise und erwirtschaftbaren Gewinne verleiten Unternehmen immer wieder dazu, unter korruptiver Umgehung der Handelsschranken entsprechende Geschäfte abzuwickeln.

Aufgrund der Gefahren möglicher Benachteiligungen heimischer Industrien und einer wirtschaftlichen Machtübernahme durch ausländische Unternehmen ergreifen die Länder zunehmend protektionistische Maßnahmen und errichten Handelsschranken, die den internationalen Wettbewerb erschweren und im Extremfall in einem Handelskrieg enden.[52] Zum Schutz der einheimischen Wirtschaft vor starker ausländischer Konkurrenz oder politisch ungewollter Einflußnahme werden tarifäre und nicht-tarifäre Handelshemmnisse errichtet, die ihrerseits politische Beziehungen belasten und die mit Hilfe korruptiver Handlungen umgangen werden. Wirtschafts- und Gesellschaftsformen, die eine Trennung von Ökonomie und Politik durch ihre freiheitliche Grundordnung anstreben, verfügen über zwei interdependente Instrumente internationaler Einflußnahme. Wirtschaftspolitische Maßnahmen übernehmen in Zeiten, in denen weitreichende Kriege zu einer globalen Gefahr geworden sind, wichtige Aufgaben zur innen- und außenpolitischen Sicherung einzelner Länder und tragen zu einer weniger gefährlichen Verlagerung verschiedener Interessenkonflikte auf die ökonomische Ebene bei.

1.2.3. Interdependenzen zwischen politischen und ökonomischen Freiheiten, respektive Pflichten

Das Erfordernis eines übereinstimmenden Grundkonsenses in Wirtschaft und Politik offenbart Interdependenzen zwischen politischen und ökonomischen Freiheiten bzw. Pflichten der jeweils betroffenen Individuen. Ein politisch freier, mündiger Bürger, der gleichzeitig von einer zentralen Bürokratie seiner wirtschaftlichen Freiheiten beraubt ist, ist ebensowenig vorstellbar wie ein in wirtschaftlichen Angelegenheiten entscheidungsfrei und eigenverantwortlich Handelnder, der aber von einer politischen Führung bevormundet wird.[53] Freiheitliches Handeln eines Menschen ist nicht teilbar, es läßt sich nicht auf Politik oder Ökonomie beschränken; Freiheit erstreckt sich über ein gesamtes Wirtschafts- und Gesellschaftssystem.

---

52 Vgl. Gröner, H. / Knorr, A.: Außenhandelsordnung und Soziale Marktwirtschaft, 1994, S. 95 ff.
53 Vgl. Schlecht, O.: Soziale Marktwirtschaft - Lebenselixier für ganz Europa, in: Frankfurter Allgemeine Zeitung vom 15. März 1995.

In Zentralverwaltungswirtschaften existiert, zumindest ordnungstheoretisch, keine individuelle Freiheit. Der Staat als Lenkungsorgan von Politik und Wirtschaft übernimmt die Leitung gesellschaftlicher Aufgaben und ordnet allen Beteiligten genau beschriebene, zu erfüllende Teilaufgaben zu. Wahl-, Entscheidungs- oder Handlungsfreiheiten gibt es nicht, einzig die Erfüllung des Plans ist die Pflicht der Individuen. Die komplizierte und ineffiziente zentrale Planung aller wirtschaftlichen Abläufe bedingt die vollständige Übernahme des Wirtschaftssektors durch die Politik und den Staatsapparat, der dadurch zum Politikum wird. Die in Zentralverwaltungswirtschaften hinzukommende Pflicht zur Parteidisziplin erzieht die Gesellschaft zu kollektiver Unmündigkeit bzw. Verantwortungslosigkeit, da ihr politisches und ökonomisches Handeln konkret vorgeschrieben und Eigeninitiative, Leistungswillen und individuelles Verantwortungsgefühl unterdrückt sind. Das riesige staatliche Zwangssystem im gesellschaftlichen Bereich findet sein Pendant in der ökonomischen Kommandowirtschaft, die beide durch Korruption abgemildert bzw. aufrechterhalten werden.

Marktwirtschaften zeichnen sich durch größtmögliche individuelle Freiheiten in Politik und Wirtschaft aus. Die persönliche Freiheit soll nur eingeschränkt werden, wenn sie die Freiheit anderer gefährdet. Freiheit für alle kann aber nur bei allgemeinverbindlich anerkannten Regeln gewährleistet werden, die von einer gesellschaftlich legitimierten Instanz erlassen und kontrolliert werden. Die Ordnungspolitik beschränkt daher zum Schutze des einzelnen und des Kollektivs individuelle und staatliche Handlungsspielräume. Deren Akzeptanz und Einhaltung sind die ethischen und gesetzlichen Pflichten aller Beteiligten. Der funktionsnotwendige Schnittpunkt von Politik und Ökonomie, der das Verhältnis von Freiheiten und Pflichten zur Aufrechterhaltung eines geordneten Zusammenlebens regelt, beschränkt sich ordnungstheoretisch auf die Setzung von Rahmenbedingungen. Der wirtschaftliche Ablauf innerhalb normierter Grenzen ergibt sich durch die Freiheitsrechte der Wirtschaftssubjekte. Die politische Freiheit andererseits ermöglicht die Veränderbarkeit bestehender Regeln: durch Versuch und Irrtum werden die als unzureichend erwiesenen Regeln zugunsten neuer aufgehoben.[54] Das freiheitlich-demokratische Verfahren in der Politik führt zu einem gesellschaftlich erwünschten Setzen kollektiver Pflichten für die Wirtschaft. Die Effizienz dieses Systems begründet sich dadurch, daß die durch Abstimmung verabschiedeten Normen eine breite Zustimmung finden und daher eher akzeptiert werden als zentral vorgegebene, strenge Verhaltensregeln.

Der sich in jüngerer Zeit in Marktwirtschaften abzeichnende Trend der Ausweitung der Staatätigkeiten aus sozialen Gründen verändert die Freiheit-Pflicht-Konstellatio-

---

54 Vgl. Watrin, C.: Ordnungs- und wirtschaftspolitische Grundlagen Sozialer Marktwirtschaft, 1994, S. 25.

nen. Ursprüngliche Freiheiten wie etwa Selbstverantwortung, Eigeninitiative und Eigenvorsorge erscheinen für viele immer mehr als Pflichten, die sie an den Staat zu delegieren versuchen. Der Staat mutiert zunehmend von seiner Aufgabe der Überwachung von Ordnungsprinzipien zur kollektiven Übernahme individueller Verantwortungen. Den hohen Preis für die kostenintensive soziale Fürsorge bezahlen diejenigen, die ihre wirtschaftlichen Freiheiten ausnutzen und ihre politischen Pflichten ernstnehmen. Die wachsenden Lasten hemmen jedoch die unternehmerische Leistungsbereitschaft, lähmen den dynamischen Wettbewerb und bewirken wachsende Unzufriedenheit. Vergrößert sich das Ungleichgewicht von Pflichten und Freiheiten zu stark, werden die Pflichten als Last empfunden und nicht mehr erfüllt. Korruption breitet sich zur Umgehung staatlicher Regeln in Wirtschaft und Politik aus. Langfristig erreicht die marktwirtschaftliche Entwicklung mit zentralverwaltungswirtschaftlichen Systemen vergleichbare Zustände. Korruption als Instrument zur Nivellierung unverstandener und privatwirtschaftlich fesselnder Regeln und zur Errichtung oder Aufrechterhaltung wirtschaftlicher Spielräume nimmt zu.

Die durch ausufernde Staatstätigkeiten wachsenden Pflichten müssen zur Aufrechterhaltung des eigentlich effizienten marktwirtschaftlichen Systems und zur Wiederherstellung individueller Freiheiten eingedämmt werden, denn in Volkswirtschaften, in denen Zwang und staatliche Bevormundung persönliche Freiheiten einengen und die notwendigsten Versorgungsaufgaben nicht zu lösen vermögen, neigt menschliches Verhalten zum Abgleiten in eine generelle 'Grenzmoral' mit vielfältigen, sozial letztlich gebilligten Gesetzesübertretungen bis hin zur Korruption.[55] Die Beschränkung wirtschaftlicher Freiheiten auf ein Minimum begrenzt durch die Interdependenz von Politik und Ökonomie auch die politische Freiheit: "Die Wettbewerbsordnung ist die Wirtschaftsordnung, welche die wirtschaftliche Freiheit optimal gewährleistet, und sie ist damit gleichzeitig die Ordnung, welche eine freiheitliche Verfassung des Staates und des Rechts, die rechtsstaatliche Demokratie, möglich macht. Sie ist es deshalb, weil die menschliche Freiheit nach allen Seiten hin unteilbar ist, weil die politische, rechtliche und kulturelle Freiheit die wirtschaftliche zur Voraussetzung hat und ebenso eine freiheitliche Wirtschaftsordnung nur zu haben ist bei einer entsprechenden freiheitlichen Staats- und Rechtsordnung."[56]

---

55 Vgl. Schlecht, O.: Grundlagen und Perspektiven der sozialen Marktwirtschaft, 1990, S. 58.
56 Schlecht, O.: Grundlagen und Perspektiven der sozialen Marktwirtschaft, 1990, S. 48 f.

1.3. Schnittmengen für politische und ökonomische Aktivitäten als bevorzugte Felder der Korruption

Besondere Effektivität entfaltet Korruption im Zusammenhang mit dem politischen Sektor, der wirtschaftliches Handeln lenkt und überwacht. Der Staat mit seinen Behörden sorgt u.a. für die Sicherung des Wettbewerbs und die Aufrechterhaltung der wirtschaftlichen Rahmenbedingungen und beschränkt zu diesem Zweck individuelles Handeln. Außerdem dringen diese zunehmend als öffentliche Wirtschaftsunternehmen ohne direkte Ergebnisverantwortung in den privatwirtschaftlichen Bereich ein. Treffen unterschiedliche Interessen an den Schnittstellen von Politik und Wirtschaft aufeinander, die sich aufgrund der Ausdehnung der Staatstätigkeiten vermehren und so denen in Planwirtschaften ähnlich werden, wird die Korruption der Entscheidungsträger in Politik und Verwaltung für privatwirtschaftlich Tätige zur Erlangung von Wettbewerbsvorteilen ein wirksames Instrument.

Die immer breiter gefächerten Aufgaben des Staates vermehren die korruptionsanfälligen Überschneidungen von Politik und Ökonomie in einem Wirtschaftssystem bis hin zur völligen Übereinstimmung mit den Zuständen in Zentralverwaltungswirtschaften, wobei verschiedene administrative Aufgabenbereiche marktwirtschaftlicher Ordnungen besonders korruptionsanfällig sind. Insbesondere tragen mangelnde gesetzliche Regelungen und Grauzonen in den Schnittmengen für politische und ökonomische Aktivitäten zur Korruption bei. Dieser im Grenzbereich von Politik und Wirtschaft entstehende rechtsfreie Raum wird mitunter von politischen Entscheidungsträgern zur Aufrechterhaltung des für sie vorteilhaften Korruptionsmarktes gepflegt und gefördert.

1.3.1. Dimensionen der Schnittmengen für politische und ökonomische Aktivitäten in einem Wirtschaftssystem

Marktwirtschaftlich orientierte Wirtschaftssysteme[57] streben einen weitestgehend freien Wettbewerb zur Versorgung der Gesellschaft mit benötigten Gütern und Dienstleistungen an. Der nach dem Ordnungsprinzip handelnde Staat soll daher nur zur Sicherung wirtschaftlicher Rahmenbedingungen in das Marktgeschehen eingreifen. Grundsätzlich agieren der politische und der wirtschaftliche Sektor in Marktwirtschaften unabhängig voneinander. Zentralverwaltungswirtschaften hingegen verhindern den freien Wettbewerb. Die auf Planrealisierung angelegte Versorgung der

---

57 Wird von marktwirtschaftlich orientierten Wirtschaftssystemen gesprochen, sind in dieser Arbeit immer die westlich ausgeprägten Marktwirtschaften gemeint.

Gesellschaft erfolgt durch Organisation und Überwachung vorgegebener Daten von staatlicher Stelle. Politische und ökonomische Aktivitäten decken sich, da keine wirtschaftlichen Handlungen unabhängig von politischen Entscheidungen vollzogen werden.

Zur effizienten Aufgabenerfüllung des marktwirtschaftlich orientierten Staates ergeben sich jedoch zwangsläufig Überschneidungspunkte zwischen dem politischen und dem ökonomischen Bereich. Wirkt die Administration wirtschaftspolitisch ordnungsstiftend oder durch die Bereitstellung öffentlicher Güter auf marktwirtschaftliche Prozesse ein, entstehen Berührungspunkte zwischen dem dem Allgemeinwohl verpflichteten Staat und den gewinnorientierten Unternehmen. Die staatlich intendierte und für die Aufrechterhaltung des Marktes notwendige Wettbewerbssicherung hindert die Unternehmen an grenzenlosem Gewinnmaximierungsstreben. An dieser Stelle, den Schnittmengen von politischen und ökonomischen Aktivitäten, kollidieren singuläre mit kollektiven Interessen. Der häufig konfliktäre Charakter der verschiedenen Zielvorstellungen läßt einen Korruptionssektor entstehen. Die auf legalem Wege nicht erreichbare Interessensdurchsetzung der Wirtschaftsunternehmen verführt die Wirtschaftssubjekte zur illegalen Beeinflussung der Entscheidungsträger. Die Repräsentanten des Kollektivs verfolgen gleichsam persönliche Ziele, die sie unter Ausnutzung ihrer exponierten Stellung und illegalen Zusatzeinkommen zu erreichen suchen. Die Vernetzung von Macht und Reichtum führt daher Angebot von und Nachfrage nach Korruptionszahlungen zusammen und bringt diese unter Mißachtung gesellschaftlicher Werte, Normen und Gesetze zum Ausgleich. In Planwirtschaften funktioniert der Korruptionsmechanismus ähnlich, jedoch mit dem Unterschied, daß die konfliktären Schnittmengen zwischen dem Individuum und dem Staat aufgrund des staatlichen Ordnungsprinzips wesentlich größer sind, und die chronische Unterversorgung weite Bereiche für korruptive Aktivitäten entstehen läßt.

Die in allen westlichen Industrienationen beobachtbare Zunahme staatlicher Einflußnahme auf den Wirtschaftssektor in Richtung planwirtschaftlicher Prinzipien vergrößert zwangsläufig auch die Dimensionen der Schnittmengen für politische und ökonomische Aktivitäten und damit die Korruptionsanfälligkeit marktwirtschaftlich orientierter Staaten. Verhält sich der Staat im Rahmen seiner Ordnungsaufgaben aus sozial mehr oder weniger legitimierten Gründen nicht mehr verteilungsgerecht, steigt durch diese Subjektivität die Abhängigkeit der Wirtschaftssubjekte von staatlichen Instanzen; diese werden zum Engpaßfaktor individueller Einkommensmaximierung. Die Verlagerung der Staatstätigkeit von der Gewährleistung funktionierender Ordnung und Erfüllung von Allokationsaufgaben hin zu Umverteilungen macht den Staat wegen seiner ökonomischen Distributionsfunktion anfällig für partikulare Einflußnahmen. Daraus entwickelt sich ein Wettbewerb der Wirtschaftsunternehmen, bzw. Verbände und Interessengruppen um den höchsten Grad politischer Mitsprache und um für sie vorteilhafte Entscheidungen durch Herstellen informeller Kontakte.

Der politische Bereich reagiert darauf mit zunehmender Nichtneutralität zukünftiger Entscheidungen zugunsten der stärksten Lobby. Das Resultat sind ein Einzelinteressen vertretender Staat und die Ausweitung korruptiver Tätigkeiten, da die Korruptionskonkurrenz von allen Wettbewerbern zum Verbleib im *Markt* illegale Zusatzzahlungen erforderlich macht. Die relative Leichtigkeit der illegalen oder illegitimen Einflußnahme auf die Politik ergibt sich aus der Organisationsstruktur des öffentlichen Sektors: Die Quantität und mitunter Strukturlosigkeit staatlicher Aufgaben erfordert für den politischen bzw. administrativen Amtsträger größere Entscheidungsspielräume als in vergleichbaren Wirtschaftsunternehmen. Die bürokratische Monopolstellung in Verbindung mit starren Beförderungs- und Gehaltsvorschriften erhöht bei geringem Entdeckungsrisiko die Korruptionsbereitschaft der Amtsträger; die nepotistische Postenvergabe im öffentlichen Dienst, die oft schon als Bestechungsmittel gilt und zu nicht an fachlichen Kriterien orientierter Auswahl von Mitarbeitern führt, ist eine weitere Wurzel der Korruption.[58]

Eine auf weitreichende Partizipation angelegte Politik in einer wertpluralistischen Gesellschaft legt die Vermutung nahe, daß es zwischen der Beteiligung von solchen gesellschaftlichen Gruppen an politischen Prozessen, die nicht zu den klassischen Akteuren des politischen Systems und seiner Institutionen zählen, wie etwa Unternehmen, Verbände und Bürgerinitiativen, und der Entwicklung von Korruption eindeutige Korrelationen existieren. Die Anzahl sozialer Rollen individueller Akteure in einem politischen System, die gleichzeitig mehrere konkurrierende Organisationsloyalitäten und Normen einschließen, stimmen mit den Werten des am Gemeinwohl orientierten Staates und seiner zweckrationalen Verwaltung immer weniger überein. Penetriert der Staat zusätzlich durch das Wachstum seiner Aufgaben immer mehr Bereiche, die den Marktgesetzen unterliegen, verändert sich staatliches Handeln weg von hoheitlicher Administration hin zu Tätigkeiten, die sich verstärkt in Kooperationen mit der gesellschaftlichen Klientel in Verhandlungen und als Austauschprozesse vollziehen.[59] Die Staatshoheit vollzieht sich einem schleichenden Systemwandel und wird anfällig(er) für Korruption als Instrument singulärer Interessenverfolgung.

---

58 Vgl. Schick, P.: Die Korruption im Spiegel des Strafrechts, 1981, S. 579 f und Schmidt - Hieber, W.: Strafbarkeit der Ämterpatronage, 1989, S. 558 ff.
59 Vgl. Alemann, von U. / Kleinfeld, R.: Begriff und Bedeutung der politischen Korruption aus politikwissenschaftlicher Sicht, 1992, S. 276 f.

1.3.2. Quantität und Qualität der Elemente in den Schnittmengen für politische und ökonomische Aktivitäten

Marktwirtschaftlich orientierte Wirtschaftssysteme bzw. die sie konstituierenden Privatunternehmen werden zunehmend durch staatliche Eingriffe in ihrem Wettbewerb beeinflußt. Tendenziell nähern sich Marktwirtschaften durch Subventionierung, Investitionslenkung und den Hang zum Protektionismus Planwirtschaften mehr und mehr an; die Schnittmengen für politische und ökonomische Aktivitäten expandieren also bis hin zur vollständigen Kongruenz politischer und wirtschaftlicher Tätigkeitsfelder.

Regelt in Planwirtschaften der Staat sämtliche ökonomischen Aktivitäten, beschränkt sich in Marktwirtschaften die politische Führung mit ihrer Verwaltung auf mehrere, verschieden umfassende Aufgabenbereiche. Diese lassen sich grob unterteilen in die Ordnungs- bzw. Eingriffsverwaltung mit den Unterbereichen Überwachungsverwaltung (Gefahrenabwehr für die öffentliche Sicherheit und Ordnung), Raumordnungsverwaltung (zweckmäßige Bodennutzung) und beschränkende Wirtschaftsverwaltung (Herstellung und Wahrung angemessener Wettbewerbsbedingungen), daneben steht die Leistungsverwaltung mit den Unterbereichen Versorgungsverwaltung (Bereitstellung notwendiger Einrichtungen des Gemeinwesens), Sozialverwaltung (Vorkehrungen zur Existenzsicherung ihrer Mitglieder) und Förderungsverwaltung (Maßnahmen zur Strukturverbesserung einzelner Lebensbereiche), an dritter Stelle ist die Abgabenverwaltung (Geldmittel für das Gemeinwesen) zu nennen und schließlich folgt die Bedarfsverwaltung (Mittelbereitstellung zur Erfüllung öffentlicher Aufgaben).[60]

---

60   Vgl. Wolff, H. / Bachof, O., zit. nach: Schönherr, R.: Vorteilsgewährung und Bestechung   als Wirtschaftsstraftaten, 1985, S. 25 f.

Aufgabenbereiche der Verwaltung in Marktwirtschaften

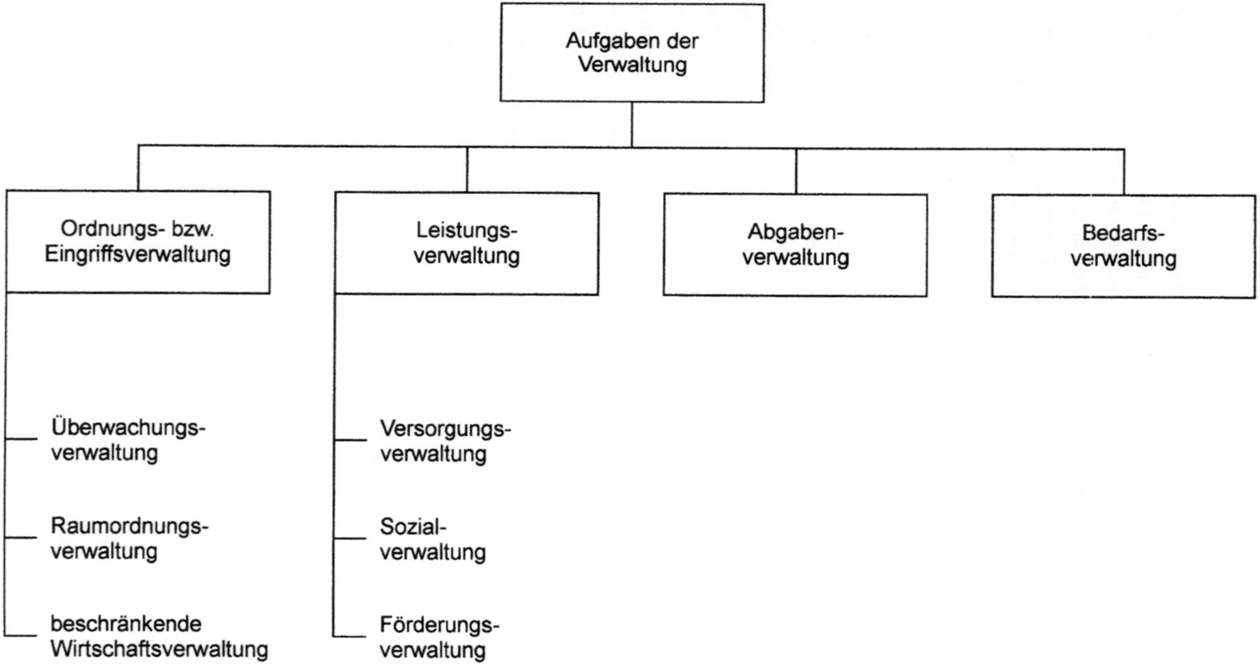

```
                    Aufgaben der
                    Verwaltung
                         |
   ┌─────────────┬───────┴───────┬─────────────┐
Ordnungs- bzw.   Leistungs-   Abgaben-      Bedarfs-
Eingriffsverwaltung verwaltung verwaltung   verwaltung

Überwachungs-    Versorgungs-
verwaltung       verwaltung

Raumordnungs-    Sozial-
verwaltung       verwaltung

beschränkende    Förderungs-
Wirtschaftsverwaltung verwaltung
```

eigene Darstellung in Anlehnung an Wolff, H. / Bachof, O., zit. nach: Schönherr, R.: Vorteilsgewährung und Bestechung als Wirtschaftsstraftaten, 1985, S. 25 f.

Treffen wirtschaftliche Interessen mit den Aufgaben der Verwaltung zusammen, entstehen Zielkonflikte, die u.a. durch Korruption zum Ausgleich gebracht werden. Der Erfolg eines Korruptionsangebots von Seiten der Privatwirtschaft erscheint vorhersehbar, vertreten die Amtsträger doch *nur* das Kollektivwohl, das nicht notwendigerweise auch ihr eigenes sein muß: Durch Korruption initiierte Unkorrektheiten in Bereichen, die keiner Kontrolle unterliegen und für die letztlich keiner verantwortlich ist, schaden vordergründig aufgrund verschleierter Verluste niemandem direkt, nützen aber den am Korruptionsgeschäft Beteiligten; die Administration ist wegen ihrer fehlenden Ergebnisverantwortung für unökonomische Präferenzen anfälliger als die Privatwirtschaft.

Können sich auch korruptive Akte in allen Bereichen der Verwaltung, die direkt oder indirekt in Kontakt mit der Öffentlichkeit treten, ereignen, so sind doch einige Abteilungen besonders anfällig. Vor allem die exponierte beschränkende Wirtschaftsverwaltung gilt im Hinblick auf Korruption als sehr anfällig, schränkt sie doch alle Wirtschaftssubjekte in ihren Tätigkeiten ein. Verinnerlichen alle Beteiligten die Herstellung und die Wahrung angemessener Wettbewerbsbedingungen und die damit auferlegten Grenzen eigenen Handelns, dann verführt sie die Chance zur eigenen Vorteilsgewinnung gegenüber ihrer Konkurrenz durch Korruption der staatlichen Bediensteten oder der Politiker zu illegalem Handeln nicht. Verläuft ein Beeinflussungsversuch erfolgreich, resultiert daraus, wie im Wettbewerb mit legalen Gütern und Dienstleistungen, ein Nachahmungseffekt der Konkurrenz zur Wiederherstellung des Gleichgewichts. Am meisten profitieren Beamte und Politiker von diesem Kreislauf, da ceteris paribus die Korruptionssummen bei gleichbleibender eigener Leistung steigen.

Die Wirtschaftsverwaltung in Planwirtschaften bietet auch ohne Wettbewerb viele korruptive Ansätze. Ob der Staat individuelle Tätigkeiten einschränkt oder diese verbindlich vorschreibt, spielt für die korruptive Intention keine Rolle. Korruption kann in Zentralverwaltungswirtschaften bei mit Marktwirtschaften vergleichbaren Interessenskonflikten der Amtsträger zur Variation der Plananforderungen oder der vertraglichen Inhalte zur Schaffung individueller Freiräume beitragen. Die Intention zur Korruption ist weniger der Versuch, die Konkurrenz auszuschalten, als vielmehr die Herabsetzung an einzelne gestellter Forderungen zur Planerfüllung und/oder die illegale Erlangung von Ressourcen im Sinne privaten Eigentums zur individuellen Einkommensmaximierung. Korruption tritt durch die vollkommen politikabhängige und monopolistische, den Wettbewerb ausschaltende Wirtschaftslenkung in allen ökonomischen Bereichen auf und ermöglicht in der Illegalität ökonomisches Handeln nach marktwirtschaftlichen Prinzipien.

Die in Industrienationen expandierende Leistungsverwaltung ist ein für Korruptionswillige interessantes Element in den Schnittmengen von politischen und ökonomischen Aktivitäten. Der Staat tritt zunehmend als bedeutendes Wirtschaftsunternehmen mit vielfältigen Kontakten zu den Wirtschaftssubjekten auf. Im Rahmen der Versorgungsverwaltung fragt der Staat begehrte Leistungen nach. Die privatwirtschaftlichen Anbieter ringen mit der Konkurrenz um die lukrative Auftragszuteilung der
Großprojekte. Die für eine günstigere, quasi-monopolistische Wettbewerbsstellung
erforderlichen Korruptionsaufwendungen werden nach positiver Auftragsvergabe von
den erwirtschaftbaren Erträgen kompensiert und rentieren sich darüber hinaus bei
geringem Entdeckungs- und Bestrafungsrisiko. Die inzwischen bekanntgewordenen
Fälle im Bauvergabebereich bspw. belegen die Notwendigkeit von Zusatzleistungen
zur Herstellung informeller und entscheidungsrelevanter Kontakte.

Die Förderungs- und Bedarfsverwaltung sind zwei weitere korruptionsanfällige Bereiche, in denen Privatwirtschaft und Staat aufeinandertreffen. Vergibt oder erteilt die
Verwaltung nach politischen Richtlinien Vergünstigungen, Genehmigungen oder
sonstige Vorteile, verzerrt sie den Wettbewerb und veranlaßt auch die Konkurrenz
zur Nachfrage bzw. Inanspruchnahme staatlicher Förderungen. Den Schaden trägt
letztlich die Gesellschaft durch die Zahlung höherer Abgaben, die wiederum im Bereich der Abgabenverwaltung mittels Korruption versuchen kann, ihre Verbindlichkeiten dem Staat gegenüber zu minimieren.

Korruption erscheint besonders bei monopolistischer Marktstellung eines mächtigen
Wirtschaftsunternehmens, wie es inzwischen auch der Staat ist, als wettbewerbs-
wirksames Instrument zur Erringung von Marktanteilen, wobei es Unterschiede in den
jeweiligen Verwaltungsbereichen hinsichtlich ihrer Korruptionsanfälligkeit gibt. Tritt
Korruption etwa in der Überwachungsverwaltung bei Polizei und Justiz auf, wird der
Gleichheitsgrundsatz in der Staats- und Rechtsordnung empfindlich verletzt, doch ist
der für die Allgemeinheit entstehende materielle Schaden anders zu bewerten als
bspw. im Vergabebereich der öffentlichen Hand. Insofern unterscheidet sich die
'Korruptionsqualität' einzelner Verwaltungssektoren in Abhängigkeit von der jeweiligen Auftragsgröße und vom privatwirtschaftlichen Interesse an der staatlichen Zusammenarbeit.

1.3.3. Gesetzliche Regelungen und Grauzonen in den Schnittmengen für poli- tische und ökonomische Aktivitäten

Geordnetes gesellschaftliches Zusammenleben erfordert die Aufstellung und die
Einhaltung allgemeinverbindlicher Regeln. Diese Regeln werden in Gesetzesform von

der politischen Führung verabschiedet und deren Befolgen wird mit Hilfe des Verwaltungsapparates überwacht. In Abhängigkeit von bestehenden Staatsformen erfolgt die Sicherung der Vorschriften unter Beachtung eines grundsätzlichen Freiheitsrechtes und individueller Eigenverantwortung auf demokratischer Basis oder fremdbestimmt bis hin zum Versuch der totalen Überwachung nach diktatorischen Prinzipien.

Demokratien manifestieren sich durch ihre Volkssouveränität, die ein grundsätzliches Mitspracherecht der Gesellschaft u.a. bei gesetzlichen Regelungen ermöglicht. Diese Bürgerbeteiligung erfolgt aus Organisationsgründen meist durch die Wahl von geeignet erscheinenden Repräsentanten, die im gesellschaftlichen Interesse politisch handeln. Der Erlaß neuer Gesetze bzw. die Variation bestehender Gesetze dient dem Schutz des gesellschaftlichen Zusammenlebens, der Gleichheit aller Bürger auf allen Ebenen kollektiven Miteinanders. In den Schnittmengen für politische und ökonomische Aktivitäten sollen sinnvoll postulierte Normen die Einhaltung wettbewerbspolitischer Voraussetzungen und die Aufrechterhaltung der Marktgleichgewichte sichern.

Der zunehmende Einfluß der Politik auf die Wirtschaft durch die Erweiterung der staatlichen Tätigkeiten wird von einem wachsenden, verfassungsrechtlich nicht intendierten Mitspracherecht verschiedener wirtschaftlicher Interessengruppen auf politische Entscheidungen über die Parteien als Mittler begleitet. Das Resultat des sich verdichtenden politisch-ökonomischen Netzwerkes ist eine engmaschige personelle Verflechtung von Politik und Wirtschaft, z.B. durch die Verteilung von Aufsichtsratsposten an Politiker oder Beamte, und eine Ausweitung gesetzlicher Regelungen. Die wachsende Anzahl von Gesetzen und Verordnungen erfordert jedoch spezifische Rechtskenntnisse der Legislative im Umgang mit verabschiedeten und noch zu erlassenden Gesetzen. Bereits bei einfachsten Regelungen müssen verschiedenste Fachbereiche befragt, deren Argumente eingearbeitet, Verfassungsmäßigkeiten überprüft, entgegenstehende Normen beachtet oder vorgehende modifiziert werden, so daß schließlich eine ursprünglich gutgemeinte und dem Normalbürger einleuchtende Initiative zu einem längst nicht mehr mit der ursprünglichen Absicht konformen Werk mit vielen Paragraphen, Ergänzungs- und Durchführungsvorschriften und seitenlangen Begründungen einzelner Worte des Gesetzestextes mutiert. Die Überforderung der Abgeordneten führt oftmals zu einer Unterstützung durch die Rechtsabteilungen großer Konzerne, zumindest wenn diese größeres Interesse an einem Gesetz (oder dessen Verwässerung) haben.[61] Die Intransparenz von Gesetzen und die Überforderung von Politikern und Beamten läßt eine Grauzone entstehen, die rechtlich versierte, meist große Wirtschaftsunternehmen zu ihrem Vorteil auszunutzen

---

61 Vgl. Raith, W.: Der Korruptionsschock, 1994, S. 86 f.

vermögen. Überblicken die Amtsträger die gesetzlichen Vorschriften aufgrund ihrer Komplexität und Undurchschaubarkeit nicht mehr, öffnen sie sich durch Unkenntnis oder Unverständnis illegitimen oder korruptiven Einflußnahmen.

Die gesetzliche Intransparenz und die rechtlichen Grauzonen können aber gleichsam von Politikern und/oder von Angehörigen der Verwaltung zur Ausschöpfung individueller Vorteile favorisiert und forciert werden. Die Zuwendungen als Parteispenden von seiten der Wirtschaft, die oft weit über den rechtlich zulässigen Rahmen hinausgehen und am Rande der Legalität bzw. jenseits davon stattfinden, verhelfen gut organisierten Unternehmen zu wirtschaftsfreundlichen Gesetzesverabschiedungen bzw. -ablehnungen und sind korruptive Akte - häufig aufgrund direkter Spendenaufforderungen.

Direkte Ansprüche an die Ökonomie stellt auch die Bürokratie. Die bis dahin gängige Vorstellung, allein der Klient der Verwaltung versuche alles, mittels Korruption den staatlichen Entscheidungsträger zu pflichtwidrigem Handeln zu veranlassen, wird von anderen Indizien abgelöst. Nicht selten fordern Beamte -mehr oder weniger offen- Zusatzzahlungen für vorteilhafte Gesetzesauslegungen oder für Nichtanwendungen von Gesetzen oder Verordnungen bzw. Ausführungsbestimmungen. In dieser Hinsicht beeinflußt Korruption die Ermessensspielräume von Amtsträgern bei mehrdeutig interpretierbaren Gesetzen. Die Unternehmen erfüllen rechtswidrige Forderungen, um sich das Wohlwollen von Beamten zu erhalten.[62] Schließlich werden die persönlichen Verstrickungen und gegenseitigen Abhängigkeiten so groß, daß ein Ausscheiden aus dem *Korruptionszirkel* ohne erhebliche Nachteile für alle Beteiligten nicht mehr möglich ist.

Die um sich greifenden, bis dahin gesetzlich nicht berücksichtigten Staatstätigkeiten im Wirtschaftssektor verlangen zur Absicherung des Zusammentreffens von ökonomischen und juristischen Prinzipien eindeutige Regelungen, deren Relevanz oft erst durch aufgedeckte Normenverstöße erkannt wird. War etwa die Abgeordnetenbestechung in der Bundesrepublik lange Jahre zwar moralisch verwerflich, aber gesetzlich nicht verboten, wurde der Ruf nach einem ordnenden Gesetz nach Bekanntwerden zahlreicher Bestechungsfälle laut. Bestechung der Parlamentarier zum singulären Vorteil bei Gesetzesinitiativen bspw. stellt ein probates Mittel zur Verbesserung wirtschaftlicher Positionen einflußreicher Unternehmen dar, wird aber aufgrund fehlender gesetzlicher Regelungen nicht geahndet. Der Tausch Reichtum gegen Macht in einer Grauzone gereicht beiden Parteien zum Vorteil und gilt als erhaltenswert. Erst die

---

62 Vgl. Wewer, G.: Prolegomena zu einer Untersuchung der Korruption in der Verwaltung, 1992, S. 314.

Unmutsäußerungen der von dem Tausch ausgeschlossenen Gesellschaftsschichten zwingen die Legislative 1994 zum Erlaß eines neuen Gesetzes. Das inzwischen verabschiedete Gesetz zur Abgeordnetenbestechung (§ 108e StGB) erweckt zwar den Anschein korruptiver Undurchlässigkeit, läßt durch seine geschickte Formulierung den Betroffenen aber weiterhin ausreichende Spielräume zur Fortführung ihrer in der rechtlichen Grauzone stattfindenden Machenschaften.[63]

Zur Verhinderung von Korruption an den Schnittstellen von Politik und Wirtschaft hat der Gesetzgeber verbindliche Vorschriften erlassen, deren Nichtbeachtung mit Geldstrafen bzw. Freiheitsstrafen geahndet werden kann. Die unumstößliche Monopolstellung des Staates, an dessen Gesetze und Ordnungsmaßnahmen wirtschaftlich Handelnde in ihrer Berufsausübung gebunden sind, macht die Amtsträger besonders anfällig für korruptive Einflußnahmen. Nach dem Strafgesetzbuch werden aktive und passive Bestechungen von Amtsträgern im Inland bestraft. Uneinheitliche Gesetzesvorschriften lassen jedoch Grauzonen entstehen, deren Nichtausschöpfung ökonomische Nachteile hat: Nach länderübergreifendem Recht sind Bestechungsgelder in der Regel steuerlich abzugsfähig und mindern die zu entrichtende Steuerschuld. Diese Diskrepanz von Steuerrecht und Strafrecht fordert bei geringem Risiko der Strafverfolgung die Beteiligten zur Korruption auf und schafft eine gesetzlich legitimierte Grauzone, deren Nichtausnutzung zu Wettbewerbsnachteilen führt.

1.4. Korruption in Politik und Ökonomie bei unterschiedlicher Effizienz der Wirtschaftssysteme

Die Erscheinungsformen und Ausprägungen von Korruption hängen maßgeblich von dem zugrundeliegenden Wirtschaftssystem ab. Die unterschiedliche Effizienz bestehender Wirtschaftsordnungen veranlaßt die Individuen zu illegalen bzw. illegitimen Verhaltensweisen zur persönlichen und/oder kollektiven Bedürfnisbefriedigung. Befriedigbare Bedürfnisse als Auslöser von Korruption variieren je nach Wirtschaftssystem: in *armen* Ländern sichert Korruption grundlegende Existenzbedürfnisse, in *reichen* Ländern ermöglicht Korruption weitere Einkommens- und Gewinnmaximierung. Diese Verallgemeinerung ist im Einzelfall problemlos widerlegbar, doch beschreibt sie die grundsätzliche Intention angewandter Korruption bei unterschiedlichen ökonomischen Rahmenbedingungen.

Die Zuordnung bzw. Einteilung von Ländern und ihren Wirtschaftssystemen in bestimmte Kategorien ist schwierig. Vor allem die exakte Abgrenzung von Entwicklungs-

---

63   Vgl. Dreher, E. / Tröndle, H.: Kommentar zum Strafgesetzbuch, 1995, S. 689 ff.

und Schwellenländern kann kaum geleistet werden; zu viele Kriterien und Unterscheidungsmerkmale zur Charakterisierung des einen oder anderen Landes, die alle Besonderheiten aufweisen und deshalb individuell beschrieben werden müßten, stehen zur Wahl.[64] Sinn der hier angestellten Differenzierung ist die Darstellung unterschiedlicher Ansatzbereiche für Korruption in Abhängigkeit von vorherrschenden Wirtschaftssystemen. Die Betrachtung erfolgt daher global und verallgemeinernd, ohne den Versuch, sich in die Diskussion über die Zuordnung von Ländern einzulassen und deren Besonderheiten aufzugreifen. Grundsätzliche systemimmanente Merkmale werden zur Verdeutlichung angeführt, die in der Realität so nicht oder nur selten existieren. Viele realitätsnahe Abweichungen von postulierten Normen bleiben in der Darstellung aus Vereinfachungsgründen unberücksichtigt. Dadurch entstehen Aussagen zur Effizienz von Wirtschaftssystemen in Verbindung mit Korruption, die auf das eine oder andere Land bzw. Wirtschaftssystem nicht direkt übertragbar sind oder aufgrund der Ausschnittbetrachtung unzureichend erscheinen; sie sind aber erkenntnisleitend, ohne den hier gesetzten Rahmen zu sprengen.

Die gegenüberstellenden Ausführungen, die stigmatisierend erscheinen können, enthalten keine Werturteile über verschiedene Länder; vielmehr soll die pointierte Darstellung grundsätzliche Verhaltensweisen beschreiben, die sich in der Realität vermischen können. Eine normorientierte Elaboration von Korruption ist in diesem Zusammenhang nicht beabsichtigt.

1.4.1. Korruption in Politik und Ökonomie in 'armen' Wirtschaftssystemen (Entwicklungsländer)

Die Weltbank unterteilt in ihrem Weltentwicklungsbericht 1994 sämtliche Mitgliedsländer sowie alle übrigen Länder mit einer Bevölkerung von über 30.000 Menschen in drei Ländergruppen: Länder mit niedrigem Einkommen, mit mittlerem Einkommen und Länder mit hohem Einkommen. Das Hauptkriterium für die Einstufung einzelner Länder ist das Bruttosozialprodukt pro Jahr (BSP) pro Kopf. Alle Länder, die aufgrund ihres Bruttosozialprodukts in die Gruppe *Länder mit niedrigem Einkommen* eingestuft werden, gelten im folgenden als Entwicklungsländer. Laut Weltentwicklungsbericht 1994 der Weltbank sind *Länder mit niedrigem Einkommen* jene, deren BSP pro Kopf im Jahr 1992 höchstens 675 US-Dollar betrug.

Entwicklungsländer sind geprägt von der weitverbreiteten Armut großer Teile der Bevölkerung, die nicht oder kaum in der Lage sind, ihre Grundbedürfnisse zu befrie-

---

64 Vgl. Hemmer, H. - R.: Wirtschaftsprobleme der Entwicklungsländer, 1988, S. 37 ff.

33

digen. Überbevölkerung, Arbeitslosigkeit, Krankheiten, Unterernährung und Analphabetentum beeinflussen den Alltag. Das Einkommensgefälle und die Differenz der Lebensstandards zwischen den Bewohnern in den wenigen Städten und denen auf dem Land sind sehr groß. Korruption, verstanden als geheim gehaltenes Tauschgeschäft zwischen mindestens zwei Parteien, die über unterschiedliche knappe Güter oder Einfluß verfügen, beschränkt sich in Entwicklungsländern auf den kleinen Teil der Bevölkerung, der über die nötige Macht zur Anwendung von Korruption verfügt. Die Tendenz zur Zweiteilung der Gesellschaft in Ober- und Unterschicht läßt Korruption zu einem Instrument der herrschenden Klasse werden, die sich auf Kosten des Staates und der Unterschichtangehörigen bereichern, denen das korruptive Verhalten ihrer Politiker und Bürokraten womöglich gar nicht bewußt ist.

Die meisten Entwicklungsländer werden diktatorisch bzw. als Einparteienstaaten geführt. Die Planung erfolgt zentral auf gesamtstaatlicher Ebene oder in einzelnen Bundesstaaten. Der überdimensionierte Verwaltungsapparat und die Armee sind die größten Arbeitgeber im jeweiligen Land.[65] Beliebt sind diese Arbeitsplätze weniger wegen der höheren Sicherheit und des Ansehens der Amtsträger in der Gesellschaft als vielmehr wegen der Möglichkeiten, durch Korruption die niedrigen Staatsdienerbezüge aufzubessern. Da Amtsträger aus fiskalischen Gründen schlecht bezahlt werden, gilt Korruption unter ihresgleichen als adäquates Mittel, den Lebensunterhalt der Familie zu sichern und auch den Kollegen Zusatzeinkommen zu verschaffen. Auf besonders korruptionsintensiven Posten in der Verwaltung, z.B. bei der Lizenzvergabe und bei Investitionsprojekten, können einzelne dazu gezwungen sein, ihre Möglichkeiten zugunsten von Kollegen auszuschöpfen. Bei moralischen Vorbehalten gegen Korruption kann sich sonst ein Beamter dem Vorwurf ausgesetzt sehen, Korruptionsgewinne nicht gerecht auf Kollegen zu verteilen mit der Folge, auf eine weniger gewinnträchtige Position versetzt zu werden. Insofern wirkt schon der extrapersonelle Druck zum Amtsmißbrauch initiativ. Die relative Leichtigkeit, Reichtum ohne große Bestrafungsgefahr zu erwerben, macht den Staatsdienst lukrativ, so daß auch Nepotismus bei der Ämtervergabe im Sinne von *Familienversorgung* häufig vorkommt.[66] Eine staatliche Tätigkeit sichert dem Familienoberhaupt die Versorgung seiner ihm Anvertrauten. Staat und Gesellschaft haben für das Individuum keinen

---

65 Die Ausdehnung des öffentlichen Dienstes ergab sich im Laufe der Zeit aus politischen Gründen, um das Unruhepotential, das eine ausgebildete, arbeitslose städtische Jugend darstellt, einzudämmen. Darüber hinaus erfolgte sie durch Ämtervergabe zur Belohnung von regierungstreuen Einzelpersonen oder Gruppen. Vgl. Cremer, G.: "Das kommt ja sowieso nicht an!", 1995, S. 2.
66 Vgl. Maihold, G.: Korruption in Entwicklungsländern, 1988, S. 68. Derartiges Handeln gilt aber nicht als unmoralisch; traditionellerweise führt er nur aus, was von jedem Mitglied einer großen Familie erwartet wird. Vgl. Bayley, D. H.: The Effects of Corruption in a Developing Nation, 1978, S. 523.

34

moralischen Stellenwert, sie dienen ihm nur zur persönlichen Verwirklichung inner-
familiärer und insoweit sozialer Werte.

Die weitverbreitete Armut führt dazu, daß der Großteil der Bevölkerung nur wenig
Kapital besitzt, mit dem korrumpiert werden könnte. Gemessen an der Gesamtbevölkerung ist die Zahl der reichen, korruptionsfähigen Familien klein. Diese leben in
den Städten und werden für den Erhalt staatlicher Dienstleistungen oder Genehmigungen und die Beschleunigung zu Korruptionszwecken absichtlich verlangsamter
bürokratischer Abläufe überdurchschnittlich hohe Bestechungszahlungen leisten
müssen, da diese die Grundlage für "extralegale Zusatzeinkünfte der Beamten-
schaft"[67] bilden und von den Staatsdienern sehr gepflegt werden. Die sehr schwache
Bindung ländlicher Gebiete an die Metropolen führt dazu, daß die auf dem Land le-
bende Bevölkerung abgeschottet und unabhängig von der Hauptstadt und der dort
ausgeübten Politik ist. Korruption beschränkt sich daher hauptsächlich auf die Städte.
Die mangelhafte Infrastruktur in vielen Entwicklungsländern und die hohe Analphabe-
tenquote der Bevölkerung läßt Korruption nicht flächendeckend publik werden. Das
Interesse der Masse der Bevölkerung richtet sich in dieser Entwicklungsphase auf die
Lösung ihrer alltäglichen existenziellen Probleme.

Lukrative Korruptionsmöglichkeiten für die Bürokratie ergeben sich vor allem durch
das ins Land kommende ausländische Kapital, z.B. in Form von Entwicklungshilfe.
Stehen der Regierung eines Landes bestimmte Entwicklungshilfesummen zur Verfügung, ergeben sich für die Beamten mehrere Möglichkeiten, durch Korruption privat
daran zu partizipieren. Das Monopol des Staates, über das die Entwicklungshilfe
meist gesteuert wird, ermöglicht den beauftragten Funktionären die verzögerte Initiierung eines Entwicklungshilfeprojekts, um das Geld im Verzögerungszeitraum zugunsten privater Einkommensmaximierung gewinnträchtig anzulegen (bei hohen
Inflationsraten und hohen Nominalzinsen in vielen Entwicklungsländern sind festver-
zinsliche Anlagen besonders gewinnträchtig).[68] Bei der Auftragsvergabe zur Beschaffung von Hilfsgütern werden mit den Lieferanten überhöhte Preise vereinbart, damit
der Differenzbetrag oder ein Teil davon an die Auftragsvergebenden zurückfließen
kann (Kick-back-Vereinbarungen). Bedeutend sind hierbei ausschließlich persönliche
Beziehungen: Lieferanten werden nicht nach betriebswirtschaftlichen Gesichtspunkten ausgesucht, sondern nach der Kick-back-Willigkeit. Eine solche Vereinbarung ist
für die Lieferanten nicht ganz ungefährlich, da sie überhöhte Zahlungsbelege ausstel-
len müssen, denen kein finanzieller Mittelzugang gegenübersteht. Möglich ist auch
die Ausstellung von zwei identischen Belegen, um die Abrechnung mit zwei Investo-

67 Cremer, G.: "Das kommt ja sowieso nicht an!", 1995, S. 2.
68 Vgl. Cremer, G.: Schein - Consulting, Titelblattgeschäfte, kick - back - Auftragsforschung als
    Instrument der Mittelumlenkung, 1990, S. 215.

ren durchführen zu können.[69] Die zweifache Überweisung der durch Belege nachgewiesenen Beträge der voneinander unabhängigen Investoren für eine nur einmal erbrachte Leistung ergibt eine Korruptionssumme von 100 % des Auftragswertes, die unter den Beteiligten aufgeteilt wird. Persönliche Beziehungen dieser Art erschweren anderen Anbietern solange den Marktzutritt, bis sie persönliche Kontakte zur Bürokratie hergestellt, d.h. sich mit der Anwendung von Korruption einverstanden erklärt haben. Der Staat kann auf diese Weise sein Vergabemonopol ausnutzen, die wirtschaftlichen Aktivitäten lenken und die Beamten indirekt entlohnen.

Die Konsequenzen mangelhafter Produktqualitäten, die aus fehlgeleiteten Entscheidungen bei der Lieferantenauswahl resultieren, haben die Endabnehmer zu tragen. Produkte minderer Qualität können auch entgegen vertraglicher Vereinbarungen geliefert werden, nämlich dann, wenn die für die Auftragsvergabe Verantwortlichen oder die zur Qualitätskontrolle verpflichteten Personen an den erwirtschafteten Differenzbeträgen von vereinbarter und gelieferter Qualität beteiligt sind. Die in vielen Entwicklungsländern schon nach kurzer Nutzungsdauer sichtbaren Bauruinen, wie z.B. zerstörte Straßen oder Häuser, zeugen von der Verwendung minderwertiger, für die Beamten aber lukrativer Inputfaktoren beim Aufbau der Infrastruktur.[70]

Korruption etabliert sich zunehmend im Bereich der humanitären Hilfe und der Nahrungsmittelhilfe durch den illegalen Verkauf von Hilfsgütern an Händler oder interessierte Privatpersonen, indem die in Listen niedergeschriebene Anzahl der Hilfebedürftigen einfach überhöht angegeben wird oder die Mittel nicht an die Bedürftigen weitergegeben werden. Die Entdeckungswahrscheinlichkeit ist gering, da die Empfänger solcher Leistungen meistens keine Qualitätskenntnis haben, Lieferungen minderer Art daher von der ihnen zugedachten Qualität nicht unterscheiden können bzw. keinen Einblick in die Verteilungsstrukturen haben und sich nicht wehren. Sie sind froh, wenn sie überhaupt etwas bekommen.

Ausländische Geldgeber haben kaum Möglichkeiten, anhand von ihnen ausgehändigten Belegen den sinnvollen Einsatz ihrer Mittelzuwendungen zu überprüfen. Häufig stellen ortsansässige Lieferanten den Leistungsempfängern überhöhte Zahlungsbe-

---

69 Vgl. Cremer, G.: Schein - Consulting, Titelblattgeschäfte, kick - back - Auftragsforschung als Instrument der Mittelumlenkung, 1990, S. 216.
70 Vgl. Moody-Stuart, G.: Schwere Korruption in der Dritten Welt, 1995, S. 121. Das beschriebene Phänomen minderwertiger Bauwerke bezieht sich gleichermaßen auf expandierende Schwellenländer, in denen "(k)orrupte Baufirmen, die [...] wegen der unerschöpflich Wohltaten vergebenden öffentlichen Hände Stahlträger abrechnen, aber nicht einbauen, Betonmischungsverhältnisse fälschen, Wartungsarbeiten aufschreiben, aber nicht ausführen" und durch ihr nachlässiges Handeln zu Häusereinstürzen und menschlichen Katastrophen beitragen. Schmitt, U.: Menschen unter Wachstumstrümmern, in: Frankfurter Allgemeine Zeitung vom 30. Juni 1995.

lege aus, mit denen eine Unterschlagung in der Abrechnung gegenüber auswärtigen Geldgebern verdeckt werden kann. Auch die Ausstellung von zwei Originalbelegen für nur einen Kauf ist ein übliches Verfahren zur mehrfachen Abrechnung bei verschiedenen Geldgebern. Da den Geldgebern die Möglichkeiten fehlen, Ermittlungen anzustellen, ob etwa dem ausgestellten Beleg eines Lieferanten bei diesem eine entsprechende Einnahmeverbuchung gegenübersteht, ist die Verpflichtung zum Nachweis der Ausgaben durch Belege nur ein beschränkt taugliches Kontrollinstrument. Zur Überwachung zweckadäquater Nutzung bereitgestellter Entwicklungshilfe können sie allerdings die im Lande geltenden Marktpreise zur Erschwerung von überhöhten Belegausstellungen ermitteln, die geförderten Projekte durch persönliche Kontakte vor Ort mitbetreuen und deren Ergebnisse kurz- und längerfristig evaluieren, um daraufhin Entscheidungen zu weiteren Hilfeleistungen kritisch zu hinterfragen. Das Aussetzen von Entwicklungshilfe kann jedoch zu einem Teufelskreis für die jeweiligen Länder werden, denn die Geldstromunterbrechung und der finanzielle Rückzug aus dem Land führen als Reaktionen darauf zu verstärkten inländischen Kontrollen, die wiederum zukünftige Entwicklungshilfeprojekte durch die aufkommende bürokratische Starrheit wesentlich erschweren. Bezahlen die Arbeitgeber vor Ort ihr Personal allerdings schlechter als durch Belege dokumentiert oder rechnen sie fiktiv erbrachte Leistungen ab und behalten den so erwirtschafteten Differenzbetrag als Gewinn ein, bestehen kaum Kontrollmöglichkeiten für die ausländischen Kapitalgeber. Die oft des Lesens und Schreibens unkundigen Arbeiter unterschreiben (un)gewollt den Erhalt höherer Gehälter, denn der Wert einer Tätigkeit zur Sicherung des Existenzminimums wiegt diesen Betrug auf. Das Unwissen der Arbeiter über ihnen zustehende Beträge erleichtert solches Vorgehen zusätzlich.[71]

Die Auswahl der Investitionsprojekte im Rahmen von Entwicklungshilfe bestimmt sich in manchen Fällen u.a. nach der Möglichkeit, mittels Korruption Zusatzeinkünfte zu erhalten. Projekte mit hohen Investitionskosten werden aufgrund erhöhter kick-backs favorisiert, unabhängig davon, ob diese überhaupt nützlich sind. Moderne Produktionsmaschinen bspw., die für das Land nutzlose, komplizierte Techniken beinhalten, einen unbenötigten Output hervorbringen und hohe Wartungskosten verursachen, dienen kaum der Wirtschaftsförderung des Landes. Die staatliche Konzentration auf teure Investitionsprojekte führt zu der oft vorherrschenden, finanziellen Benachteiligung des Gesundheitswesens und des Erziehungs- und Bildungssektors zugunsten modernster Technik aus dem Entwicklungshilfefond oder mit gewährten Krediten. Industrieländer als Lieferanten hochwertiger und teurer Technik tragen durch egoistische Einflüsse auf die Entscheidungsträger ihren Anteil an entwicklungsländerspezifischen Fehlentscheidungen bei.

---

71 Vgl. Cremer, G.: "Das kommt ja sowieso nicht an!", 1995, S. 8 ff.

Ein weiteres Feld der Korruption folgt u.a. auch aus dem Zwang der Entwicklungshilfeleistenden, die zu bestimmten Zwecken eingeworbenen Spenden innerhalb gewisser Fristen auszugeben. Der Druck der Finanzämter, die nach der Abgabenordnung den gemeinnützigen Organisationen Termine für die Verwendung steuerlich begünstigter Spenden setzen, trägt dazu bei.[72] Der so entstehende Zeitdruck führt dazu, daß plötzlich hohe Beträge in bestimmte Regionen investiert werden müssen, die dort zu diesem Moment in gegebener Höhe nicht zweckdienlich sind und eine Privatisierung öffentlicher finanzieller Unterstützungen möglich machen. Der Zwang zur Ausgabe der Spenden macht Korruption in diesem Fall ungefährlich. Geschädigt, bzw. betrogen sind vor allem die Spender, deren finanzielle Leistungen nicht an der gewünschten Stelle plaziert werden. Die Folgewirkungen einmal angewandter Korruption auf Projekte, die keinem Ausgabenzwang unterliegen, beeinträchtigen auch nachfolgende, finanziell schlecht ausgestattete Hilfsleistungen.

Die durch ausländische Kredite ermöglichte Korruption führt zu steigender Staatsverschuldung, da das Kapital nicht allein projektorientiert in das Land investiert wird, sondern Teile davon nicht bestimmungsgemäß privatisiert werden. Der durch das abgezweigte Geld entstehende Schaden wird nationalisiert und den Staatsschulden zugeschlagen, die dadurch unnötig wachsen. Die in Entwicklungsländern oft fehlende Rechtssicherheit durch mangelnde Transparenz und die nicht funktionierende Rechtsstaatlichkeit in Verbindung mit Wahlbetrug und staatlichen Monopolen macht Korruption weitgehend ungefährlich und verhindert gesellschaftliches Einschreiten. Im Zusammenhang mit dem Bestreben der Staatsbeamten, das Monopol des Staates zur Ausübung privater Interessen zu bewahren, ist eine Veränderung bestehender Gegebenheiten sehr schwierig, zumal viele qualifizierte Funktionäre aus dem Staatsdienst ausscheiden würden, unterbände der Staat die Korruption. Höhere Gehälter für Staatsdiener bei gleichzeitiger Verstärkung von Kontrollinstanzen, Transparenz des Regierungsapparates, Auflösung des Vergabemonopols der Bürokratie, verstärkter Kontrolle und größerer Sensibilität ausländischer Geldgeber könnten der Korruption entgegenwirken.

---

72 Vgl. Cremer, G.: "Das kommt ja sowieso nicht an!", 1995, S. 11 ff.

1.4.2. Korruption in Politik und Ökonomie in 'reichen' Wirtschaftssystemen (Sieben Große Industrieländer)

Reiche Wirtschaftssysteme befinden sich generell in einem -verglichen mit Entwicklungs- oder Schwellenländern[73]- stabilen politischen und ökonomischen Gleichgewicht. Korruption, die in Zeiten rascher Modernisierung von Wirtschaftssystemen stark zunimmt[74], wird in den Sieben Großen Industrieländern daher seltener auftreten. Verhindern kann sie kein System, aber ihr Ausmaß hängt von dem ländertypischen Status ab. Korruption existiert auch in großen Industrieländern, doch wirkt sie sich anders auf das Staatsgefüge aus. Die mikro-, makroökonomischen und politischen Strukturen haben sich seit der Industrialisierung gefestigt und weitgehend bewährt. Zur Sicherung bestehender gesellschaftlicher und individueller Verhältnisse existiert ein gut angelegtes und funktionierendes Netz rechtlicher Normen und Gesetze. Die länderspezifische Rechtssicherheit ist groß, und persönliche Beziehungen zur individuellen Interessendurchsetzung sind nicht so bedeutend wie in Entwicklungsländern. Korruption als grundlegende Voraussetzung und als Sicherung wirtschaftlicher Tätigkeiten in sich modernisierenden Gesellschaften hat in Industrieländern aufgrund der dort im allgemeinen herrschenden Rechtssicherheit nicht den gleichen Stellenwert. Dort existierende, persönliche Beziehungen führen gleichermaßen zu individuellen Vorteilen, doch kann ein Wirtschaftssubjekt auch (noch) ohne sie am Wirtschaftsleben teilnehmen.

Konkurrenz und Wettbewerb zeichnen das Wirtschaftsleben in Industrieländern aus. Der staatliche Einfluß ist dabei wesentlich geringer als in Entwicklungsländern. Die Ressourcenbeschaffung erfolgt, bis auf wenige Ausnahmen, nicht über staatliche Behörden; in dieser Hinsicht dient den Beamten die Monopolstellung des Staates nicht zur Ausnutzung von Korruption. Benötigte Güter können ohne die Leistung zusätzlicher Zahlungen beschafft werden, da konkurrierende Anbieter in der Regel viele Beschaffungswege ermöglichen. Die Anzahl knapper Güter, bei denen die Nachfrage das Angebot übertrifft und zu Korruption verleitet, ist vergleichsweise gering; Käufermärkte verlagern Korruption, da ein die Nachfrage übersteigendes Angebot zu Engpässen im Absatzbereich führt. Korruption unterstützt die Abnahme produzierter Güter und Dienstleistungen, nicht deren Beschaffung. Korruption kann einen kurz- oder/und langfristigen Wettbewerbsvorteil bewirken, doch bildet sie nicht die Grundlage zur Teilnahme am wirtschaftlichen Wettbewerb. Neben dem Staat gibt es andere, außerbürokratische Instanzen, die das Marktgeschehen beeinflussen und Marktkonzentrationen, die der Korruption Vorschub leisten, verhindern. Der staatliche

---

73 Der Einfachheit halber wird im folgenden nur noch von Entwicklungsländern als Gegensatz zu den Industrieländern gesprochen.
74 Vgl. Huntington, S.: Modernization and Corruption, 1990, S. 377 f.

Sektor ist dementsprechend kleiner und ökonomisch nicht gleichermaßen einfluß-
reich, zumal er viel stärker dezentralisiert ist. Dezentralisierung kann zu verringerter
Korruptionsanfälligkeit führen, da die Kontrollmechanismen und der Wettbewerb
stärker ausgeprägt sind.

Pressefreiheit, freie Wahlen und Gewaltenteilung vermindern Korruption in einem
Wirtschaftssystem. Die Teilnahmemöglichkeiten der Gesellschaft am öffentlichen
Leben durch freie Wahl der Volksvertreter bedingt die Abhängigkeit der Politiker von
der Bevölkerung. Willkürliche Maßnahmen und individuelle Bereicherungen der
Machtausübenden auf Kosten der Gemeinschaft können durch entzogene Wählerstimmen bestraft werden. Die Macht eines Politikers ist insofern wesentlich einge-
schränkter als in Entwicklungsländern, in denen durch Wahlmanipulationen bzw.
fehlende Wahlmöglichkeiten bestehende Machtstrukturen gefahrlos bewahrt werden.
Korruption kann in Industrieländern theoretisch zum vollständigen Machtentzug einzelner Politiker führen. Die Gefahr ihrer Anwendung führt bei gleichzeitig erhöhter
Entdeckungs- und Bestrafungswahrscheinlichkeit zu einer Kosten:Nutzen-Abwägung,
deren Ergebnis zum Unterlassen von Korruption führen kann. In Entwicklungsländern
wird diese Abwägung wegen der fehlenden Gefahren immer positiv ausfallen und
daher häufiger zur Korruptionsentscheidung beitragen.

Die herrschende Pressefreiheit und die Gewaltenteilung lassen die Ausübung von
Korruption zu einem vergleichsweise heiklen Instrument werden. Medien publizieren
gesellschaftliche Devianzen und tragen zur öffentlichen Diskussion und Bewertung
bei, der sich kein Betroffener entziehen kann. Die vielen aktuellen Fälle belegen den
Einfluß, den die Medien auf Einzelschicksale haben. Die Gefahr der Veröffentlichung
korruptiver Tätigkeiten ist eine natürliche Hemmschwelle, die höher ist als durch
gesetzliche Regelungen, denn die Kosten der Korruption können ihren Nutzen schnell
übersteigen und sie damit zu einem ineffizienten Instrument machen.

Bestehende Wert- und Moralvorstellungen beeinflussen den Grad der Korruption in
einem Wirtschaftssystem. Das traditionelle Geschenkegeben als Ausdruck der
Freundschaft oder des Danks existiert in den G 7 nicht in dem gleichen Maße wie in
anderen arabisch oder asiatisch geprägten Ländern. Die Deklarierung einer Ver-
haltensweise als korrupt ist eindeutig zuzuordnen und offensichtlich. Die gesellschaftliche Norm, den Staat als Institution zur Sicherung des Gemeinwohls anzuerkennen,
verurteilt individuelle Bereicherungen auf Kosten der Gemeinschaft. Beamte sehen in
der Bürokratie keine Institution zur individuellen Bedürfnisbefriedigung; die akzeptable
Bezahlung zwingt sie nicht dazu, unter Ausnutzung ihrer exponierten Stellung durch
Korruption ihre Familie zu ernähren. Einzelne Korrumpeure innerhalb der Administration verändern nicht das Gesamtgefüge.

40

Die dezentrale Strukturierung des Systems verhindert institutionalisierte und vernetzte Korruption durch Teilnahme aller Bürokraten. Existentielle Armut kennen die Sieben Großen Industrieländern nicht. Wenige kämpfen um ihr Existenzminimum. Die Anwendung von Korruption erfolgt auf höheren Stufen der Maslow'schen Bedürfnispyramide und trifft in der Gesellschaft auf wenig Verständnis. Die stärkere Beachtung und Verurteilung der Korruption in Industrieländern ist mitunter auch darauf zurückzuführen, daß sich die Gesellschaft die öffentliche Behandlung des Themas leisten kann. Die flächendeckende und mehr als ausreichende Versorgung erlaubt die Beschäftigung mit darüber hinausgehenden Problemen, technische Innovationen und der gesellschaftliche Bildungsgrad ermöglichen die weite Verbreitung der Korruptionsproblematik.

Funktionierende Marktmechanismen und ein sich im Wirtschaftsleben zurückhaltender Staat schwächen die Effizienz der Korruption als Mittel individueller Interessendurchsetzungen. Liberalisierung, Privatisierung und Dezentralisierung staatlicher Unternehmen in einer demokratisch geprägten Umgebung schränken die Wirkung von Korruption ein. Die Möglichkeiten legaler politischer Einflußnahme kommerzieller Einheiten bei gleichzeitiger Unabhängigkeit von staatlichen Protektionen schwächen die Effizienz ausgeübter Korruption.

Korruption völlig zu unterbinden gelingt in keinem bestehenden Wirtschaftssystem. Immer wird es Grauzonen und Gesetzeslücken geben, die sich einzelne zunutze machen. Ein auf Wachstum angelegter Markt erreicht irgendwann eine Sättigung, die eine weitere Expansion erschwert. Korruption tritt dann vermehrt in Erscheinung und soll diesen Engpaß überwinden helfen. Behörden und Unternehmer in den Industrieländern gelten im allgemeinen als loyal und ehrlich, doch Korruption ist auch unter ihnen weit verbreitet. Insbesondere tritt Korruption im internationalen Geschäftsverkehr auf, zumal die Bestechung ausländischer Beamter und Politiker von im Ausland tätigen, inländischen Unternehmen ebensowenig geahndet wird wie die im eigenen Land getätigten Bestechungszahlungen ausländischer Unternehmer an ausländische Amtsträger; und die strafrechtliche Verfolgung der Bestechung ausländischer Beamter oder Politiker im Inland ist aufgrund fehlender Gesetzesgrundlagen erschwert. Nur die USA hat durch den *Foreign Corruption Practice Act* von 1977 eine gesetzliche Möglichkeit, auch Inländer für korruptive Tätigkeiten im Ausland zu bestrafen.[75] Die Ausnahmeposition der USA im Hinblick auf die Strafverfolgung ausländischer Korruption zeigt, daß die Bekämpfung der Korruption zugunsten wirtschaftlicher Gesichtspunkte in fast allen Industriestaaten in den Hintergrund tritt.

75 Vgl. Bernasconi, P.: Langer Weg zu internationaler Konvention, 1992, S. 19 ff.

Betrieblich veranlaßte Schmiergeldzahlungen als Korruptionshandlung, die einer Gegenleistung des Geschäftspartners zuzurechnen sind, werden, mit und ohne Benennung des Empfängers, in den europäischen und den größten außereuropäischen Industriestaaten grundsätzlich als Betriebsausgaben anerkannt.[76] Aus steuerpolitischen Gesichtspunkten gehört die Abzugsfähigkeit von betrieblich veranlaßten Aufwendungen, zu denen Korruptionszahlungen häufig zu zählen sind, zu den Grundprinzipien der steuerlichen Gewinnermittlung. Die Anerkennung als Betriebsausgabe soll die Konkurrenzfähigkeit exportorientierter Unternehmen im internationalen Wettbewerb sichern.[77] Die steuerliche Anerkennung von Bestechungsgeldern entspricht zwar den geltenden Steuersystemen, doch öffnet sie der Korruption die Tür; die namentliche Angabe des Empfängers als Voraussetzung für die steuerliche Anerkennung soll zwar den Mißbrauch verhindern und strafrechtliche Verfolgungen durch die Weitergabe von Fakten erleichtern, doch die Zusammenarbeit von Steuer- und Strafbehörden erfolgt nur, wenn es sich um Straftaten handelt, die geeignet sind, "... die wirtschaftliche Ordnung erheblich zu stören oder das Vertrauen der Allgemeinheit auf die Redlichkeit des geschäftlichen Verkehrs oder auf die ordnungsgemäße Arbeit der Behörden und der öffentlichen Einrichtungen erheblich zu erschüttern."[78] Diese weite Auslegung läßt Ermessensspielräume offen, die Unternehmen zu ihren Zwecken sinnvoll nutzen können. Korruption ist auch in Industrieländern in den Wirtschaftsprozeß miteinbezogen. Bestechungszahlungen zur Erringung öffentlicher Aufträge oder kick-backs sind keine nur aus Entwicklungsländern bekannten Phänomene. Individuen in verschiedenen Wirtschaftssystemen unterscheiden sich nicht grundsätzlich in ihrem korrupten Verhalten, doch beeinflussen bestehende Wirtschafts- und Gesellschaftsstrukturen die Korruptionsausprägungen innerhalb eines Wirtschaftssystems.

1.4.3. Korruption in Politik und Ökonomie in 'reichwerdenden' Wirtschaftssystemen (Schwellenländer)

Nach dem Weltentwicklungsbericht der Weltbank von 1994 gehören alle Länder mit einem BSP pro Kopf (1992) zwischen 676 und 8.355 US-Dollar zu den *Ländern mit mittlerem Einkommen*, die hier als Schwellenländer bezeichnet werden. Schwellen-

---

76 Selbst der § 4 Abs. 5 Satz 1 Nr. 10 EStG, der mit dem deutschen Jahressteuergesetz 1996 in das Einkommensteuergesetz eingefügt wurde und die steuerliche Abzugsfähigkeit von Schmiergeldzahlungen an inländische Empfänger unterbinden soll, ist an so viele Voraussetzungen gebunden, daß seine praktische Anwendbarkeit kaum Bedeutung erlangen wird. Vgl. Salzberger, W.: Unveröffentlichter Arbeitsbericht zum § 4 Abs. 5 Nr. 10 EStG nach dem Jahressteuergesetz 1996, Mannheim 1995, S. 10 ff.

77 Vgl. Littwin, F.: Die steuerliche Abzugsfähigkeit von Provisionen, Schmier- und Bestechungsgeldern, 1994, S. 2326 ff.

78 § 30 Abs. 4 Nr. 5 Buchst. b AO.

länder, auch als NIC (Newly Industrializing Countries) bekannt, sind Entwicklungsländer, die sich in ihrem wirtschaftlichen Fortschritt am Übergang zu Industrieländern befinden. Eine klare Abgrenzung der Schwellenländer von den sogenannten Entwicklungsländern (LDC = Least Developed Countries) ist nicht immer leicht. In diesem Zusammenhang wird als Unterscheidungskriterium für die Darstellung unterschiedlicher Korruptionsmöglichkeiten in den beiden Ländertypen auf die zunehmenden ökonomischen Aktivitäten in- und ausländischer Investoren in Schwellenländern abgehoben.

Die Ankurbelung privatwirtschaftlichen Handelns erfolgt durch eine Liberalisierung des Wirtschaftslebens. Der Staat gibt die vollständige Wirtschaftskontrolle auf und läßt Privatinitiativen mehr Entfaltungsmöglichkeiten. Die Zunahme privatwirtschaftlicher Aktivitäten fördert jedoch gleichzeitig eine erhöhte Staatstätigkeiten im administrativen Bereich: Genehmigungen müssen erteilt, Steuern eingetrieben, Subventionen zugewiesen, neue Gesetze geschaffen und deren Einhaltung überwacht, Infrastrukturen verbessert, neue Wirtschaftskontrollmechanismen konstruiert und Kooperationen mit ausländischen Investoren ermöglicht werden. Diese neu erwachsenden Aufgaben eröffnen den Beamten, die im Zuge dieses Wirtschaftswachstums mit ihren Gehältern hinter vergleichbaren Positionen in der Privatwirtschaft zurückbleiben, weitere Korruptionsoptionen. Gewerbescheine und Lizenzen z.B. werden schneller oder nur durch Zusatzzahlungen an den zur Ausgabe Verantwortlichen ausgehändigt, hohe Steuerschulden durch Sonderzuwendungen an die Steuerbehörden gemildert, Subventionen oder Sonderkonditionen durch besondere Geschenke erkauft, Gesetzeswidrigkeiten durch finanzielle Anreize gedeckt. Die Trennung von privaten und öffentlichen Angelegenheiten gibt der Korruption neuen Raum; sie bildet das Bindeglied zwischen den beiden Polen, dem nach politischem Einfluß trachtenden, wirtschaftlich erfolgreichen Privatunternehmertum und der nach ökonomischem Reichtum suchenden, mit politischer Macht ausgestatteten Bürokratie.[79]

Private Wirtschaftsaktivitäten initiieren Produktion, Konsum sowie Arbeitsplätze und lassen eine Mittelschicht mit eigenen Interessen und eigenem Vermögen entstehen. Die Anzahl potentieller Korrumpeure steigt, da die erstarkende Gesellschaftsschicht über die nötigen Mittel zur Durchsetzung ihrer wirtschaftlichen Freiheiten und politischen Interessen verfügt und häufigerem Kontakt mit korrupten Beamten ausgesetzt ist. Inländische Korruption, die in Entwicklungsländern nicht so stark ausgeprägt ist, etabliert sich im Zuge wirtschaftlicher Reformen. Veränderungen ökonomischer Ordnungsrahmen ziehen aber auch verstärkt ausländische Investoren an, die sich am

---

79 Vgl. statt vieler Heberer, T.: Korruption in China, 1991, S. 164 und Kenawy, S.: Korruption als soziales Problem peripherer Gesellschaften, 1984, S. 171.

Aufschwung beteiligen und ihre augenblicklichen und vor allem zukünftigen Markt-chancen in diesen -ökonomisch gesehen- hoffnungsvollen Ländern sichern wollen. Die starke Konkurrenz auf gesättigten Märkten im eigenem Land veranlaßt externe Anbieter zum Kampf um Marktanteile und (staatliche) Aufträge in aufstrebenden Regionen. Es kann auch hier aus handelspolitischen Überlegungen heraus von zunehmenden Korruptionstätigkeiten zur Sicherung individueller Interessen ausge-gangen werden.[80]

Der Markteintritt ausländischer Unternehmen verändert das ökonomische, politische und gesellschaftliche Leben im jeweiligen Land. Durch die Marktöffnung wird die heimische Lebens- und Arbeitsweise mit einer technisch innovativen Wirtschaft, Wissenschaft und fremden Kulturen konfrontiert. Traditionelle Normen und Werte werden durch neue Wertvorstellungen verändert, in Frage gestellt und/oder ganz abgelehnt; Unsicherheiten über gültige Normen und Gesetze entstehen, die durch Schutzzahlungen an Staatsangestellte, von diesen mitunter gefordert und ausgenutzt, zu bewahren versucht werden. In einer Situation des Übergangs kann sich Korruption ausbreiten, da Wertebindungen wegfallen und Orientierungslosigkeit über allgemein und gesetzlich anerkannte Verhaltensmuster herrscht. Die Gefahr der Aufdeckung und Strafverfolgung von Korruption bei niedrigen Strafmaßen ist gering; Kontrollen durch Presse, Gewaltenteilung und Revisionen fehlen. In Zeiten allgemeiner Un-sicherheit, die Übergänge zu modernen Gesellschaften mit sich bringen, ist Korrup-tion ein effizientes und weitgehend ungefährliches Mittel, eigene Interessen zielstrebig durchzusetzen. Die für Entwicklungsländer charakteristische Konzentration auf die Familie und nahe Verwandte unterstützt das für Korruption wichtige Schattendasein in der Öffentlichkeit. Begünstigt wird die Situation durch eine im Vergleich mit dem wirtschaftlichen Fortschritt zurückbleibende soziale und politische Entwicklung.

Die ökonomische Liberalisierung, bedingt auch durch eine zunehmende Öffnung nach außen und eine Lockerung der administrativen Preisfestsetzung bei gestiegener Nachfrage, fördert bei gleichzeitiger politischer Reformunwilligkeit aufgrund machter-haltender Interessen Korruption. Bei der Erlangung gewerbetreibender Grundvoraus-setzungen sind Geschäftsleute auf gute Beziehungen zur Bürokratie, nicht auf Effi-zienz und Marktverhalten, angewiesen, da diese Verfügungs- und Verteilungskompe-tenzen haben. Gewerbescheine, Qualifikationsnachweise, Bankkredite, Elektrizitäts- und Wasserversorgung, Beschaffung bzw. Zulassung von Geschäftsstandorten, für die Produktion benötigte, evtl. knappe Güter sind nur durch Bestechungszahlungen zu bekommen.[81] Die Monopolstellung des Staates bildet für Privatunternehmer den

---

80 Vgl. Myrdal, G.: Corruption as a Hindrance to Modernization in South Asia, 1990, S. 412.
81 Vgl. Heberer, T.: Korruption in China, 1991, S. 154 ff. Der Großteil der (aufstrebenden) Ent-wicklungsländer ist zu Beginn des Umbruchs planwirtschaftlich geführt.

44

Engpaßbereich ihrer Planung. Können sie diesen Engpaß mittels verfügbarer Korruptionszahlungen gefahrlos überwinden, werden sie diese Zusatzaufwendungen für ihre individuellen Zielerreichungen aufbringen. Die durch den Umbruch ins gesellschaftliche Abseits geratenen Beamten versuchen unter Ausnutzung ihrer Stellung, ihr Einkommen durch Korruptionsforderungen zu verbessern und ihren Lebensstandard dem ihrer Klientel anzupassen. Aus der durch Korruption bewirkten Verteuerung von Gütern und Dienstleistungen resultiert ein allgemeiner Preisanstieg mit steigender Inflationsgefahr. Staatliche Gelder werden dem Staatssektor entzogen und mit der Folge zunehmender Staatsverschuldung privatisiert, da die Volkswirtschaft nur an dem Teil der durch Korruption ermöglichten Mehrgewinne als Steuermehreinnahmen partizipiert, den die Unternehmer entrichtet haben. Illegale Devisentransfers und Finanztransaktionen entziehen dem System die Mittel. Die Etablierung weiterer Zwischenhändler, die staatliche Güter zu erhöhten Preisen kaufen und mit Gewinnaufschlägen an die Privatwirtschaft weiterveräußern oder Funktionäre, die ihre Produkte gewinnbringend zur individuellen Einkommensmaximierung verkaufen, verstärken den beschriebenen Effekt. Ein in Entwicklungs- und Schwellenländern häufig anzutreffendes, informelles Netzwerk vertikaler, persönlicher Patron-Klienten-Systeme über alle Statusebenen innerhalb der Bürokratie sichert Stellung und Korruptionsmöglichkeiten von Staatsbeamten.[82]

Beschwerden gegen Forderungen zusätzlicher Zahlungen sind erfolglos, da oft auch Polizei-, Justiz- und Zollbehörden in das Netz der Korruption eingebunden sind. Die Kosten einer öffentlichen Klage gegen diese illegalen Machenschaften übersteigen demnach ihren zweifelhaften Nutzen, denn in der Konsequenz wird dem Betroffenen die Grundlage künftigen Wirtschaftens entzogen: Seine Teilnahme am wirtschaftlichen Leben, das nur mit Korruption funktioniert, wird erheblich erschwert, wenn nicht unmöglich. Daher wird sich ein Unternehmer, der sich dem Staat und seinen Exekutivorganen gegenüber in der schwächeren Position befindet, eine öffentliche Beschwerde unterlassen und die künstlich erhöhten Kosten der Produktion in seine Preiskalkulation zu Lasten der Allgemeinheit einbeziehen. Das alle staatlichen Bereiche überspannende Netz der Korruption fördert die erzwungene Teilnahme aller am Wirtschaftsleben Beteiligten und eine weitere Verbreitung der Schattenwirtschaft. Es wäre aber verkürzt, würde die Existenz der Korruption allein auf Initiativen der Administration zurückgeführt, denn das Bestreben der Unternehmen nach staatlichen Sonderbehandlungen bei der Vergabe öffentlicher Aufträge[83] und Kredite, bei der

---

82 Vgl. Scott, J. C.: Thailand: Ein Beispiel aus der Dritten Welt, 1985, S. 174 ff.
83 Das sogenannte BOT- Prinzip (Build - Operate - Transfer; vgl. Haubold, E.: Mancher sieht schon ein Tigerbaby, in: Frankfurter Allgemeine Zeitung vom 14. März 1995), nach dem eine private Baufirma bspw. ein Elektrizitätswerk auf eigene Kosten errichtet, das sie nach 20 bis 30 Jahren bei staatlich garantierten Strompreisen an den Staat übergibt, eröffnet den beteiligten Parteien langjährige, zusätzliche Einkommen durch Korruption in Form von kick-backs.

Erteilung ihnen nicht zustehender Konzessionen und zur Herabsetzung von Steuerschulden verdeutlichen, daß auch diese Gruppe einen wesentlichen Anteil zur Aufrechterhaltung von Korruption beiträgt.

Die unübersehbaren Folgen verbreiteter Korruption durch wirtschaftliche Reformpro-
zesse erreichen irgendwann einen Punkt, an dem der Öffentlichkeit der dadurch verursachte Schaden bewußt wird. Erste politische und soziale Umwandlungsprozesse
sind abgeschlossen, die Gesellschaft stabilisiert sich und erkennt, daß Korruption die
wirtschaftliche und gesellschaftliche Entwicklung hemmt. Wirtschaftliche und politische Ineffizienz, Verschwendung von Ressourcen, Unterdrückung privatwirtschaftlichen Unternehmertums durch staatliche Restriktionen und zunehmende Unglaub-
würdigkeit der Regierung führen zur Bekämpfung der Korruption und zur Veränderung politischer Machteinflüsse. Hat eine Gesellschaft den Status erreicht, daß sich
allgemeingültige Wertvorstellungen herausgebildet haben, die Korruption generell
verurteilen, kann der Beginn weitreichender Bekämpfungsstrategien einsetzen, wobei
über den Erfolg nichts ausgesagt ist. Kurzfristiges Ziel müßte die Institutionalisierung
restriktiver Kontrollinstanzen mit abschreckenden Strafen sein, die im Laufe der Zeit
durch ausgeprägte Erziehungs- und Bildungsarbeit überflüssig oder unwichtiger
werden können.

2. Korruption in marktorientierten Wirtschaftssystemen

2.1. Korruptionsrelevante Charakteristika von marktorientierten Wirtschaftssystemen

Umfang und Erscheinungsformen von Korruption hängen von den zugrundeliegenden Wirtschaftssystemen ab. Korruption ist nicht an ein bestimmtes Wirtschaftssystem gebunden, sondern Korrumpeure und Korrumpierte entfalten ihre Aktivitäten in Abhängigkeit von den sie umgebenden Ordnungen. Korruption breitet sich verstärkt in solchen marktorientierten Wirtschaftssystemen aus, die durch eine eingeschränkte Funktionsfähigkeit gekennzeichnet sind. Unterschiedliche Ausprägungen von real existierenden marktorientierten Wirtschaftssystemen, nach dem Grad der privaten Eigentumerwerbsmöglichkeit an Produktionsmitteln differenziert, führen zu jeweils anders gearteten Korruptionserscheinungen.

Wirtschaftssysteme können nicht isoliert von politischen und gesellschaftlichen Gegebenheiten betrachtet werden. Erfolgreich funktionierende Wirtschaftssysteme korrespondieren immer mit der sie umgebenden politischen Umwelt. Der Rechtsrahmen für Marktwirtschaften ergibt sich aus den politischen Verfassungen, die das menschliche Zusammenleben organisieren und Möglichkeiten zu korrupten Handlungen bieten. Demokratie als Instrument zur Sicherung politischer Verfassungen und marktwirtschaftlicher Prinzipien ermöglicht die Teilnahme breiter Gesellschaftsschichten an der politischen Willensbildung. Handeln die Politiker jedoch aufgrund von Korruption und anderer Devianzen nicht mehr im Sinne der Allgemeinheit bzw. des Allgemeinwohls, bevorzugen sie bspw. gut organisierte und finanzkräftige, unterzahlige Einzelgruppen, kann das zur Nachahmung vorgelebter Verhaltensweisen und auf Dauer zur Erosion demokratischer Prinzipien führen. Denn Demokratie und Marktwirtschaft können nur im Zusammenhang mit einer allgemeinen und rechtlich abgesicherten Überwachung bestehender Regeln, größtmöglicher staatlicher Zurückhaltung im Marktgeschehen, gleichberechtigter Gesetzesanwendung und weitgehend übereinstimmenden Werten und Normen aller Beteiligten funktionieren.

48

2.1.1. Arten und Ausprägungen von real existierenden marktorientierten Wirtschaftssystemen

Charakteristisch für marktorientierte Wirtschaftssysteme[84] ist die Dezentralisierung wirtschaftlicher Planungen, die durch Preismechanismen auf Märkten koordiniert werden. Jedes Individuum entscheidet in einer arbeitsteiligen Wirtschaft weitgehend frei über Art und Ausmaß seiner Beteiligung am Marktgeschehen durch Angebot und/oder Nachfrage nach Gütern und Dienstleistungen und konstituiert als *pars pro toto* den Markt. Private Haushalte, öffentliche Haushalte und Unternehmen treffen am Markt zusammen und regeln über die (freie) Preisbildung Produktions- und Verteilungsprozesse. Der Staat setzt und sichert u.a. die rechtlichen Rahmenbedingungen für eine wirkungsvolle Koordination unter Wettbewerbsbedingungen und übernimmt die Bereitstellung privatwirtschaftlich unrentabler öffentlicher Güter und Dienstleistungen.

Die Möglichkeit des Eigentumerwerbs an Produktionsmitteln bestimmt die Motivation der einzelnen Menschen zur aktiven Teilnahme am Wirtschaftsgeschehen. In Abhängigkeit von der Form des Produktionsmitteleigentums werden *staatssozialistische* (Staatseigentum), *selbstverwaltete sozialistische* (Gesellschaftseigentum) und *privatwirtschaftliche* (Privateigentum) Marktwirtschaften unterschieden.

Die *staatssozialistische Marktwirtschaft* Ungarns etwa verbindet zentralplanerische Elemente mit marktwirtschaftlichen Effizienzen. Das Eigentum an Produktionsmitteln und das Außenhandelsmonopol hält der Staat, der die makroökonomischen Wirtschaftstätigkeiten zentral plant und lenkt. Auf mikroökonomischer Ebene entscheiden Betriebe und Haushalte dezentral und individuell über marktorientierte Angebote und Nachfragen. Ziel dieses Marktwirtschaftkonzepts ist die Nutzung marktwirtschaftlicher Vorteile ohne die Infragestellung der bestehenden politischen Ordnung. Der beträchtliche Einfluß staatlicher Organisationen auf die Wirtschaftstätigkeiten durch den Versuch der auf Plänen basierenden, zentralen Lenkung eines Teils des Marktes und das Vorherrschen staatlichen Eigentums an Produktionsmitteln *zwingt* die auf der Mikroebene handelnden Wirtschaftssubjekte zu korruptiver Einflußnahme. Mikroökonomische Handlungen werden durch die makroökonomische Politik determiniert. Individuelle Verbesserungen bzw. Veränderungen bestehender, schwerfällig differenzierbarer Rahmenbedingungen, die der Staat zum Gemeinwohl vorgibt, können auf legalem Wege nicht erreicht werden. Zunehmender bürokratischer Einfluß, der zwangsläufig auch auf der Mikroebene wirksam wird, erschwert dynamische Anpas-

---

84 Vgl. zu den Arten real existierender marktorientierter Wirtschaftssysteme Marktwirtschaft, in: Gabler Wirtschafts-Lexikon, 1988.

sungsprozesse und lähmt privatwirtschaftliches Handeln. Korruption als Mittel wirtschaftspolitischer Einflußnahme vermag der schwerfälligen Bürokratie Dynamik zu verleihen und so den mikroökonomischen Zielen dienlich zu sein.

Die zentralen Wirtschaftslenkungsorgane stellen unterschiedlich lange Jahrespläne auf, wobei die staatlichen Volkswirtschaftspläne im Unterschied zu Zentralverwaltungswirtschaften für staatliche und private Betriebe nicht verbindlich sind. Sie dienen vielmehr der Abstimmung aller am Wirtschaftsleben Beteiligten bei individuell gewählten Geschäftspraktiken der Unternehmen, die nach dem Gewinnmaximierungsziel handeln. Variationen von Preis-, Wechselkurs- und Lohnpolitik, Gewinnregelungen, Steuern, Subventionen und Krediten ermöglichen dem Staat Einflußnahmen auf das unternehmerische Handeln im Sinne der volkswirtschaftlichen Planerfüllung; die von den Ministerien ausgeübte Kontrolle der Rechtmäßigkeit von Betriebspolitiken führt gleichzeitig zu einer Marktüberwachung, die staatlich unerwünschte Marktergebnisse erkennen und durch den Einsatz oder die Veränderung oben genannter Politiken oder durch direkte Eingriffe ins Betriebsgeschehen verhindern soll. Unternehmensleiter streben aufgrund des großen staatlichen Einflusses gute Beziehungen zu den wirtschaftslenkenden Ministerien an, die durch unternehmensspezifische Regulatoren Unternehmensergebnisse beeinflussen können.[85]

Im Zuge weiterer Reformen wird in bestimmten Bereichen die weitgehend freie Marktpreisbildung bei zusätzlich bestehender staatlicher Preisfixierung in anderen Bereichen eingeführt, um die Effizienz des Markt-Preis-Mechanismus zu steigern. Reglementierte Preise in weiten Bereichen von Marktwirtschaften stören jedoch die durch den Markt-Preis-Mechanismus herbeigeführte Allokations- und Verteilungsfunktion von Gütern und Dienstleistungen und können zur Ausbreitung von Korruption beitragen. Problematisch ist das Außenhandelsmonopol des Staates, das die Unternehmensautonomie stark einschränkt und die internationale Wettbewerbsfähigkeit außenhandelsabhängiger Länder beeinträchtigt. Privatwirtschaftlich organisierter Außenhandel kann nur durch Korruption erfolgen, die zwar den internationalen Güteraustausch ermöglicht, aber auch zu steigenden Preisen führt.

Die *selbstverwaltete sozialistische Marktwirtschaft* des ehemaligen Jugoslawien ist eine Wirtschaftsordnung mit dominierendem Gesellschaftseigentum an Produktionsmitteln. Das Gesellschaftseigentum liegt in den Händen der Beschäftigten einzelner Betriebe, die im Rahmen der Arbeiterselbstverwaltung über seine Verwendung (Reinvestition oder Ausschüttung an die Mitarbeiter) entscheiden und dem

---

85 Vgl. Leipold, H.: Wirtschafts- und Gesellschaftssysteme im Vergleich, 1988, S. 139 ff.

Einkommensprinzip als Formalziel folgen.[86] Die Folge ist eine tendenziell hohe Arbeitslosigkeit aufgrund beschränkter Zustimmung zu Neueinstellungen, da jeder neue Mitarbeiter das individuelle Einkommen bereits Beschäftigter schmälert. Die Kosten eines durch Korruption erlangten Arbeitsplatzes gleichen sich für den neu Beschäftigten bei hoher Arbeitslosigkeit schnell aus; Leidtragende sind womöglich die Mitarbeiter eines Unternehmens, die aufgrund der Betriebsgröße und den vielen Abteilungen den vielleicht nur scheinbaren Nutzen der neuen Arbeitskraft nicht abschätzen können. Verläßt ein Mitarbeiter den Betrieb, verliert er die Nutzungsrechte und das Recht auf Beteiligung am Unternehmensüberschuß. Auch werden Einkommensverzichte der Vergangenheit zugunsten betrieblicher Investitionen nicht ausgeglichen. Die Gewinnausschüttung wird daher als sofort verfügbares Einkommen der Reinvestition vorgezogen; betriebliche Investitionen erfolgen durch Kreditfinanzierungen, die durch erhöhte Geldschöpfungen der Banken zu hoher Inflationsanfälligkeit führen. Die fehlende Möglichkeit der Beschäftigten, nach dem Ausscheiden aus dem Unternehmen an dem auch von ihnen geschaffenen Mehrwert zu partizipieren, veranlaßt sie, während ihrer aktiven Zeit das betriebliche Vermögen zu individuellen Zwecken zu nutzen, um zukünftige Einkommensausfälle a priori zu kapitalisieren.

Die wirtschaftspolitischen Ziele, Entwicklungsstrategien und Instrumente werden in kooperativ ermittelten und allgemein formulierten Plänen festgelegt und sollen durch freiwillige Absprachen zwischen staatlichen Instanzen, Interessengruppen und Unternehmen erfüllt werden. Die Absprachen führen zur Beschränkung der Selbstverwaltungsautonomie der Beschäftigten, sollen aber die gesamtwirtschaftlichen Probleme, die durch Gesellschaftseigentum, Einkommensprinzip und Arbeiterselbstverwaltung entstehen, mildern. Korruption als Instrument individueller Nutzen- oder Einkommensmaximierung auf Kosten der Allgemeinheit bei kollektiver Entscheidungsfindung kann staatliche Handlungsmaxime zugunsten einzelner Korrumpeure verzerren. Die Dezentralisierung durch gesellschaftliche Absprachen führt zu einer Regionalisierung der Wirtschaftspolitik, deren Lokalegoismus zu starken Einkommensunterschieden in industrialisierten und agrarisch strukturierten Gegenden beiträgt und der Korrumpierung des Systems durch Beamtenbestechung weitere Möglichkeiten eröffnet.

Trotz der marktwirtschaftlichen Konzeption führen die Absprachen und die Selbstverwaltungsabkommen von Gruppen gleicher Hierarchieebenen bei gleichzeitiger Existenz staatlich festgelegter Preise in vielen Bereichen zu einer Einschränkung des Wettbewerbs und zu einer Infragestellung des erwerbswirtschaftlichen Prinzips.

---

86 Im Unterschied zum Gewinnprinzip werden beim Einkommensprinzip die Mitarbeiterentlohnungen nicht als Nebenbedingung, sondern als Zielgröße betrachtet.

Die *privatwirtschaftliche Marktwirtschaft* zeichnet sich durch die Dominanz des Privateigentums an Produktionsmitteln aus, das zu Leistung und Risikoübernahme motiviert. Haushalte und Unternehmen als egoistische, dezentrale Planer treten als Nachfrager oder Anbieter mit dem Ziel individueller Nutzen- bzw. Gewinnmaximierung auf den einzelnen Märkten konkurrierend auf. Als Entscheidungsvariable dienen die für sie relevanten Marktpreise, die durch die weitestgehend freie Preisbildung den Knappheitsgrad der Güter und Dienstleistungen signalisieren und durch die Reaktionen der Wirtschaftssubjekte diese auch beeinflussen. Die Wechselwirkungen von Angebot, Nachfrage und Preis sollen die Einzelpläne zum gesamtgesellschaftlichen Wohl koordinieren, indem die Preise unter dem Gesichtspunkt persönlicher Nutzen- oder Gewinnmaximierung zu ständiger individueller Plananpassung und Motivation der Wirtschaftssubjekte veranlassen.[87] Geringe Wettbewerbsbeschränkungen bei großer individueller Wettbewerbsfreiheit dienen als Regulatoren egoistischer Selbstinteressen zugunsten des Allgemeinwohls, da die Systemdynamik zu ständigen Preisänderungen führen kann, die Konkurrenz, Gewinn und Verlust eines Unternehmens maßgeblich beeinflussen.

Die in der Realität existierenden unvollkommenen Märkte wirken auf den Markt-Preis-Mechanismus und damit auf die gesamtgesellschaftliche Allokationsfunktion von Gütern und Dienstleistungen. Die Existenz zahlreicher inhomogener Güter beeinträchtigt die zu optimaler Kauf- oder Verkaufsentscheidung nötige Markttransparenz und führt zu Korruption, um qualitativ minderwertige Waren durch lukrative Zusatzanreize dennoch zu verkaufen. Die Miteinbeziehung von Korruptionsaufwendungen in die Preiskalkulation von Gütern führt durch bestehende Marktintransparenzen nicht zum Ausscheiden aus dem Markt. Existente Marktkonzentrationen fördern Korruption zur erfolgreichen Partizipation am Wettbewerb.

Der Staat soll in der liberalistischen Wirtschaftsordnung im Sinne des Neoliberalismus für die Gewährleistung der individuellen Wirtschafts- und Vertragsfreiheit und der Eigentumsrechte sorgen. Zur Bewahrung persönlicher Freiheiten ermöglicht er den freien wirtschaftlichen Wettbewerb und hält diesen durch die Verhinderung der Entstehung privatwirtschaftlicher Marktmacht funktionsfähig, indem er rechtliche Rahmenbedingungen erläßt, innerhalb derer die Wirtschaftssubjekte handeln sollen.[88] In Abhängigkeit von unterschiedlichen wirtschaftspolitischen Konzeptionen ergibt sich die Notwendigkeit und der Umfang zusätzlicher staatlicher Aufgaben. Die soziale Marktwirtschaft als ein wirtschaftspolitisches Leitbild betont neben den bereits erwähnten Staatsaufgaben sozialpolitische Ziele zur Verbindung des Liberalismus mit

---

87 Vgl. Smith, A.: Der Wohlstand der Nationen, 1993, S. 14.
88 Vgl. Müller-Armack, A.: Wirtschaftsordnung und Wirtschaftspolitik, Band 4 der Beiträge zur Wirtschaftspolitik, 1976, S. 390.

christlicher Soziallehre und sozialdemokratischen Ansätzen, um eine gerechte Verteilung der Einkommenzuwächse und eine sozialorientierte Beeinflussung der Marktprozesse, vor allem in sozialpolitisch relevanten Bereichen, in denen Marktversagen zu
erwarten ist, auszugleichen. Die staatlichen Eingriffe sollen dem Prinzip der Markt-
konformität folgen, den freien Ausgleich von Angebot und Nachfrage korrigieren, aber
nicht aushebeln. Die staatliche Unterstützung oder Bereitstellung benötigter Güter
und Dienstleistungen, die ursprünglich nach dem Subsidiaritätsprinzip funktionieren
sollten, entwickelt sich im Zeitablauf immer mehr zu wohlfahrtsstaatlichen Ausprägungen mit erheblichen staatlichen Kostensteigerungen und der Ausdehnung bürokratischer Aktivitäten.

Greift der Staat in den Wirtschaftskreislauf ein, eröffnen sich individuelle Möglichkeiten zur Beeinflussung staatlicher Entscheidungen. Die externe, künstliche Regulierung marktwirtschaftlichen Geschehens durch den Staat ist veränderbar. Korruption kann die Entscheidung von zuständigen Beamten zugunsten einzelner privatwirtschaftlicher Interessen beeinflussen. Die Zunahme staatlicher Aktivitäten schränkt die
Funktionsfähigkeit der Marktmechanismen ein und bewirkt eine Zunahme der Schattenwirtschaft und der Korruption.

Korruption ist in jedem Wirtschaftssystem möglich, Korruptionswillige finden bei jeder
wirtschaftssystemischen Ausprägung Korruptionsmöglichkeiten zur Erlangung individueller Vorteile, allerdings in unterschiedlichen Erscheinungsformen und Ausmaßen.

2.1.2. Politische Verfassungen als Rechtsrahmen für marktorientierte Wirtschaftssysteme

Politik und Ökonomie eines Staates hängen untrennbar miteinander zusammen; sie
bedingen in ihrer gegenseitigen Abhängigkeit die jeweilige Wirtschafts- und Gesellschaftsordnung. Politische Verfassungen stellen die rechtliche Grundordnung eines
Staatsgefüges dar, die in vielen Demokratien implizit durch ihren Rechtsrahmen eine
Bandbreite verfassungskonformer Wirtschaftsordnungen determiniert. Verfassungen
verkörpern den höchsten Rechtsanspruch innerhalb ihres Wirkungsbereiches und
ihre Anerkennung ist die Basis für Gesetze und Rechtsverordnungen. Ihre Legitimität
erlangt eine Verfassung durch das sie konstituierende Wertegefüge, deren Verwirklichung den Trägern der Staatsgewalt und allen Bürgern aufgegeben ist.[89] Vergleichbar mit Werten und Normen können Verfassungen im Zeitablauf durch Verfassungs-
änderungen den gesellschaftlichen Veränderungen angepaßt werden. Marktwirt-

---

89 Vgl. Verfassung, Konstitution, Grundgesetz, in: Brockhaus Lexikon, 1986.

53

schaftlich orientierte Wirtschaftssysteme, für die u.a. die Wettbewerbsfreiheit charakteristisch ist, bedürfen zu ihrer Verwirklichung des staatlichen Schutzes des Wettbewerbs und der mit ihr korrespondierenden persönlichen Freiheit, was durch eine freiheitlich-demokratische Grundordnung erreicht werden soll.

Die Dynamik ökonomischen Handelns in Marktwirtschaften erfordert den Verzicht auf eine explizite Festschreibung einer bestimmten Wirtschaftspolitik in der Verfassung, um den Regierungen bzw. den Gesetzgebern Handlungsspielräume zur Gestaltung und Differenzierung von Wirtschaftspolitiken als Reaktion auf situative Gegebenheiten zu ermöglichen. Nach Festlegung der Ordnungspolitik, die langfristig wirksame Rahmenbedingungen für den Wirtschaftsprozeß schafft, dient die Prozeßpolitik der Einflußnahme auf den Wirtschaftsprozeß selbst. Zunehmende wirtschaftspolitische Probleme führen über verstärkte staatliche Einflußnahmen zur Überwindung bestehender Mißstände und zur Stabilisierung der Demokratie. Wachsende Staatstätigkeit äußert sich durch höhere Steuern, eine größere Zahl gesetzlicher Regelungen, steigenden Einfluß spezieller Interessengruppen, steigende Ineffizienz und zunehmende Beschränkung individueller Freiheiten.[90] Die Ausweitung staatlicher Aktivitäten vergrößert aber auch die Angriffsflächen der Korruption auf ein Wirtschaftssystem. Die Monopolstellung des Staates verhindert in vielen Bereichen den Wettbewerb und läßt individuellen privatwirtschaftlichen Tätigkeiten weniger oder gar keinen Raum. Zur Erhaltung oder Zurückgewinnung persönlicher Handlungsspielräume kann Korruption ein effizientes Instrument sein, um erhobene Steuern zu verkürzen, gesetzliche Vorschriften zu umgehen und eigene Interessen durchzusetzen, die durch staatliche Regulierungen manifestierten Ineffizienzen aufzuweichen und persönliche Freiheiten zurückzugewinnen.

Die dadurch ausgelöste Erosion der Rechtsstaatlichkeit zur Bewahrung singulärer Freiheiten bedroht wiederum die freiheitlich-demokratische Grundordnung, die eine hinreichende -wenn nicht gar notwendige- Bedingung für Marktwirtschaften ist, und fordert den Staat zur aktiven Sicherung seiner Verfassung heraus. Fraglich ist, wie der wachsende Einflußbereich des Staates bei simultaner Suche der Staatsdiener nach individueller Macht und Elnfluß unter gleichzeitiger Konservierung von Freiheit, Rechtsstaatlichkeit, individuellen Eigentumsrechten, freien Märkten und der Fähigkeit zu Innovation und wirtschaftlichem Wachstum verhindert werden kann. Die Entscheidung einer Regierung bzw. eines Parlaments zur Verminderung der Staatstätigkeit hängt von den jeweils herrschenden Wertvorstellungen ab. Die Vorstellung, daß soziale Sicherheit und höherer Wohlstand durch staatliche Steuerung und Lenkung

---

90 Vgl. Bernholz, P.: Zur politischen Ökonomie der Transformation politischer und ökonomischer Regime, 1994, S. 11.

besser zu erreichen sind als im freien Wettbewerb, hat in den hochindustrialisierten privatwirtschaftlichen Marktwirtschaften zu expansiver Einflußnahme des Staates auf das Wirtschaftsleben geführt. Der staatliche Interventionismus führt jedoch auf Dauer zu sinkender Effizienz, zu Einschränkungen individueller Freiheiten, zu unproduktiven Investitionen und zu Fehlallokationen von Ressourcen, die die wirtschaftliche Leistungsfähigkeit u.a. durch stark ansteigende Steuer- und Sozialabgaben negativ beeinflussen. Der Preismechanismus wird ausgehebelt, Schattenwirtschaft und Korruption breiten sich aus, die Unzufriedenheit der Bevölkerung steigt und gefährdet die Grundpfeiler des politisch-wirtschaftlichen Systems. Gelingt es in dieser Phase nicht, durch Reformen, wie bspw. staatliche Deregulierungen, den Wettbewerb auszuweiten und die weitgehend freie Marktwirtschaft zu sichern, etabliert sich ein ineffizienter und korrupter Wettbewerb von Parteien und Interessengruppen, der durch die Ineffizienz der Wirtschaftsordnung, kombiniert mit einem korruptem politischen System, die wirtschaftliche Entwicklung hemmt und zum Zusammenbruch des Wirtschaftssystems führen kann.[91]

Korruption kann, wie es der Zerfall der Planwirtschaft in Rußland gezeigt hat, durch ihren Einfluß auf verfassungsrechtliche Strukturen zu Veränderungen oder Zerstörungen von Wirtschaftssystemen beitragen. Die in marktwirtschaftlich orientierten Wirtschaftssystemen proklamierte Gewaltenteilung versucht, den Staat gleichsam zu stärken, intern zu kontrollieren und von einzelnen Gruppeninteressen zum Schutze der Allgemeinheit unabhängig(er) zu machen.[92] Gruppen bilden sich in Reaktion auf extreme Ungleichgewichte in Wohlstand, Macht und Status und versuchen durch Korruption den Staat zu ihren Gunsten zu beeinflussen; gleichzeitig verändern sich die moralischen Standpunkte der Gruppenmitglieder, und sie verlieren ihre Loyalität gegenüber der Gemeinschaft.[93] Die Bürokraten gelangen in den Mittelpunkt des Ringens verschiedener Gruppen um ihre Sympathie; da sich der Staat in vielen Menschen manifestiert, wird er anfällig für Korruption und damit vielfältig beeinflußbar.

---

91 Vgl. Bernholz, P.: Zur politischen Ökonomie der Transformation politischer und ökonomischer Regime, 1994, S. 12 ff.
92 Nach von Hayek existiert die Gewaltenteilung, zumindest von Legislative und Exekutive, de facto nicht mehr. Vgl. Wehrschütz, C.: Liberale Marktwirtschaft, 1992, S. 136. S. a. Schmidt-Hieber, W. / Kiesswetter, E.: Parteigeist und politischer Geist in der Justiz, 1992,   S. 1792 ff.
93 Vgl. Dobel, J. P.: The Corruption of a State, 1978, S. 959 f.

2.1.3. Demokratie und politische Stabilität als Voraussetzung für marktorientierte Wirtschaftssysteme

Marktwirtschaften basieren auf vielfältigen, individuellen Entscheidungsfreiheiten aller am Wirtschaftsleben Beteiligten. Grundlage marktwirtschaftlicher Funktionsfähigkeiten sind u.a. die Legalisierung des Kapitalverkehrs und die weitgehende Befreiung des Eigentums und der Ökonomie von staatlicher Bevormundung. Überwiegend freier Wettbewerb und unterschiedlichste Möglichkeiten zur Nutzung von Chancen erlauben persönlichen Interessen im Rahmen staatlich festgelegter und überwachter Spielräume größtmögliche Handlungsalternativen. Individuelle Freiheit und Rechtssicherheit jedes einzelnen lassen sich jedoch nur innerhalb eines politischen Systems verwirklichen, das Entscheidungsspielräume und freie Wahlmöglichkeiten für Wirtschaft und Politik bereithält, denn "Marktwirtschaft und Demokratie sind Zwillinge."[94]

Auf der Grundlage der Rechtsstaatlichkeit entsteht eine repräsentative demokratische Ordnung. Demokratie impliziert, daß die Staatsgewalt vom gesamten Volk ausgeht. Gewählte Volksvertreter, die meist in Parteien organisiert sind, vertreten den in Mehrheiten ausgedrückten politischen Willen der Gemeinschaft im Parlament und bewahren das marktwirtschaftliche System vor Mißbrauch. Freie und in regelmäßigen Abständen wiederholte Wahlen der Volksvertreter schaffen theoretisch eine Abhängigkeit der Regierung von der Öffentlichkeit, die das politische Handeln der Verantwortlichen im Sinne der Interessen des mehrheitlichen Gemeinwohls sichern soll. Wird die Gesellschaft von ihren Repräsentanten angemessen und gerecht vertreten, identifizieren sich ihre Mitglieder mit der gegebenen Ordnung, beachten Gesetze und unterstützen die Demokratie. Demokratie kann durch die Abhängigkeit der Politiker von der gesellschaftlichen Basis politische Stabilität begünstigen, das nötige Vertrauen zu Investitionen privaten Kapitals bei gesicherten wirtschaftlichen, rechtlichen und politischen Rahmenbedingungen schaffen und zur Steigerung der gesamten Wohlfahrt führen.

Die Realisierung staatlicher Ordnungspolitik zur Sicherung marktwirtschaftlicher Prinzipien setzt einen starken und durch Gruppeninteressen nur bedingt beeinflußbaren Staat voraus, der Gesetze erläßt, die allen Bürgern gleichermaßen nützen. Eine parlamentarische Demokratie kann sich jedoch von einzelnen Gruppeninteressen nicht gänzlich frei machen. Der Wahlerfolg der Parlamentarier steht in engem Zusammenhang mit der Verwirklichung singulärer Interessen seiner Wähler; nur bei angemessener Unterstützung des Wählerwillens kann politische Macht durch regel-

---

94   Schlaffke, W.: Vom Nutzen des Egoismus, 1994, S. 91. Vgl. a. Hoppmann, E.: Freiheit, Marktwirtschaft und ökonomische Effizienz, 1994, S. 39 ff.

mäßige Wiederwahlen aufrechterhalten werden. Im Vordergrund des Interesses politischer Parteien stehen daher weniger die ordnungspolitischen Aufgaben des Staates als die Verwirklichung spezifischer Gruppenwünsche zur Befriedigung eigener Machtansprüche.[95] Durch Korruption wird das eigentliche Staatsziel bedroht, da öffentliche Bestrebungen durch private Ansprüche ersetzt werden und die Gesetze, Normen und Werte nicht mehr für alle gleichermaßen gelten.

Die Ausuferungen gruppenspezifischer Staatsleistungen, von politischen Parteien induziert, sind auf den Erfolgszwang beim Gewinnen von Wählerstimmen zurückzuführen. Politik degeneriert von der Notwendigkeit der Interessenvertretung des Kollektivs zur Verfolgung von Partikularinteressen, sofern diese gut organisiert und stimmgewichtig sind.[96] Die Abhängigkeit zwischen Wählern und bestimmten Parteien ist also wechselseitig: zur Machterhaltung ihrer favorisierten politischen Gruppe unterstützt eine zumeist wohlhabende Wählerschaft Parteien durch Finanzierung ihrer Wahlkämpfe. Die vielen bekannt gewordenen Fälle von Parteispendenaffären vor oder zwischen den Wahlen verdeutlichen die finanzielle Einflußnahme reicher Wähler auf die Politik. Die Beschränkungen politischer Entscheidungsfindungen zugunsten weniger Gruppen angesichts massiver und machterhaltender Unterstützungen ist offensichtlich. Korruption, in diesem Sinne verstanden als Tauschgeschäft ökonomischer gegen politische Ressourcen, kann zu verzerrter und von vielen als ungerecht empfundener Politik führen. Vertrauen und (ethische) Akzeptanz staatlicher Entscheidungen schwinden, staatlich postulierte Regeln werden zunehmend mißachtet und die egoistische Interessendurchsetzung, ungeachtet gemeinschaftlicher Ziele, gewinnt an Bedeutung.

Die in Demokratien vorherrschende Gewaltenteilung dient der Kontrolle des Staates und zur Sicherung rechtsstaatlicher Prinzipien. Unabhängige Gerichte prüfen Handlungen und Entscheidungen auf ihre Gesetzmäßigkeit und schließen willkürliche politische Aktivitäten aus; die Legislative erläßt Gesetze als Basis der Rechtsprechung. Da Parlamentarier selbst in Interessengruppen eingebunden sind, üben diese auf die Politik und auf die Legislative Einfluß aus. Beruht eine individuelle politische Entscheidung auf einer geheim gehaltenen Gegenleistung und nicht auf persönlicher Überzeugung, werden die Entscheidungsfindung und damit das Resultat korrumpiert. Erläßt das Parlament Gesetze, die die Parlamentarier unmittelbar selbst betreffen, mutet das Procedere von Kontrollgesichtspunkten aus seltsam an. Der im

---

95 Vgl. Ordoliberalismus, in: Gabler Wirtschafts-Lexikon 1988 und Staudhammer, R.: B.ananen R.epublik D.eutschland - Parteienfinanzierung im Zwielicht von Korruptionsaffären und Skandalgeschichten, 1988, S. 77 ff.
96 "All governments tend to act as dangerous self-interested factions, and members of the government try to assert their long-term prerogative to rule regardless of the initial form of government." Dobel, J. P.: The Corruption of a State, 1978, S. 963.

deutschen Strafrecht existierende § 108e zur Abgeordnetenbestechung erweckt den Anschein, als läge in diesem Fall eine Straftat gegen ein Verfassungsorgan vor; tatsächlich engt seine Formulierung den Tatbestand durch die Erfassung nur unüblich gewordener Korruptionsfälle von Mandatsträgern so ein, daß aufgrund der vielen Umgehungsmöglichkeiten beinahe jede Form der Abgeordnetenbestechung bewußt und entgegen der Regelung in den meisten anderen demokratischen Staaten straffrei gestellt wird.[97] Die gesetzliche Legalisierung der Korrumpierbarkeit von Mandatsträgern, von der Legislative erlassen, nützt den Parlamentariern und den finanzkräftigen Wählern, die beide auf diese Weise ihre Interessen rechtskonform durchzusetzen vermögen. Diese Vorschrift ist aber im besonderen Maße geeignet, das Vertrauen in die Demokratie zu erschüttern.[98]

Die immer intensivere Verflechtung von Staat und Wirtschaft bzw. die wachsenden Aufgaben des Staates verändern den Ethos der staatlichen Repräsentanten. Die politische, also prinzipiell am Gemeinwohl orientierte Moral der Politiker wird von der Wirtschaftsmoral, in der Profitstreben und Einzelinteressen im Vordergrund stehen, überlagert.[99] Diese dem Amt zuwiderlaufende und aus Bürgersicht unmoralische Handlungsweise der politischen Führungsschicht fördert die Korruption in einem Staat. "The corruption of states and the corruption of people proceed hand-in-hand."[100] Gelten die Politiker als Repräsentanten und Verantwortliche eines Landes nicht mehr als integer und glaubwürdig, bereichern sie sich durch korruptive Akte an öffentlichen Gütern, vergrößert sich die Diskrepanz von Führungsschicht und Bevölkerung. Die Folge sind zunehmende Abweichungen der Bevölkerung von gesetzten Regeln aufgrund schwindender ethischer Vorstellungen bis hin zur politischen und sozialen Erosion gesellschaftlicher Werte. Die Eindämmung von Korruption in einem Land erfordert die unbedingte ethische Integrität der Repräsentanten eines Staates. Ihre Vorbildfunktion wirkt sich auf die Gemeinschaft aus. Handeln sie im Sinne des Gemeinwohls, wie es ihr Amt fordert, können sich die Individuen der Gesellschaft mit ihrem Staat und seinen Amtsträgern identifizieren und für seinen Erhalt einsetzen, statt ihn zu unterwandern.

---

97 Vgl. Dreher, E. / Tröndle, H.: Kommentar zum Strafgesetzbuch, 1995, S. 689 ff.
98 Vgl. Dreher, E. / Tröndle, H.: Kommentar zum Strafgesetzbuch, 1995, S. 689 ff.
99 Vgl. Höhne-Mack, I.: Fälle politischer Korruption in der Bundesrepublik, 1987, S. 16.
100 Dobel, J. P.: The Corruption of a State, 1978, S. 972.

2.2. Freiheit der Wirtschaftssubjekte zum ökonomischen Handeln - Bindung an metaökonomische Werte

Marktwirtschaftlich orientierte Wirtschaftssysteme basieren auf der Freiheit der Wirtschaftssubjekte zum ökonomischen Handeln. Das freie Spiel der Marktkräfte bei individueller Entscheidungsfindung garantiert ein funktionierendes System. Innerhalb des staatlich vorgegebenen Rechts- und Ordnungsrahmens schränken metaökonomische Wertvorstellungen einer Gemeinschaft persönliche Aktivitäten selbstregulierend ein. Freiheit eröffnet aber immer auch Handlungsalternativen, die nicht unbedingt geltenden Normen und Werten entsprechen müssen. Eine Abschaffung der Korruption wäre daher nur um den Preis der Freiheit zu erreichen.[101] Die Menschen als Teil des Systems treten aus unterschiedlichen Gründen in verschiedenen Funktionen auf dem Markt in Erscheinung. Ihr Leistungswille, der sich meist auf Eigentumerwerb und (wirtschafts)politische Mitspracherechte ausrichtet, bildet die Antriebskraft wirtschaftlichen Handelns. Beschränkt wird das Streben nach Ansehen und Erfolg von der gesellschaftlichen Verantwortung, der in der Verfassung geregelten Eigentumverpflichtung und durch die sozialen Aspekte einer Marktwirtschaft, die individuelles Engagement und persönliche Freiheit begrenzen. Korruption als Mittel zur Verwirklichung individueller wirtschaftlicher Ziele in einer als Regulator dienenden Gesellschaft entwickelt sich in Abhängigkeit von herrschenden Moralvorstellungen und ist im Zeitablauf Schwankungen unterworfen.

Die beobachtbare Zunahme von Korruption bedeutet nicht, daß die Menschen in den letzten Jahrhunderten insgesamt moralisch wesentlich schlechter geworden sind. Die maßgebliche Veränderung wirtschaftlicher und sozialer Handlungsparameter in einer Gesellschaft, die durch eine gebildetere und selbstbewußtere Bevölkerung schärfer und kritischer beobachtet und dementsprechend beurteilt[102], deckt in Verbindung mit einer medialen Ausbreitung mehr Korruptionsfälle auf, die durch eine Veränderung bestehender Wertvorstellungen hervorgerufen werden.

2.2.1. Menschen als Konsumenten, als Produzenten und als Organisatoren wirtschaftlicher Leistungen

Weitgehende Freiheiten wirtschaftlich Tätiger charakterisieren Marktwirtschaften. Im Rahmen fest vorgegebener staatlicher Bedingungen agieren die Beteiligten nach individuellen Plänen, deren Summe zur Nutzensteigerung des Gemeinwohls führt.

---

101 Vgl. Vollrath, E.: Korruption in der Politik und Korruption der Politik, 1977, S. 333.
102 Vgl. Freisitzer, K.: Gesellschaftliche Bedingungen der Korruption, 1981, S. 155.

Der Einzelne handelt selbständig und selbstverantwortlich und trägt die Konsequenzen seines Verhaltens. Egoistische Interessenverfolgung, die zu Leistungsmotivation und Risikobereitschaft bei erwartbaren positiven Ergebnissen führen kann, kommt schließlich auch dem Kollektiv zugute. Der wohlfahrtssteigernde Egoismus ist in eine Gemeinschaft und deren Regeln eingebettet. Die Vernetzung aller eine Gemeinschaft bildender Individuen bindet menschliches Handeln immer in einen -veränderbaren- Bezugsrahmen ein, in dem je ein Einzelner Entscheidungen trifft. Der Entscheidungsspielraum ist nur grob strukturiert, Einzelheiten regeln sich durch allgemein anerkannte Normen und Werte. Die Akzeptanz bestimmter Verhaltensweisen innerhalb einer Gesellschaft begrenzt die ökonomische Handlungsfreiheit der Wirtschaftssubjekte. Der wertorientierte Mechanismus steuert insofern auch die Erreichung gesamtgesellschaftlicher Ziele über die Lenkung egoistischer Einzelinteressen in Richtung gesamtgesellschaftlich wünschenswerter Bereiche.

Menschen treten als Konsumenten, Produzenten und/oder Organisatoren wirtschaftlicher Leistungen am Markt auf.[103] Gemeinsam konstituieren sie wirtschaftliche Abläufe. Ihr Streben richtet sich vornehmlich nach der Befriedigung persönlicher Bedürfnisse, die sie mit nahezu allen Mitteln zu erreichen suchen. Konsumenten privatwirtschaftlicher Güter und Dienstleistungen befinden sich in Marktwirtschaften, verglichen mit Planwirtschaften, in einer starken Position: Der Käufermarkt bietet ihnen große Auswahl bei angemessenen Preisen. Angewandte Korruption der Konsumenten als effektives Instrument zur eigenen Bedürfnisbefriedigung greift erst bei Güterknappheiten, wenn Korruption den Erwerb erwünschter Produkte auch zu Preisen sichert, die den Marktpreis um die Korruptionssumme übersteigen.

Konsumenten befinden sich in Käufermärkten eher auf der Seite der Korrumpierten. Eine für das öffentliche Interesse bedeutsame Gruppe von Konsumenten kann durch Korruption von Produzenten veranlaßt werden, das Produkt des Korrumpeurs zu erwerben bzw. sich mit dem Gut in der Öffentlichkeit zu zeigen. So kann ein Automobilhersteller den Verantwortlichen eines Pharmaunternehmens, das auf dem Automobilmarkt als Konsument auftritt, durch Korruption zum Kauf seines Produktes veranlassen. Produzenten sind bei gegebenen Marktsituationen, in denen das Angebot die Nachfrage übersteigt, in einer starken Konkurrenzsituation. Qualität und Preis gelten nicht mehr als ausschlaggebende Auswahlkriterien. Das mannigfaltige Güterangebot der Konkurrenz fordert von den Produzenten eine individuelle Heraushebung aus der Masse, z.B. mit Werbemaßnahmen. Multiplikatoren als Werbeträger, die

---

103 Als Konsumenten gelten in diesem Zusammenhang diejenigen, die Konsumgüter (sie dienen der unmittelbaren Bedürfnisbefriedigung) und Dienstleistungen nachfragen. Produzenten stellen Konsumgüter und Dienstleistungen her und treten als Nachfrager derjenigen Güter auf, die sie zur Herstellung der (im)materiellen Güter benötigen.

durch besondere, auch illegale oder illegitime Anreize für den Hersteller gewonnen werden, erhöhen die gesamtgesellschaftlichen Kosten und beeinflussen moralische Standards.

Die starke Konkurrenz verändert die Auftragsakquisition der Produzenten. Bei gleicher Leistung vieler Produzenten gibt ein eventueller Kostenvorteil den Ausschlag; oder der für die Auftragsvergabe zuständige Entscheidungsträger trifft eine durch Korruption beeinflußte Auswahl. Das Streben aller am Wirtschaftsleben Teilhabenden nach individueller Nutzenmaximierung kann den zur Vergabe Befugten unter Mißachtung gesellschaftlich postulierter, metaökonomischer Werte zur Annahme von Korruptionszahlungen veranlassen, die seiner eigenen Wohlfahrtssteigerung dienen. Er kann die Korruptionssumme privatisieren, die potentiell höheren Kosten trägt die ihn umgebende Organisation. In diesem Fall ist es für den Auftragsvergebenden unerheblich, ob es sich um öffentliche oder private Aufträge handelt. Wichtig ist allein die Quasi-Monopolstellung des Entscheidungsträgers. Zur Bewertung des Schadens muß eine Unterscheidung in einen öffentlichen und einen privaten Bereich vorgenommen werden, denn im öffentlichen Bereich trägt der Staat bzw. tragen alle Steuerzahler die externalisierten Korruptionskosten, im privaten Bereich direkt die Konsumenten der durch Korruption allozierten Produkte.

Organisatoren wirtschaftlicher Leistungen sorgen für eine Steuerung der gesamtgesellschaftlichen Ökonomie zum Nutzen der Gemeinschaft. Sie halten die Funktionsfähigkeit der Markt-Preis-Mechanismen aufrecht, verhindern Wettbewerbsverzerrungen, übernehmen das Güterangebot privatwirtschaftlich unrentabler Bereiche und tragen zur politischen Stabilität als Grundlage risikobehafteter Leistungsmotivation bei. Sie geben die Rahmenbedingungen vor, die dem Übertritt individuellen Gewinnstrebens jenseits manifestierter Regeln Einhalt gebieten. Die Einheit von Konsument, Produzent und Organisator in einer Person muß zwangsläufig zu Interessensüberschneidungen führen. Die eigentliche Aufgabe eines Organisators, über die Einhaltung institutionalisierter Bedingungen zu wachen, schließt ihn ex definitione von der aktiven Teilnahme am Wirtschaftsgeschehen aus. Die praktische Unmöglichkeit des Ausschlusses kann in inter- und intrapersonellen Zielkonflikten gipfeln, die häufig durch Korruption gelöst werden. Die Entscheidung, ob eine durch Korruption bewirkte Ausdehnung der Rahmenbedingungen dem System schadet, wird auf der Grundlage zusätzlich erwirtschafteten Gewinns individuell beurteilt und wegen des Fehlens eines Geschädigten in persona bei zeitnaher Betrachtung verneint.

Ökonomische Aktivitäten richten sich nach grundsätzlich akzeptierten, interindividuell unterschiedlich ausgeprägten metaökonomischen Werten. Charakterisieren bestimmte, international bekannte Wertvorstellungen ein Land, finden sich innerhalb der

Landesgrenzen vielfältige Ausprägungen dieser Normen und Werte, die die individuelle Freiheit determinieren.[104] Von allgemeingültigen metaökonomischen Werten auszugehen entspricht daher nicht der Realität. Diese nationalen, interindividuellen Unterschiede bergen Konflikte und bewirken im Zeitablauf Wandlungen gesellschaftlicher Wertvorstellungen und Steuerungsmechanismen. Unabhängig von der auslösenden gesellschaftlichen Gruppe verändern auch moralische Devianzen bestehende Normengefüge[105], erweitern *regelwidrig* ökonomische Handlungsfreiheiten, stellen ethisch korrektes Agieren in Frage und resultieren in Imitationen erfolgreicher, aber gesellschaftlich nicht wünschenswerter Verhaltensweisen. Gesamtgesellschaftliche Ziele werden zugunsten von Privatinteressen zurückgestellt. Besonders das korrupte Verhalten von in der Öffentlichkeit stehenden Organisatoren wirtschaftlicher Leistungen regt bei ausbleibender Bestrafung zu Nachahmungen an. Verhaltenswissenschaftliche Studien haben gezeigt, daß sich das Tun und Denken der meisten Menschen vornehmlich nach den Verhaltensweisen der Mächtigen und der Erfolgreichen richtet.[106] Der Vertrauensverlust in die Integrität derjenigen, die als Bezugsgruppe und Vorbild gelten oder für die Aufrechterhaltung der wirtschaftlichen Ordnung sorgen sollen, mündet in einem persönlichen und kollektiven Wandel von Wertmaßstäben, der Korruption nicht ausschließt.[107] Die Ausbreitung von Korruption, so kann argumentiert werden, endet in ihrer allgemeinen Akzeptanz und bei Aufnahme in den Wertekatalog einer Gesellschaft. Die Anwendung von Korruption liegt folglich im Rahmen allgemeinverbindlicher Regeln. Die Vergesellschaftlichung privater Interessen durch Korruption in demokratisch geführten Marktwirtschaften stellt jedoch die in Verfassungen verankerten Grundrechte in Frage und setzt bestehende Marktmechanismen mittelbar und unmittelbar außer Kraft, gefährdet politische Stabilitäten und muß zur Sicherung des politischen und wirtschaftlichen Systems, so weit wie möglich, eingeschränkt werden.

---

104 Zu starkes staatliches Eingreifen in bestimmte Bereiche persönlichen Verhaltens trägt zu einem Anstieg von Korruption bei und ist daher nicht sinnvoll. Ungewiß sind die Möglichkeiten einer Quantifizierung dieser staatlichen Interventionen zu Vergleichszwecken. Vgl. Philp, M.: Politics, Markets and Corruption, 1989, S. 23.

105 Der Einfluß anderer Komponenten des vielschichtig begründbaren Wertewandels, beispielhaft sei der zunehmende Materialismus und der wachsende Wohlstand genannt, bleiben an dieser Stelle unberücksichtigt. Vgl. Lachmann, W.: Beschränkung der Staatätigkeit in der Marktwirtschaft - Versuch einer Bewertung aus ethischer Sicht, 1994, S. 72. Die positiven Werteveränderungen einer Gesellschaft sollen erwähnt, aber nicht näher behandelt werden.

106 Vgl. Freisitzer, K.: Gesellschaftliche Bedingungen der Korruption, 1981, S. 155.

107 Vgl. Bilitza, K. / Lück, H. E.: Sozialpsychologische Thesen zur Korruption, 1977, S. 20.

2.2.2. Leistungsstreben, Privateigentum und Machtverteilung als Agenzien in Marktwirtschaften

Ein sich über das Marktgeschehen regulierendes Wirtschaftssystem benötigt die individuellen Antriebskräfte zur Verwirklichung der dem Markt überlassenen Selektions- und Allokationsleistungen. Die Motivation zum persönlichen Einsatz entspringt der Nutzen- bzw. Gewinnmaximierungsmöglichkeit, die über aktive wirtschaftliche Tätigkeiten erreicht werden kann. Das Leistungsstreben, das auf dem Wettbewerbsmarkt zu technischer Innovation und nachfrageorientierter Güterversorgung führt, steigert die individuelle und kollektive Wohlfahrt. Der Leistungsanreiz bleibt aber nur erhalten, wenn sich individuelle Anstrengung im Gesamtsystem lohnt. Fordert der Staat zu hohe Anteile an den erwirtschafteten Leistungen, lähmen die Abgaben die wirtschaftliche Leistungsfähigkeit. Die durch erhöhte Abgabenlasten *bestrafte*, individuelle Leistungsbereitschaft, begründet durch die Sozialaufgabe des Staates, treibt die Unternehmer in den Untergrund. Die Schattenwirtschaft breitet sich zur Umgehung staatlicher Gewinnbeteiligung aus. Individuelle Rechtsgeschäfte auf dem Schwarzmarkt bevorteilen die Beteiligten, denn der zu entrichtende Preis des Nachfragers liegt trotz eventueller Korruptionszahlungen zur Veranlassung einer Schwarzmarkttätigkeit unter den legalen Preisen und für den Anbieter über den offiziellen Nettopreisen. Den Schaden trägt die Gemeinschaft, die die steigenden Steuerforderungen des Staates, die durch die Schattenwirtschaft und die daraus resultierenden Mindereinnahmen entstehen, ausgleichen muß. Dem als unfair empfundenen staatlichen Umverteilungsdruck entgehen viele Bürger durch Steuerhinterziehung, Korruption und Schattenwirtschaft. Bricht an einer Stelle der Damm der Moral, wird er an anderen Stellen ebenfalls brechen. Der langsame Verfall der moralischen Substanz einer Gesellschaft setzt ein.[108] Der Staat bewegt sich auf einer Gratwanderung sozialer Umverteilungsmaßnahmen: Zu extensive ökonomische Ungleichheit erzeugt gleichermaßen wie zu hohe staatliche Solidaritätsansprüche an den einzelnen Korruption[109].

Die Freiheit der Wirtschaftstätigen zur Teilnahme am Marktgeschehen fördert in großem Maße persönliches Leistungsstreben als Mittel eigener Nutzenmaximierung. Greift der Staat zu sehr in den ökonomischen Kreislauf ein und belegt wirtschaftliches Handeln mit leistungsstörenden Abgaben, reagieren die Beteiligten in zweifacher Hinsicht auf diese Einschränkungen: Sie konstituieren einen vom Staat unabhängigen Markt, der ihre Leistungen angemessen honoriert, und damit geht eine Veränderung bis dahin geltender Normvorstellungen einher. Ehrlichkeit und Staatstreue verlieren

---

108 Vgl. Lachmann, W.: Beschränkung der Staatstätigkeit in der Marktwirtschaft - Versuch einer Bewertung aus ethischer Sicht, 1994, S. 73.
109 Vgl. Dobel, J. P.: The Corruption of a State, 1978, S. 959.

an Bedeutung, Steuerhinterziehung und Korruption breiten sich aus und integrieren sich in bestehende Werte. Ein schleichender, sich auf die Gesellschaft negativ aus-wirkender Wertewandel vollzieht sich, da die Gemeinschaft als Last empfunden und Einzelinteressen bestmöglich verfolgt werden.

Die Möglichkeit privaten Eigentumerwerbs, auch und vor allem an den Produktions-mitteln, als ein Charakteristikum westlich ausgeprägter Marktwirtschaften muß recht-lich wirksam geschützt werden. Die Chance, durch Eigenleistung und eigene Ent-scheidungsfreiheit privates Eigentum zu maximieren, vermag unter Einsatz des ökonomischen Instrumentariums die mit der Wirtschaftstätigkeit verbundenen Risiken mehr als zu kompensieren. Das Privateigentum ermutigt zum Risiko als einer der unerläßlichen Voraussetzungen für Innovationen und zeitgerechte Anpassung an den sich immer schneller vollziehenden Strukturwandel.[110] Leistungsstreben und Privat-eigentum gelten immer schon als Mittel zur Durchsetzung egoistischer Interessen. Gab es früher jedoch noch kollektive Werte und ein Gemeinwesen, handelt die Ge-sellschaft heute häufig nach rein individualistischen Prinzipien. Tätigkeiten, die keine individuellen Auszeichnungen, finanzielle Gegenleistungen oder Sicherheiten nach sich ziehen, bleiben aus. Gemeinsame Interessen und der Einsatz für das Kollektiv lassen nach, der Materialismus als Triebfeder wirtschaftlichen Handelns bezieht sich allein auf den einzelnen. Im Streben nach individueller Selbstverwirklichung durch egozentrische Aktivitäten, sichtbar am erwirtschafteten Reichtum, wird auch Korrup-tion als Mittel zum Zweck nicht mehr ausgeschlossen. Die preußischen Tugenden der Korrektheit und Unbestechlichkeit passen nicht mehr in den Wertekatalog. Jedes Mittel zur Erkämpfung eines erhöhten gesellschaftlichen Stellenwertes scheint ge-rechtfertigt. Das Streben nach Steigerung privaten Eigentums geht so weit, daß das gesellschaftliche Eigentum nicht in die Kalkulation eigener Interessenverfolgung einbezogen wird. Korruption als Mittel derer, die in großen privaten Organisationen oder der staatlichen Verwaltung tätig sind, führt zu einer Privatisierung fremden oder kollektiven Eigentums und verstärkt individualistische Tendenzen. Beamte, Richter und Politiker verfallen in einer Reichtummehrungs- und Konsummaximierungsgesell-schaft der Ausnutzung ihrer politischen Positionen zu legalem und extralegalem öko-nomischen *Vorwärtskommen* und begründen die Legitimationskrise westlicher Ge-sellschaften durch nachlassendes nichtkommerzielles Ethos in ihrem Verhalten.[111] "Consequently totally selfish persons are totally corrupt in that they possess no loyalty, no disinterestedness and no commitment to the common good."[112]

---

110 Vgl. Bismarck, P. von: Soziale Marktwirtschaft - Das Geschenk der Stunde Null, 1992, S. 90.
111 Vgl. Fechter, I.: Politik, Geld, Korruption, 1977, S. 918 ff.
112 Dobel, J. P.: The Corruption of a State, 1978, S. 961.

Das ungeheure Leistungspotential, das im (korrupten) Streben nach individueller Selbstverwirklichung liegt, sollte zugunsten des Staates genutzt werden. Nach *Freud* handelt der Mensch in Abhängigkeit seiner Beziehung zwischen ES, ICH und ÜBER-ICH.[113] Das ES als Instanz angeborener, unmittelbarer Bedürfnisbefriedigung wird durch die Kontrollinstanz des ICH, die die Befriedigung der mit der Außenwelt abgestimmten Bedürfnisse kanalisiert, mit der Außenwelt verbunden. Zur Auswahl des ICH über bestimmte Verhaltensweisen wird auch das ÜBER-ICH miteinbezogen, das die im Laufe der Entwicklung übernommenen Norm- und Wertvorstellungen umfaßt. Eine zentrale Bedeutung kommt bei dem Wechselspiel der drei Instanzen dem ICH zu: Nicht zugelassene Triebansprüche werden durch das ICH reguliert; es kann also Korruption zur Erfüllung persönlicher Wünsche zulassen, wenn das ÜBER-ICH als Instanz gemeinschaftsbildender Werte nicht als Gegenkraft zur Verhinderung von Korruption wirkt. Eine positive Beeinflussung individueller Entscheidungen setzt am ICH in Form der Erziehung und indirekt am ÜBER-ICH durch die Vermittlung von Normen und Werten an. Gelingt es, in den verschiedenen Sozialisationsstufen eine anti-korruptive Einstellung nachhaltig zu vermitteln, werden Delinquenten aus der Gesellschaft ausgeschlossen. Die soziale Gefahr minimiert Korruption und leitet wirtschaftliche Tätigkeiten in eine positive Richtung.

Die Chance, durch ausgeprägten Leistungswillen eine Mehrung privaten Eigentums zu erreichen, ermöglicht die Ausweitung individueller Machtansprüche. Eine dezentrale Organisation ökonomischer Handlungen verteilt wirtschaftliche Macht auf viele unabhängige Akteure. Die staatliche Verhinderung von Machtkonzentrationen in den Händen weniger garantiert Wettbewerb, funktionierende Marktmechanismen und beschränkt Einflußmöglichkeiten der Wirtschaft auf die Politik. Der humane Drang nach Erlangung und Expansion eigener Macht innerhalb einer Gemeinschaft verleitet Unternehmensvertreter zur Korruption. Korruption kann Marktkonzentrationsbarrieren überwinden helfen, was auf legalem Wege nicht möglich wäre. Die Zunahme individueller wirtschaftlicher Macht erweitert wiederum die Beeinflussungsmöglichkeiten politischer Entscheidungen. Die zweifache Wirkungsmöglichkeit von Korruption kann ungewollt zur Agenzie ökonomischen Handelns werden, wenn die Bindung der Entscheidungsträger an meta-ökonomische Werte zu schwach ist oder die geltenden Normvorstellungen Korruption als angemessen gelten lassen.

---

113 Vgl. Pracht, E.: Psychologie, 1993, S. 128 f.

2.2.3. Gesellschaftliche Verantwortung, Verpflichtung aus Eigentum und soziale Fürsorge als Regulative

Freiheitliches Handeln in Marktwirtschaften ist, verglichen mit fest vorgegebenen Aktionsmustern in Planwirtschaften, sehr stark auf die Beachtung meta-ökonomischer Werte angewiesen. Die Gesellschaft als Kollektiv trägt die Verantwortung für das wirtschaftliche Tun des Staates. Wie ein Mosaik fügen sich einzelne Handlungen zu einem Gesamtgebilde zusammen, wobei es Aufgabe der Gemeinschaft ist, über das Aussehen dieses Gebildes zu befinden. Jeder muß zur Funktionsfähigkeit des Systems beitragen, indem er sich an allgemeinverbindlichen Wertvorstellungen orientiert, denn nur die gemeinsame Orientierung an Werten ist gesamtgesellschaftlich vorteilhaft. Aufgabe der Gesellschaft ist daher die Verhinderung von Abweichungen, wie etwa Korruption. Die Erkenntnis des dauerhaften wirtschaftlichen und politischen Schadens für ein Land muß Anreiz genug sein zu gemeinschaftlicher Kontrolle dieser Devianz. Einen wichtigen Beitrag dazu können Sozialisation und Enkulturation leisten. Im Rahmen primärer Sozialisation in der Familie werden den zukünftigen Wirtschaftssubjekten Werte gemeinschaftlichen Zusammenlebens, Gerechtigkeit, Autoritätsanerkennung und familiäres Zusammenhalten vermittelt. Die vielen zerrütteten Familienverhältnisse deuten an, daß ein solches erstes Hineinwachsen eines Menschen in eine Gemeinschaft für das Kollektiv nicht geleistet wird und die jungen Menschen eher Egoismen denn Rücksichtnahme lernen. Lernen sie zu diesem Zeitpunkt nicht die Einhaltung von Regeln, werden sie später Gesetze, die zum Nutzen anderer ihre Aktivitäten einschränken, kaum beachten.

Zum Ausgleich familiärer Unzulänglichkeiten ist die öffentliche Erziehung zur Wertevermittlung im Rahmen sekundärer und tertiärer Sozialisation gefordert. Die ICAC (*Independent Commission Against Corruption*) in Hong Kong hat inzwischen ein Programm zum Aufbau einer Anti-Korruptions-Haltung innerhalb der Gesellschaft gestartet. Das eigens gegründete *Community Relations Department* ist für die Erziehung der Öffentlichkeit gegen Korruption verantwortlich. Schulen arbeiten mit staatlicher Unterstützung verstärkt auf Werte wie Integrität und fair play hin, um Resistenzen gegen Korruption im späteren Wirtschaftsleben aufzubauen. Regelmäßige Kontakte zur Administration in Seminaren zu Anti-Korruptions-Gesetzen, die Vorstellung von Handlungsmöglichkeiten der Revisoren zur Verhinderung von Korruption und Möglichkeiten der Handhabung von Bestechungsversuchen sollen zu einer korruptionsfreien Verwaltung beitragen. Private Organisationen sollen zur Teilnahme am Kampf gegen Korruption und zur Entwicklung vorbeugender Maßnahmen ermutigt werden. Anlaufstellen zur Reklamation von Korruption werden eingerichtet und eine enge Zusammenarbeit mit den Medien, die eine Anti-Korruptions-TV-Serie produzieren, sollen das Bewußtsein der Öffentlichkeit schärfen und die Unterstützung der

Kampagne bewirken. Besonderes Augenmerk wird auf den privatwirtschaftlichen Sektor gelegt, da durchschnittlich die Hälfte aller Korruptionshandlungen in diesem Bereich stattfinden. Die Abteilung ruft den privatwirtschaftlich Handelnden Anti-Korruptions-Gesetze und vorbeugende Maßnahmen in Erinnerung und versucht u.a., den Entscheidungsträgern in mittleren und großen Unternehmen die Korruptionsbekämpfung in ihrer Arbeitsumgebung durch formulierte Verhaltensregeln, interne Revisionisten zur Überwachung von Vorteilsannahmen und Anti-Korruptions-Trainings nahezulegen.[114] Wie groß der Erfolg sein wird, läßt sich erst in einigen Jahren quantifizieren, doch scheint eine solche Initiative begrüßenswert, da die Korruption des Staates das Versagen eines großen Teils der Gemeinschaft miteinbezieht, die Sozialisation der nachwachsenden Generation durch die Erziehung in der Familie zur Vermittlung gemeinschaftsbildender Werte und Loyalität zu erreichen.[115]

Gesellschaftliche Verantwortung bezieht auch das private Eigentum ein. Artikel 14 des Grundgesetzes sichert verfassungsrechtlich den Eigentumerwerb; gleichzeitig schreibt die Verfassung eine Verpflichtung aus Eigentum vor. Der Gebrauch von Eigentum soll dem Individuum und zugleich dem Wohle der Gemeinschaft dienen. Der rechtsstaatlich gesicherte Solidaritätsanspruch beschränkt egoistisches Handeln, sobald es für die Gesellschaft nicht mehr vorteilhaft ist. Umstritten ist die Auslegung des Begriffs *zum Wohle der Gemeinschaft*. Erhält ein Unternehmen einen Auftrag durch Korruption, bleiben Arbeitsplätze erhalten, steigt möglicherweise der Gewinn des Unternehmens und damit die Steuerzahlung an die Gemeinschaft. Handelt es sich um einen Auftrag im Ausland, bezahlt die auftraggebende ausländische Unternehmung die um die Korruptionssumme erhöhten Preise, d.h. das Inland profitiert ohne Korruptionskostenübernahme von dem unlauter abgeschlossenen Geschäft. Die Externalisierung der Korruptionskosten erfolgt im Ausland, dessen Öffentlichkeit Schäden durch erhöhte Preise oder mindere Qualität zu tragen hat.

International tätige Unternehmen stehen häufig vor dem Problem, wie sie sich in fremden Kulturen verhalten sollen. Sollen sie, wie es dem vorherrschenden Moralverständnis des jeweiligen Landes entspricht, Korruption anwenden? Ist im Herkunftsland Korruption verboten oder zumindest moralisch verwerflich, kann im Partnerland der Verzicht auf Korruption Marktanteile oder die Existenz kosten. Zur Unternehmenssicherung und aus der Eigentumsverpflichtung heraus stellt Korruption möglicherweise ein angemessenes Instrument ökonomischer Tätigkeit dar, aus ethischen Gesichtspunkten ist Korruption abzulehnen. Ein Zielkonflikt entsteht. Handelt der Betroffene nach seinem Gewissen, verstanden als die gefühlsgeleitete

---

114 Vgl. Commissioner of the Independent Commission Against Corruption: Annual Report on the Activities of the Independent Commission Against Corruption for 1993, S. 23 ff.
115 Vgl. Dobel, J. P.: The Corruption of a State, 1978, S. 960.

Beurteilung moralischer Situationen, die die Wert- und Moralvorstellungen der eigenen Kultur widerspiegelt, führt dies bei interkulturell geprägten moralischen Entscheidungssituationen in eine Sackgasse[116], da sich die moralisch weniger gebundene Konkurrenz durch Korruptionszahlungen Wettbewerbsvorteile schafft. Eignet sich der international Tätige die im Geschäftsland herrschenden Wertvorstellungen an, wird es in einer Kultur, in der Korruption akzeptiert wird, kein begründbares Argument gegen die Anwendung von Korruption geben. Dagegen besteht die Gefahr, daß der Handelnde auf Dauer jeden moralischen Halt verliert, wenn er seine Prinzipien je nach geschäflichem Aktionsrahmen verändert. Verhält er sich universell, also in Anlehnung an ortsunabhängig vertretbare Wertvorstellungen, wird er situationsgerecht entscheiden. Die dem einzelnen übertragene, moralische Verantwortung fordert neben fachlichen auch hohe menschliche Qualitäten, um den an ihn gestellten Anforderungen gerecht zu werden.[117] Das Verlangen verschiedener Staaten nach international geltenden Anti-Korruptionsgesetzen legt die Vermutung nahe, daß die Zahl derer, die der Korruption erliegen und internationale Integrität vermissen lassen, steigt.

Aus Sicht eines in einen Staat integrierten Unternehmens ist Korruption im oben geschilderten Fall von Vorteil und zum Wohle der Gemeinschaft. Die weltwirtschaftliche Betrachtung ergibt ein anderes Bild: Verhält sich ein einzelnes Unternehmen in beschriebener Manier, wird der Erfolg Nachahmer anziehen. Korrumpieren ausländische Unternehmen als Reaktion auf eigenes Verhalten im Inland, ergeben sich 'Ping-Pong-Effekte'. Das Inland trägt die von außen herangetragenen Korruptionskosten, gleichzeitig führt an anderer Stelle inländische Korruption zur Externalisierung ausländischer Korruptionskosten. Makroökonomisch betrachtet schaden Korruptionszahlungen der Weltwirtschaft, weil die Preise in Abhängigkeit von Korruption, aber ungeachtet von Qualitätsveränderungen, steigen. Das Marktgleichgewicht ergibt sich ceteris paribus unter Abschöpfung der Konsumentenrente auf höherem Preisniveau, ohne gleichzeitig einen den Preis rechtfertigenden Mehrwert zu schaffen.

Zur Regulation freiheitlichen ökonomischen Handelns übernimmt der Staat die soziale Fürsorge, die eine dem Gesamtwohl verpflichtete Wirtschafts- und Gesellschaftsordnung garantieren, deren privatwirtschaftliches Eigentum aber nicht zu sozialer Ungerechtigkeit führen soll. "Die Sozialgesetzgebung muß Solidarität und Subsidiarität immer von neuem ins Gleichgewicht bringen."[118] Zunehmende staatliche Eingriffe

---

116 Vgl. Hinterhuber, H. H.: Unternehmensethik im Kontext interkultureller Geschäftsbeziehungen, 1993, S. 259.
117 Vgl. Hinterhuber, H. H.: Unternehmensethik im Kontext interkultureller Geschäftsbeziehungen, 1993, S. 263 ff.
118 Bismarck, P. von: Soziale Marktwirtschaft, 1992, S. 95.

in bestehende Ordnungen verschieben auf Dauer die auf Subsidiarität und Solidarität basierenden Gleichgewichte und führen zu einem Übermaß an Wohlfahrtsstaat, dessen Folge der offensichtlich wachsende Egoismus ist.[119] Persönliche Notlagen werden, statt in Selbsthilfe gelöst, zunehmend dem Staat zur Lösung übertragen. Die durch steigende staatliche Sozialaufgaben bedingte Abgabensteigerung untergräbt die gemeinschaftliche Solidarität, da die Leistungsfähigen nicht länger bereit sind, die Lasten aller zu tragen. Korruption zum Erhalt nicht zugestandener Leistungen wird mit korruptiven Aktivitäten zur Umgehung staatlicher Forderungen verbunden und bewirkt eine "Privatisierung des Gewissens"[120]. Individuelle Entscheidungsfreiheiten korrespondieren immer weniger mit der eigenständigen Übernahme der damit einhergehenden Verantwortung. Die Zuteilung privater Güter wird zur öffentlichen Angelegenheit; die staatliche, im Dienste sozialer Gesetzgebung stehende Umverteilungspolitik vergrößert korruptive Spielräume und ermöglicht den mit der Umverteilung Beauftragten Korruptionsgewinne. Der steigende Einfluß staatlicher Ordnungspolitik auf wirtschaftliches Handeln lähmt durch hohe Abgaben, wachsende, individuell einschränkende Marktregulierungen, ungleiche Markteingriffe durch Subventionen und Preisbeeinflussungen die marktlichen Regulierungs-möglichkeiten und setzt den Wettbewerb in weiten Bereichen außer Kraft. Korruption verbreitet sich zur *Ölung des schlechtlaufenden Getriebes*.

Der Korruption kann in einem Wohlfahrtsstaat die Grundlage entzogen werden, wenn dieser auf seine Grundsicherung eingeschränkt wird. Eine damit einhergehende Senkung der Steuer- und Abgabenlast und der Abbau von Subventionen stärken Leistungswillen und Investitionskraft der Unternehmen und vermindern Korruptionsanreize. Die Reprivatisierung vieler sozialer Aufgaben erzieht zu mehr Eigenverantwortung und erweitert persönliche Freiheiten. Dadurch verändert sich das Denken der Menschen und ihre Einstellung zum Staat, der durch seine Zurückhaltung kein effektives Ziel der Korruption mehr darstellt.

2.3. Makroökonomische Theorie der Marktfunktionen und mikroökonomische Realität der Unvollkommenheiten von Märkten

In den Wirtschaftswissenschaften werden häufig Theorien und Modellbildungen angewandt, die selten dem realistischen Wirtschaftsleben entsprechen. Die Komplexität, Unüberschaubarkeit und ständige Progression ökonomischen Handelns modifiziert unaufhörlich gegebene Zustände und fordert dadurch einen dynamischen

---

119 Vgl. Becker, W. - D.: Erwägungen über das "Soziale" in der Sozialen Marktwirtschaft, 1994, S. 65.
120 Noack, P.: Korruption - die andere Seite der Macht, 1985, S. 147.

Anpassungsprozeß der auf den ursprünglichen Zustand zugeschnittenen Rahmenbedingungen. Die schwere Faßbarkeit sich langsam vollziehender Veränderungen
und die Risikoscheue vor aktiven Systemvariationen lassen Diskrepanzen zwischen
und innerhalb der Ordnungs- und Ablaufpolitik entstehen, die bis zur Umkehr einst
postulierter Normen ins Gegenteil und u.U. zu systemfeindlichen Anwendungen
führen können.

Verfassungsrechtlich verankerte Normen, die auf den Säulen von Freiheit und sozialer Gerechtigkeit ruhen, tendieren in einem Sozialstaat zu einer stärkeren Betonung
sozialer Gesichtspunkte und drängen individuelle Freiheitsrechte in den Hintergrund.
Das daraus erwachsende Ungleichgewicht auf Kosten persönlicher Spielräume läßt
die betroffenen Wirtschaftssubjekte an der bestehenden Ordnung und Politik zweifeln
und veranlaßt sie, unter Umgehung vorgeschriebener Regeln, ihre ihnen nach ihrer
Meinung zustehenden Rechte durchzusetzen.

Die offensichtliche Mißachtung rechtlicher Regelungen läßt die Dichte gesetzlicher
Vorschriften wachsen. Greifen detaillierte Gesetze jedoch zu stark in die mannig-
faltigen Bereiche individuellen Handelns ein und nimmt deren Komplexität und Intransparenz dadurch mit der Folge zu, daß sich die Methoden zu ihrer Vermeidung
aus einem Unrechtsempfinden heraus immer mehr verfeinern, setzt eine Entwicklung
ein, die sich durch eine völlige Mißachtung postulierter Normen manifestiert und der
eigentlichen Intention zuwiderläuft.

Die in der Realität existierenden Märkte sind immer unvollkommen. Die unvermeidbare Unvollkommenheit der Märkte bedroht die Marktfunktionen aber grundsätzlich
nicht, vielmehr stellt die Unternehmenserhaltung in diesem Wettbewerb eine unternehmerische Herausforderung an die Wirtschaftssubjekte dar. Gefährlich oder
existenzbedrohend wird der Zustand für einzelne Unternehmen erst, wenn die Ungleichgewichte durch Korruption verstärkt werden und ihre Konkurrenzfähigkeit durch
Delinquenten über das verträgliche Maß hinaus gefährdet wird.

2.3.1. Normen des Wirtschaftsrechts auf der Grundlage von Staatsver-
fassungen

Staatsverfassungen geben grundsätzlich bestimmte Rahmenbedingungen vor, innerhalb derer die Regierung bzw. der Gesetzgeber die ihnen angemessen erscheinende
Wirtschaftspolitik betreiben kann. In der sozialen Marktwirtschaft sind größtmögliche
individuelle Freiheit und soziale Gerechtigkeit, also Individualismus und Kollektivis-
mus, verfassungsrechtlich postulierte Daten, die es zu schützen und zu bewahren

gilt. Dieser weitgesteckte Rahmen ermöglicht es den Verantwortlichen dennoch, sich innerhalb der gegebenen Grenzen in ihren Zielsetzungen und Maßnahmen frei zu entscheiden. Zur staatlichen Zielverfolgung werden auf der Grundlage bestehender Staatsverfassungen Wirtschaftsgesetze erlassen, die die Zielerreichung begünstigen sollen.

In marktwirtschaftlich orientierten Wirtschaftssystemen demokratischer Prägung ist das individuelle Freiheitsrecht verfassungsrechtlich gesichert. Dieser Freiheitsgrundsatz garantiert für den wirtschaftlichen Bereich das Recht auf Privateigentum an Produktionsmitteln, freien Marktzugang, freie Berufswahl, Gewerbe-, Vertrags-, Vereinigungs- und Konsumfreiheit. Gleichzeitig besteht eine Einheit von Entscheidung und Entscheidungsverantwortung, die einer eigenständigen Haftung entspricht und die individuelle Freiheit unterstreicht. Die persönliche Entscheidungsfreiheit aller Wirtschaftssubjekte stellt die Grundlage für eine Steuerung der Wirtschaft über den Preismechanismus dar, denn nur die Gewährleistung der Freiheitsrechte in einem Staat ermöglicht über den Koordinationsmechanismus der Preise die Funktionsfähigkeit der Wirtschaft.

Verfassungen real existierender Marktwirtschaften schränken die individuellen Freiheitsrechte zugunsten des Kollektivs zur Verhinderung übertriebener egoistischer Selbstinteressen ein: Persönliche Freiheiten werden nur solange verfassungsrechtlich und gesetzlich uneingeschränkt zugelassen, wie sie der Gemeinschaft nutzen. Individualismus erfährt seine Grenzen innerhalb eines marktwirtschaftlich orientierten Staates demokratischer Prägung, wenn dieser das Kollektiv schädigt oder der Gleichheitsgrundsatz negiert wird. Diese durch das Verhältnis von Freiheit und staatlicher Reglementierung entstehende Friktion in den bestehenden individuellen Freiheitsrechten muß zwangsläufig zu Konflikten führen, da große persönliche Freiheiten immer geringere Gleichheit impliziert et vice versa.[121]

Die konkrete Ausgestaltung verfassungsrechtlich intendierter, eingeräumter Spielräume, die eine Wirtschaftsordnung determinieren, hängt von den jeweils vorherrschenden Wertvorstellungen der Gesellschaft ab. Verspricht sich das Kollektiv von staatlicher Lenkung und daraus resultierender individueller Freiheitsbeschränkung mehr soziale Sicherheit und Gerechtigkeit und höheren Wohlstand, wird es für die Verstaatlichung plädieren, wie weltweit zu beobachten ist. Mit der Ausweitung des staatlichen Einflusses auf das Wirtschaftsleben wird jedoch durch die Einschränkung

---

121 Hayek argumentiert sogar, daß vollständige Verteilungsgerechtigkeit mit einer freien Wirtschafts- und Gesellschaftsordnung unvereinbar ist, vgl. Leube, K. R.: Friedrich A. von Hayek, Leben und Werk, 1992, S. 21. S. a. Dobel, J. P.: The Corruption of a State, 1978, S. 962.

des Preismechanismus der Korruption als Regulativ der Sozialisierung eine Grundlage geschaffen.

In Zeiten zunehmender staatlicher Tätigkeiten im Wirtschaftsgeschehen dient Korruption als Instrument zur Wiedererlangung oder Ausdehnung persönlicher Freiheiten. Begrenzen staatliche Vorschriften individuelle Handlungsspielräume mit der Begründung eines gemeinschaftlichen Erfordernisses nach subjektivem Empfinden zu stark, wehren sich die Akteure aus einem Unrechtsempfinden heraus gegen die postulierten Einschränkungen mit Hilfe korruptiver Akte. Korruptionszahlungen können bspw. die Überwachung gesetzlich vorgegebener Schadstoffemissionsgrenzen zur Aufrechterhaltung eines Unternehmens unterbinden, illegale Verträge und Importe protegieren, den Vertrieb bzw. Konsum von Rauschgift ermöglichen, Fusionskontrollen umgehen, Steuerschulden schmälern. Die Aufzählung zeigt, daß sich Korruption zur Abdeckung illegaler und illegitimer Tätigkeiten sehr gut eignet, die auf den ersten Blick von staatlicher Sozialisierung unabhängig sind. Haben die einzelnen staatlichen Beschränkungen individueller Freiheitsrechte auch ihre Legitimation, bewirkt ihre Summe durch das Unrechtsempfinden vieler Wirtschaftssubjekte Reaktionen, die durch den Versuch der Umgehung der Restriktionen zu Korruption führt.

Die verfassungsrechtlich garantierte Gewerbefreiheit bspw., durch die jeder das Recht besitzt, ein Unternehmen zu gründen, zu führen oder aufzulösen, wird im wirtschaftlichen Alltag oftmals empfindlich eingeschränkt. Weitet sich der bürokratische Formalismus für Gewerbetreibende durch die zunehmende Verstaatlichung stark aus, werden die Verfahrens- und Genehmigungswege zu lang, und scheint das Unternehmensziel durch die Verhinderung schneller Reaktionen auf Marktnachfragen nicht mehr erreichbar, scheiden viele Wirtschaftssubjekte aus dem eingeschränkten Wettbewerb aus oder versuchen auf Umwegen, ihre Ziele zu verwirklichen. Die Monopolstellung des Staates zur Erteilung von Genehmigungen z.B. läßt die Korruption steigen, denn bei künstlich unterdrücktem wirtschaftlichem Wettbewerb muß auf andere Weise die Differenzierung von der Konkurrenz erfolgen. Besteuert der Staat unternehmerische Leistungen unverhältnismäßig hoch und engt er damit individuelle Freiheit empfindlich ein, sinkt der Wille zur Übernahme unternehmerischer Risiken und steigt Korruption zur Abwendung der als ungerecht empfundenen Übel.

Die Vertragsfreiheit als weiteres Beispiel, die allen das Recht gibt, Verträge abzuschließen und deren Inhalt frei zu gestalten, erfährt von staatlicher Seite Einschränkungen. Arbeitsverträge bspw. müssen gesetzliche Mindestbestimmungen zum Schutze des Arbeitnehmers beinhalten, einige Unternehmen sehen sich dem Kontrahierungszwang gegenüber eingeengt, Kartellgesetzgebung und Fusionskontrolle schränken unternehmerisches Handeln ein und bei Verträgen, die gegen gesetzliche

Verbote oder die guten Sitten verstoßen, ist die Vertragsfreiheit aufgehoben. Zwingendes Recht läßt den Wirtschaftssubjekten keine Wahlfreiheiten: Umfassende Arbeitsschutz-gesetze gelten ohne Unterschriften der Betroffenen, das Strafrecht schreibt rechtliche Konsequenzen vor, das Wettbewerbsrecht gilt ohne vertragliche Absprachen. Die grundsätzlich positiven Einschränkungen zum Schutze der Rechte Dritter können bei zunehmender Intransparenz der Rechtsgeschäfte und steigendem Monopolisierungsgrad durch den Staat oder einzelne Wirtschaftsunternehmen mit Hilfe von Korruption manipuliert werden.

Korruption kann die verfassungsrechtlich gesicherte Chancengleichheit in einem Staat aufheben. Erlangt ein Wirtschaftssubjekt durch Zahlung von Korruptionsleistungen einen wirtschaftlichen Vorteil, wird das Leistungsprinzip ausgeschaltet, nach dem alle Teilnehmer die gleichen Chancen haben und diese mit ihren individuellen Leistungen zum Zweck der Einkommensmaximierung nutzen. Mehrleistungen und daraus folgende Einkommensvergrößerungen beruhen in diesem Fall auf einer durch Korruptionszahlungen verzerrten Chancenungleichheit. Auf der anderen Seite kann Korruption die Chancengleichheit wiederherstellen, wenn dadurch die Ausgangssituation vereinheitlicht wird.

Zur Erhaltung des Freiheitsgrundsatzes als Grundlage von Marktwirtschaften ist die Ordnungspolitik eines Staates gefordert. Ziel muß es sein, Privatinitiativen genügend Raum zu geben, den Wettbewerb durch Beschränkung der Staatseingriffe auf die Situationen, in denen der Markt seine Funktionen nicht erfüllt, zu sichern und die Monopolisierung in der Wirtschaft zu verhindern. Durch eine solche Ausrichtung der Ordnungspolitik wird die Marktwirtschaft aufrechterhalten und der Korruption ihre breite Grundlage entzogen.

2.3.2. Umfang und Beständigkeit von rechtlichen Regelungen für Wirtschaftstätigkeiten

Marktwirtschaftlich orientierte Wirtschaftssysteme funktionieren im Rahmen demokratischer Rechtsauffassung grundsätzlich durch maßvoll eingeschränkte, individuelle Entscheidungsfreiheiten aller Wirtschaftssubjekte, die den Markt konstituieren und determinieren. Zur Sicherung von Freiheit, sozialer Gerechtigkeit und allgemeinem Wohlstand bedarf es als einer übergeordneten, ordnungsstiftenden Instanz des Staates, der aber nur bei Mißachtung grundlegender Normen eingreift. Fundamentale Rechtsvorschriften ergeben sich aus einer Rahmengesetzgebung im engeren Sinne, die die Grundlagen und Grenzen marktwirtschaftlichen Wirtschaftens festlegt und vor allem dem Schutz der Verbraucher, Arbeitnehmer, der Allgemeinheit und der Umwelt dienen soll.[122] Zur Überprüfung, Genehmigung und Überwachung der Rahmengesetzgebung ist eine wirkungsvoll arbeitende Verwaltung notwendig, deren Größe vom Umfang der Gesetzgebung abhängt. Eine Ausdehnung rechtlicher Vorschriften verlangt aber darüber hinaus auch von den Adressaten wachsende Spezialisierungen, um die an sie gestellten, gesetzlichen Forderungen überhaupt erfüllen zu können. Ein maßvoller Umgang mit der Verabschiedung neuer Gesetze ist daher geboten.[123]

Trotz der bekannten Gefahren wachsender und beschränkender Vorschriften steigt die Anzahl neuer, in einer für viele nicht mehr verständlichen Sprache verfaßten Gesetze. Diese Häufung gesetzlicher Vorschriften, die individuelle Entscheidungs- und Handlungsspielräume vermehrt determiniert, deren Einhaltung aber auch nicht mehr überwacht werden kann, bewirkt langfristig Ansehensverluste der Rechtsordnung und deren allmähliche Unterminierung. Technische Progressionen einer sich weiterentwickelnden Informationsgesellschaft, das damit einhergehende Zusammenwachsen weltumfassender Märkte und das komplexer gewordene Zusammenleben der Menschen erfordern gesetzliche Neuregelungen. Dennoch bleibt zu fragen, welche Ursachen der Zunahme überflüssig erscheinender und als ungerecht empfundener Gesetze zugrundeliegen.

Die Volksvertreter in parlamentarischen Demokratien sind von ihrer Wählerschaft abhängig: Wiederwahlen entscheiden über Privilegien, Machterhalt sowie Berufsfortsetzung und werden von den Parlamentariern angestrebt. Die Erhaltung des Wählerstamms sichert sich ein Politiker oder eine Partei durch wählerfreundliche Entscheidungen, selbst wenn diese dem gemeinschaftlichen Wohl, zumindest längerfristig, nicht dienlich sind und in komplizierten, dadurch häufig unanwendbaren und unkontrollierbaren Gesetzen münden. Mitunter fordern auch die Interessengruppen, in starken Verbänden organisiert, die uneingeschränkte Durchsetzung ihrer Ziele, sei es durch Korruption oder durch die Androhung von Wählerstimmenverlusten. Das Ergebnis des Ringens um Macht und persönliche Interessenverfolgung resultiert in einer Ausuferung der öffentlichen Haushalte mit allen daraus entstehenden Konsequenzen und einer Unüberschaubarkeit rechtlicher Regelungen, da einmal eingeräumte Zugeständnisse kaum mehr rückgängig gemacht werden können. Die durch die wachsende Komplexität entstehenden rechtlichen Grauzonen bieten illegalen und illegitimen Machenschaften ein weites Aktionsfeld -ein der ursprünglichen Intention zuwiderlaufendes Resultat: "Es ist durchaus wahr und eine [...] Grundtatsache aller Geschichte, daß das schließliche Resultat politischen Handelns, oft, nein: geradezu regelmäßig, in völlig inadäquatem, oft geradezu paradoxem Verhältnis zu seinem

---

122 Vgl. Köhler, H. W.: Plädoyer für eine Verfassungslehre der Wirtschaft, 1993, S. 7.
123 Vgl. Köhler, H. W.: Plädoyer für eine Verfassungslehre der Wirtschaft, 1993, S. 7 f.

ursprünglichen Sinn steht".[124] Das deutsche Steuerrecht mag ein Beispiel dafür sein: Der durch wachsende Staatsausgaben ansteigende Steuerbedarf führt zu spürbaren individuellen Belastungszunahmen und Handlungsbeschränkungen, die die individuelle Leistungsbereitschaft mindern. Gleichzeitig erwächst mit der Abgabenlast das Bestreben, diese auf legalem oder illegalem Wege zu umgehen. Schwarzmärkte entstehen. Wo immer dies geschieht, Schwarzarbeit legaler Tätigkeit vorgezogen wird, weisen sie auf einen Systemfehler hin. In einem solchen Fall helfen keine Strafen, sondern die Beseitigung des Systemfehlers.[125]

Entfernt sich der Gesetzgeber zu weit von seiner Aufgabe, die Rahmenbedingungen für die in Marktwirtschaften erfolgreiche Selbstorganisation vorzugeben, und nimmt er den Wirtschaftssubjekten durch immer detailliertere Vorschriften ihre Eigenverantwortung, richten diese ihre Motivation in Zukunft darauf, staatlich bereitgestellte Vergünstigungen zum eigenen Vorteil und zu Lasten der Allgemeinheit zu nutzen, weitere finanzielle Leistungen des Staates zu veranlassen und finanziell nachteilige staatliche Regelungen am effizientesten zu umgehen, die in der Konsequenz zu ständigen gesetzgeberischen Nachbesserungen und zunehmenden Kontrollen führen.[126]

Reguliert der Staat durch eine umfassende Gesetzgebung den Großteil der Wirtschaftstätigkeiten, gilt für ethisch labile Wirtschaftssubjekte im Umkehrschluß, daß alles, was nicht explizit verboten, erlaubt ist. Grauzonen, die für illegitimes Handeln Raum lassen, ermöglichen korruptiven Tätigkeiten Entfaltungsspielräume, deren Anwendung sich bei Erfolg schnell in den illegalen Bereich ausweitet. Korruption greift in dieses System regulierend ein: Schränkt der Staat individuelles Handeln zunehmend ein, tendiert er damit zu zentralistischen und diktatorischen Elementen, so setzen Wirtschaftssubjekte Korruption zur Sicherung oder Ausweitung gegebener Entscheidungsspielräume diesen Tendenzen entgegen. Die Rechtsprechung allein kann daher nicht zu einer Beseitigung von Korruption führen; gleichzeitig muß eine Veränderung bestehender Gegebenheiten, und dazu zählt die ethische Dimension einer Gesellschaft, erfolgen, damit das Recht wirksamer zum Einsatz kommen kann.

Durch den beschriebenen Ablauf entsteht auf Dauer ein *circulus vitiosus*: Zur Verhinderung des Mißbrauchs staatlicher Leistungen bzw. der Unterwanderung postulierter Gesetze wird der individuelle Entscheidungsspielraum durch immer neue Gesetze weiter eingeengt. Das theoretische Resultat dieser sich selbst verstärkenden

---

124 Lachmann, W.: Beschränkung der Staatstätigkeit in der Marktwirtschaft, Versuch einer Bewertung aus ethischer Sicht, 1994, S. 70.
125 Vgl. Lachmann, W.: Beschränkung der Staatstätigkeit in der Marktwirtschaft, Versuch einer Bewertung aus ethischer Sicht, 1994, S. 9.
126 Vgl. Hamm, W.: Dämme gegen die Gesetzgebungsflut, 1994, S. 86 ff.

Entwicklung ist ein Überwachungsstaat, in dem es keine persönlichen Entschei-
dungsmöglichkeiten mehr gibt und Korruption als einziges Mittel zur Selbsterhaltung
bleibt. Allein ständig neue Gesetze können demnach keine Verhinderung bekannter
Defraudantismen bewirken; sie führen im Gegenteil zu differenzierteren Vorgehensweisen der Devianten, die neue Wege zur Umgehung der Vorschriften suchen. Findet
sich der Gesetzgeber mit der Erfolglosigkeit seiner Bemühungen nicht ab und bessert
seine Gesetze nach, setzt sich der *circulus vitiosus* fort. Da die Betroffenen im Auffin-
den ständig neuer Umgehungsmöglichkeiten der schwerfälligen Gesetzgebung immer
voraus sein werden, reißt der Gesetzgeber im Bemühen, stets neue Lücken zu
stopfen, andere Nischen auf.[127]

Gesetze bekämpfen Wirkungen, aber keine Ursachen. Breitet sich Korruption im
Wirtschaftsleben durch zunehmende Staatstätigkeit und damit einhergehende Markt-
verzerrungen aus, kann ein gesetzliches Verbot Korruption höchstens erschweren,
aber nicht unterbinden. Dieser Versuch stößt an die Grenzen der Gestaltbarkeit durch
das Recht. Dies liegt nicht zuletzt an der *conditio humana*, an zwar unerfreulichen,
aber verbreiteten Charakterzügen der Menschen. Daher kann das Ziel bei realisti-
scher Einschätzung nicht sein, Korruption gänzlich aus der Welt zu schaffen. Vielmehr kommt es auf die Quantität an: auf die Frequenz und die Intensität der Korruption im gesellschaftlichen Zusammenleben.[128] Zur Einschränkung der Korruption
bedarf es viel eher der Ursachenforschung mit Reformen staatlicher Rahmenregelun-
gen und gesetzlicher Vorschriften. Das Streben nach einem weitgehend freien Markt,
in dem die Wirtschaftssubjekte nach eigenen Entscheidungen und Risikobereitschaf-
ten ökonomisch handeln, bewirkt zwangsläufig eine Deregulierung durch Streichen
überflüssiger Gesetze und Institutionen. Wird in der Jurisdiktion wieder stärker auf
den Weg zu allgemeinen, einfach und verständlich formulierten Rechtsprinzipien
zurückgefunden, so daß sie auch die Generalisten verstehen und anwenden können,
und genügen sie dem Gerechtigkeitsanspruch, der die Bevorzugung starker Interessengruppen ausschließt, steigen ihre allgemeine Akzeptanz, das Vertrauen und ihre
Verteidigungsbereitschaft; der *circulus vitiosus* wird aufgebrochen.

---

127 Vgl. Hamm, W.: Dämme gegen die Gesetzgebungsflut, 1994, S. 92. S. a. Braithwaite, J.: Transnational Corporations and Corruption: Towards some International Solutions, 1979, S. 127.
128 Vgl. Mayer-Maly, T.: Grundsätzliche Überlegungen zur Wirksamkeit des Rechts bei der Bekämpfung von Korruption, 1981, S. 494.

2.3.3. Unvermeidbare Unvollkommenheiten der Märkte versus Wirtschaftskriminalität

Der Markt und der auf ihm herrschende Wettbewerb sind zentrale Ordnungsinstrumente in Marktwirtschaften. Die bestmögliche Abstimmung des Bedarfs in einer arbeitsteiligen Wirtschaft erfolgt durch dezentrale Steuerungen der Produktion und deren Koordinierung auf einem wettbewerbsorientierten Markt. Interdependenzen und gegenseitigen Beeinflußbarkeiten sämtlicher existierender Teilmärkte durch wechselseitige Konkurrenz aller Güter und Dienstleistungen führt dazu, daß viele Preise voneinander abhängen und sich gegenseitig bedingen. Ziel jeden realen Wettbewerbs ist es, ungleichgewichtige Machtstrukturen zu schaffen, innerhalb derer sich besonders große und starke Unternehmen weiter vergrößern und verstärken, die weniger erfolgreichen ihre Größe behalten, schrumpfen oder ausscheiden. Zur Sicherung des Wettbewerbs ungleicher Konkurrenten und zum Schutz der Konsumenten schafft der Staat als Ordnungsinstanz durch seine Rahmengesetzgebung ein Regulativ.[129]

Wirksame Konkurrenz auf einem Markt bewirkt eine ständige Differenzierung angebotener Güter und Dienstleistungen zur Erhöhung der Nachfrage und damit des Absatzes der von den Unternehmen produzierten Waren. Die im Modell des vollkommenen Marktes definierte Homogenität aller Produkte liegt auf realen Märkten nicht vor. Die den Markt interessant und nachfrageorientiert ausrichtende Heterogenität bestimmter Güterarten ist daher eine unvermeidbare Unvollkommenheit des Marktes. Mit steigender Güteranzahl und Verschiedenartigkeit von Angeboten gehen die Marktübersicht und die Vergleichbarkeit von Produkten verloren. Konsumenten wird die Kaufentscheidung erschwert und die Bedeutung einzelner Präferenzen für Kaufentscheidungen wächst. Die Reaktion der Wirtschaftspolitik auf diese Entwicklung kommt in Normierungsabsichten zum Ausdruck. Der Verbraucher wird durch Normvorschriften geschützt, wobei diese Vereinheitlichung nicht zu einem wirtschaftlichen Sondervorteil einzelner führen soll.

Korruption ergibt sich aus Marktbeschränkungen bzw. Marktunvollkommenheiten, da sie einen (zusätzlichen illegalen) Markt schafft, der gänzlich verboten oder doch rechtlich stark beschränkt ist. Korruption kann also nur dort auftreten, wo etwa bestimmte Bedürfnisbefriedigungen verboten, Marktinformationen mangelhaft sind, Marktteilnahme nicht jedermann gestattet ist und kein Privateigentum an Produktionsmitteln besteht.[130]

---

129 Vgl. Köhler, H. W.: Plädoyer für eine Verfassungslehre der Wirtschaft, 1993, S. 18 ff.
130 Vgl. Streissler, E.: Zum Zusammenhang zwischen Korruption und Wirtschaftsverfassung, 1981, S. 302 f.

Anbieter von Gütern und Dienstleistungen streben in einem von starker Konkurrenz geprägten Markt nach Differenzierung und Herausbildung auf sie bezogener Präferenzen zur Absatz- und Gewinnsteigerung. Diese Intentionen können auf legalem, in einem enger werdenden Markt aber auch auf illegalem bzw. illegitimem Wege erreicht werden. Allgemein wird die Gesamtheit der Straftaten, die im Zusammenhang mit dem Wirtschaftsleben stehen, als Wirtschaftskriminalität bezeichnet.[131] Vielen Straftaten immanent ist, daß die Allgemeinheit den Schaden, der durch die von ihnen induzierten vielfältigen Kostensteigerungen entsteht, in Form steigender Steuern und Abgaben zu tragen hat. Diese Tatsache macht Wirtschaftskriminalität für die Anwender wiederum attraktiv, da augenscheinlich kein unmittelbarer Dritter geschädigt wird und so eine Externalisierung der entstandenen Kosten unbehelligt stattfindet.

Durch Marktunvollkommenheiten enstehen Wettbewerbsverzerrungen, die der ursprünglichen Idee der Marktfunktionen zuwiderlaufen. Die unternehmerische Gewinnerzielung wird bei steigendem Konkurrenzdruck erschwert. Viele Unternehmen versuchen daher, durch unlautere Mittel am Markt zu bestehen und den freien Marktzugang zu begrenzen. Tritt der Staat als monopolistischer Wirtschaftsteilnehmer am Markt auf, der etwa lukrative Bau- oder Lieferungsaufträge zu vergeben hat, verzerrt sich der Markt durch die Monopolstellung dieses Nachfragers. Sämtliche Anbieter der staatlich nachgefragten Aufträge konkurrieren um die Auftragserteilung. Da die Leistungen ex ante vorgeschrieben und von allen ausführbar sind, muß eine Differenzierung der Anbieter neben dem Preis auf anderer Ebene erfolgen. Die Korrumpierung bzw. Bestechung des zur Auftragsvergabe Ermächtigten als eine mögliche Wirtschaftsstraftat bei bestehender Intransparenz vermag den Ausschlag zu geben und persönliche Präferenzen für künftige öffentliche Aufträge mit der Folge der Monopolisierung der Angebotsseite und weiterer Wettbewerbsverzerrung zu schaffen, wobei die Größe des erhofften Vorteils die Höhe des Entdeckungsrisikos bei weitem übertrifft. Die zusätzlichen Aufwendungen der geleisteten *nützlichen Abgaben* gehen in die Kostenkalkulation ein, werden den Steuerzahlern angelastet und u.U. von dem Korrumpeur als Betriebsausgaben steuermindernd geltend gemacht. Die ohne Bestechungs- und Schmiergelder agierenden Unternehmen erlangen einen doppelten Wettbewerbsnachteil, da ihre Steuerlast durch die fehlenden absetzbaren, illegalen Gelder höher ist und sie durch den unlauteren Wettbewerbsvorteil der Konkurrenz bei der Auftragsvergabe chancenlos bleiben. Solange der Wertungswiderspruch von Korruption im Steuerrecht als einer wertfreien, ethisch neutralen Rechtsdisziplin und im Strafrecht, in dem Bestechung strafbar ist, bestehen bleibt -und dies

---

131 Vgl. Schönherr, R.: Vorteilsgewährung und Bestechung als Wirtschaftsstraftaten, 1985, S. 64 ff. S. a. See, H.: Wirtschaftsverbrechen - der innere Feind der freien Marktwirtschaft und Demokratie, 1992, S. 49; Müller, R. / Wabnitz, H.: Wirtschaftskriminalität, Eine Bedrohung für Staat und Gesellschaft, 1995, S. 28.

ist angesichts des Strebens nach Erhaltung der internationalen Konkurrenzfähigkeit bei synonymer steuerlicher Behandlung der Korruptionszahlungen der meisten industrialisierten ausländischen Staaten nicht von der Hand zu weisen- wird Korruption ein wesentlicher Bestandteil unternehmerischer Zusatzleistungen bei Auftragsakquisitionen des Staates bleiben. Der durch Korruption erzielbare Erfolg zieht Nachahmer an, die zur Wiederherstellung des Wettbewerbs ihrerseits strafrechtswidrig handeln. Dadurch können dauerhaft wirtschaftsethische Vorstellungen schwinden, die weitere Wettbewerbsverzerrungen induzieren, aber auch gesetzestreue Konkurrenten aus dem Markt verdrängen. "Eine Rechtsordnung, die sich gegen Wettbewerbsbeschränkungen durch Kartelle wendet, marktbeherrschende Unternehmen einer Mißbrauchsaufsicht unterwirft und dem Verbraucherschutz eine eingehende Normierung widmet, kann gegenüber der Zusammenballung von Wirtschaftsmacht bei der öffentlichen Hand und bei der diese umgebenden Grauzone nicht länger indifferent bleiben. Tut sie es dennoch, ist Korruptionsanfälligkeit der Preis der Untätigkeit."[132]

Wettbewerbsverzerrungen ergeben sich nicht nur bei staatlicher Einflußnahme am Markt. Angestellte starker, sich der Monopolisierung nähernder Privatunternehmen fordern durch ihre exponierte Marktstellung und -macht zur Erbringung zusätzlicher Leistungen zur Auftragserhaltung heraus. Während der Monopolist durch seine Marktmacht der Korruption nicht mehr bedarf, wird er für die, die mit ihm in Verhandlung treten, zum Zielobjekt wirtschaftskrimineller Handlungen. Diese streben gleichsam nach wirtschaftlicher Macht, die bei fehlender Konkurrenz am größten ist. Korruption ist unter diesem Gesichtspunkt als Instrument zur Erlangung von Marktmacht zu betrachten.

Nicht optimale Ressourcenallokationen, hervorgerufen durch staatliche Subventionen und Interventionen, hemmen Fortschritt und Anpassung an geänderte Bedingungen. Jahrzehntelange Subventionen für verschiedene, eigentlich nicht überlebensfähige Wirtschaftsbranchen, wie z.B. Kohle, Stahl, Schiffsbau und Landwirtschaft, verhindern die technische Erneuerung veralteter Strukturen und verzerren den Wettbewerb durch die Selektion und daraus folgende Bevorzugung der Subventionsempfänger zu Lasten konkurrierender Wirtschaftszweige und des Wirtschaftswachstums.[133] Wenngleich Subventionen zu den marktkonformen staatlichen Maßnahmen zählen, da sie den Zweck der Investitionsanreize, der damit zusammenhängenden Arbeitsplatz-

---

132 Mayer-Maly, T.: Grundsätzliche Überlegungen zur Wirksamkeit des Rechts bei der Bekämpfung von Korruption, 1981, S. 502.
133 Vgl. Lachmann, W.: Beschränkung der Staatstätigkeit in der Marktwirtschaft, Versuch einer Bewertung aus ethischer Sicht, 1994, S. 70 f; Hamel, H.: Soziale Marktwirtschaft: Anspruch und Realität eines ordnungspolitischen Konzepts, 1994, S. 123; o. V.: Sind Subventionen zu Unrecht geflossen?, in: Handelsblatt vom 11. Juli 1995. Das Problem der Subvention von Branchen zur Sicherung internationaler Wettbewerbsfähigkeit bleibt an dieser Stelle unberücksichtigt.

sicherung und fortgesetzter Steuereinnahmen der Branche verfolgen, stören sie die unumgängliche Marktbereinigung und das theoretische Marktgleichgewicht. Da Subventionen einzelnen Unternehmen Wettbewerbsvorteile durch unmittelbare Eingriffe in Konkurrenzbeziehungen schaffen, streben Unternehmen nach ihrer Zuteilung, ein Unterfangen, das in der Gefälligkeitsdemokratie erreichbar scheint, aber auch zu Mißbräuchen und Korruption verleitet. Das gilt für Subventionsmißbräuche seitens der subventionsvergebenden Verwaltungs-organe gleichermaßen wie für Mißbräuche bei der Verwendung von Subventionsmitteln durch die Subventionsempfänger. Die Möglichkeit, aufgrund der Erfüllung rein abstrakter, leicht vortäuschbarer Kriterien bei weiten Ermessens- bzw. Dispositionsspielräumen der vergebenden Stellen ungerechtfertigt zu finanziellen Mitteln zu kommen, erhöht die Korruptionsbereitschaft aller Beteiligten und die dadurch bewirkten Präferenzen einzelner Antragsteller.[134] Durch die politisch initiierten Subventionszuweisungen eröffnet sich für einen potentiellen Subventionsempfänger eine weitere korruptive Einflußmöglichkeit, wenn die Politik in die Verwaltung eingreift. Der Vertrauensschwund derer, die auf ehrlichem Wege nach staatlicher Unterstützung ersuchen, vergrößert auf Dauer den Anwenderkreis von Korruption, erhöht die öffentlichen Ausgaben und die Steuerforderungen, führt zum Vertrauensverlust der Politik und zum Mißmut in der Gesellschaft.

Inzwischen mehren sich die Initiativen zur Einschränkung staatlicher Eingriffe in die Wirtschaft, weil u.a. die Subventionspolitik wirtschaftlich erfolgreichen Unternehmen zunehmend gefährlich wird. Interessenverbände fordern ein *Subventionsbegrenzungsgesetz* zur Kürzung staatlicher Hilfen, wobei ein generelles Subventionsverbot angestrebt wird, von dem im Einzelfall befristet und mit degressiv angelegten Hilfen abgewichen werden könnte. Die Bildung eines unabhängigen Subventionskontrollrates und die Möglichkeit betroffener Dritter, Konkurrentenschutzklagen zu erheben, könnte unrechtmäßige Subventionszuteilungen verhindern und weiteren Wettbewerbsverzerrungen gegensteuern.[135]

2.4. Abhängigkeiten zwischen politischen Systemen und der Funktionsfähigkeit von Marktwirtschaften

Die Untrennbarkeit von Politik und Ökonomie bedingt ein gegenseitiges Abhängigkeitsverhältnis von Wirtschafts- und Gesellschaftsordnung. Die auf freiem Wettbewerb und individuellen Entscheidungsfreiheiten aufbauenden Marktwirtschaften be-

---

134 Vgl. Wenger, K.: Subventionsmißbrauch, Subventionskriminalität und Subventionskontrolle, 1981, S. 439 ff.
135 Vgl. Göbel, H.: Der Maschinenbau wehrt sich gegen Staatseingriffe in die Wirtschaft, in: Frankfurter Allgemeine Zeitung vom 14. Juni 1995.

nötigen konvergente Ordnungs- und Ablaufpolitiken, die die wirtschaftlichen Rahmenbedingungen für Konkurrenzsituationen garantieren. Sichert der Staat durch seine demokratische Grundordnung das freie wirtschaftliche Handeln und die dafür nötige Chancengleichheit, kann sich eine funktionsfähige Wirtschaftsstruktur herausbilden, die die Bedürfnisse der Allgemeinheit befriedigt, einen ökonomischen Ausgleich in der Gesellschaft herbeiführt und dadurch zu einem wirtschaftlichen Gleichgewicht beiträgt, das Voraussetzung für die politische Stabilität eines Landes ist.

Eine funktionierende freiheitliche Wirtschaftsordnung basiert auf demokratischen Staatsformen. Gleichfalls benötigt die im Sinne des Allgemeinwohls beschränkte wirtschaftliche Freiheit ihr Pendant in der Politik. Viele auf dem Prinzip der Volkssouveränität basierende demokratische Spielarten haben sich herausgebildet, die sich auch unterschiedlich auf die jeweilige Wirtschaft auswirken.

Zur Sicherung der ökonomischen Rahmenbedingungen greift der Staat indirekt ins Wirtschaftsleben ein. Er sorgt für die Bereitstellung kollektiv nachgefragter und privatwirtschaftlich unrentabler Güter, beteiligt sich auf diese Weise aber immer mehr am Wettbewerb. Stetig breitet sich der staatliche Einfluß in bestimmten Sektoren von Volkswirtschaften marktwirksam aus, verzerrt dort den Wettbewerb, gefährdet privatwirtschaftliche Existenzen und erhöht die Staatsausgaben, was zu wirtschaftlichen Ungleichgewichten und politischen Instabilitäten führt.

Korruption etabliert sich als ein Wettbewerbsinstrument auf einem von staatlichem Einfluß durchdrungenen Markt. Die ungleichgewichtige und illegale bzw. illegitime Einflußnahme wirtschaftlich starker Gruppen auf politische Entscheidungen beeinflußt den Gleichheitsgrundsatz und läßt die Allgemeinheit an einer am Interesse der Gemeinschaft ausgerichteten Politik zweifeln. Die vom Staat postulierten Werte und Normen verlieren an Bedeutung und Akzeptanz, egoistische, in Kleingruppen organisierte Interessenverfolgungen auf Kosten des Kollektivs treten in den Vordergrund und ein dauerhafter Vertrauensverlust in die Politik stellt das System und dessen Funktionsfähigkeit in Frage. Die durch Korruption ausgelösten politischen Instabilitäten hebeln die wirtschaftlich notwendige Sicherung der staatlich vorgegebenen Rahmenbedingungen aus und beeinflussen auf diese Weise das wirtschaftliche Gleichgewicht und damit die betroffenen Volkswirtschaften.

2.4.1. Demokratien in ihren verschiedenen Spielarten und deren Auswirkungen auf die Wirtschaft

Die Staatsform der Demokratie stützt sich grundsätzlich auf die Volkssouveränität und die damit einhergehende formale Gleichheit aller in einem Staate lebenden Menschen. Wie das Volk seinen politischen Willen äußert oder von dem politischen System in seiner Interessenwahrung vertreten wird, kennzeichnet die verschiedenen Spielarten demokratischer Gesellschaftsordnungen. Die Begriffsspanne reicht von der liberal-rechtsstaatlichen Demokratie westlicher Prägung über Einparteienstaaten zu Volksdemokratien als Regierungsformen, die sich zwar als Demokratie bezeichnen, in Wirklichkeit aber kaum eines der herkömmlich mit diesem Begriff verbundenen Merkmale verkörpern.[136]

Demokratien, die die Bezeichnung tatsächlich verdienen, zeichnen sich durch freie Wahlen aus, die jedem Bürger, zumindest vordergründig, ein politisches Mitspracherecht einräumen. Wer wann wie gewählt wird, hängt von landesspezifischen Unterschieden ab und hat beschränkte Auswirkungen auf die Wirtschaft. Von größerer Bedeutung für das Wirtschaftsleben ist die Abstimmung von Politik und Wirtschaft. Jede freie Marktwirtschaft führt bei anfänglich konsequenter Durchführung zu ihrem Gegenteil, dem Monopol, da sich unter den Voraussetzungen schrankenloser Freiheit der Stärkste durchsetzt und die Freiheit damit beseitigt. Das ist das Freiheitsparadox. Zur Schaffung und ständigen Sicherung individueller Freiheit bedarf es daher einer starken Demokratie, da die Bedingungen eines freiheitlichen Marktes nur durch demokratische Kontrolle zufriedenstellend aufrechterhalten werden können.[137]

Demokratie als Garant politischer und wirtschaftlicher Freiheit kann aber nicht einfach von außen an einen Staat herangetragen werden. Das Beispiel Rußland zeigt, daß die Gesellschaft den Umgang mit dem neuen Instrument für seine wirkungsvolle Anwendung erst lernen muß: Eine schrittweise Einführung demokratischer Grundsätze in alle gesellschaftlichen Subsysteme und ihre Einbettung in die jeweilige soziokulturelle Umwelt bildet die Basis für den Erfolg. Vor allem benötigt Demokratie eine rechtsstaatliche Ordnung auf der Grundlage eines kulturell existierenden Grundrechtsverständnisses, die die Grundrechte als Basis einer Demokratie in Politik und Wirtschaft sichert.

Verschiedene Spielformen kulturell gefestigter Demokratien beeinflussen in unterschiedlicher Weise die mit ihr verwobenen Wirtschaften. Politiker, die in föderalistisch

---

136 Vgl. Demokratie, in: Brockhaus Lexikon, 1986.
137 Vgl. Fikentscher, W.: Demokratie, 1993, S. 20 ff; Klitgaard, R.: Fighting Corruption after Democratic Reform: or, what if we are all rent-seekers?, 1992, S. 1 ff.

ausgeprägten Strukturen agieren, tendieren zu einer Regionalisierung ihrer Politik. Der demokratische Grundsatz, nach dem sich in einer repräsentativen Demokratie die Volksvertreter dem ganzen Volk verpflichten, geht dadurch verloren, die Abgeordneten fühlen sich nur noch ihrem Wahlbezirk gegenüber verantwortlich. Diese aus den USA bekannte, starke Dezentralisierung öffnet regionalen wirtschaftsprotektionistischen Maßnahmen die Türen: Persönliche Indoktrinationen verleiten Politiker dazu, regionalen Interessen auf Kosten des Allgemeinwohles den Vorzug zu geben. Verfahren alle Staaten gleichermaßen, führt die Vielzahl der Partikularinteressen auf Bundesebene zu konkurrierendem Lobbyismus, binnenwirtschaftlichen Markt- und Wettbewerbsbeschränkungen und zur Politikverdrossenheit der machtlosen Gesellschaft, die u.U. in der Infragestellung der Demokratie endet. Der Föderalismus stellt aktive Wirtschaftsunternehmen vor große Organisationsprobleme, da die Teilnahme an länderübergreifenden Märkten mitunter Absatz- bzw. Koordinationsschwierigkeiten nach sich zieht. Zu ihrem eigenen Schutz finden sich die Betroffenen in Interessenverbänden zusammen und versuchen auf diese Weise, potentielle Imponderabilien durch (un)lautere Einflußnahme auf die Politik zu nivellieren. Partikulare Interessen vertretende Verbände entsprechen eigentlich demokratischem Gedankengut, drückt sich ihre Stärke doch durch die Anzahl ihrer Mitglieder aus und repräsentiert bei großem politischem Mitwirkungsgrad bestehende Mehrheiten. Dem widerspricht die Tatsache, daß sich ganz allgemeine Interessen und Zukunftsinteressen wie z.B. Umweltschutz oder Subventionsabbau kaum organisieren lassen und daher ungeschützt sind.[138] Darüber hinaus besitzen organisationsstarke Interessenverbände meist bessere persönliche Kontakte zur Politik, die auch mit illegalen Methoden gepflegt werden können.

Der Zentralismus als weitere Ausprägungsform demokratischer Prinzipien ermöglicht eine staatsgebietsumfassende Politik und damit einhergehende Vereinheitlichung ökonomischer Ordnungskriterien. Gelten wirtschaftliche Rahmenbedingungen und Wirtschaftsgesetze landeseinheitlich, erleichtert sich aus Unternehmenssicht ihre Plazierung im Markt. Der in Frankreich oder Italien existierende Zentralismus von Politik und Verwaltung benachteiligt u.U. jedoch verschiedene Wirtschaftsregionen, da die von der Peripherie entfernte Zentrale die vielen verschiedenen Gegebenheiten und Erfordernisse vor Ort nicht kennt und ihnen auf Landesebene somit keine adäquate Berücksichtigung zukommt. Die Starrheit und Inflexibilität zentralistischer Organisationen verleitet Unternehmen oder Wirtschaftsverbände mangels anderweitiger Einflußmöglichkeiten dazu, durch Korruption der Politik oder Verwaltung die Strukturen zu flexibilisieren, in ihrem Sinne zu modellieren und innenpolitische Spannungen zu ihren Gunsten auszunutzen.

---

138 Vgl. von Arnim, H. H.: Hat unsere Demokratie Zukunft?, 1993, S. 15.

Die vorherrschende repräsentative Demokratie, in der der Volkswille im vom Volk gewählten Parlament zum Ausdruck kommt, und regelmäßig wiederkehrende Wahlen mögliche politische Veränderungen und Wechsel von Überzeugungen der Wähler aufzeigen, wobei sie gleichzeitig eine Kontrollfunktion ausüben, äußert sich in der *präsidialen* und der *parlamentarischen* Demokratie. In der Präsidialdemokratie, wie etwa in den Vereinigten Staaten, wählt das Volk das oder die Legislativorgane und den Präsidenten, der die Regierungsgewalt unabhängig vom Parlament ausübt. In der parlamentarischen Demokratie wird der Volksvertretung die Legislative und die Exekutive zugesprochen, wobei in einer weiteren Differenzierung das Staatsoberhaupt die Regierung ernennt, die des parlamentarischen Vertrauens bedarf (Großbritannien), oder aber vom Parlament gewählt wird (Deutschland).

Ausprägungen demokratischer Staatsformen

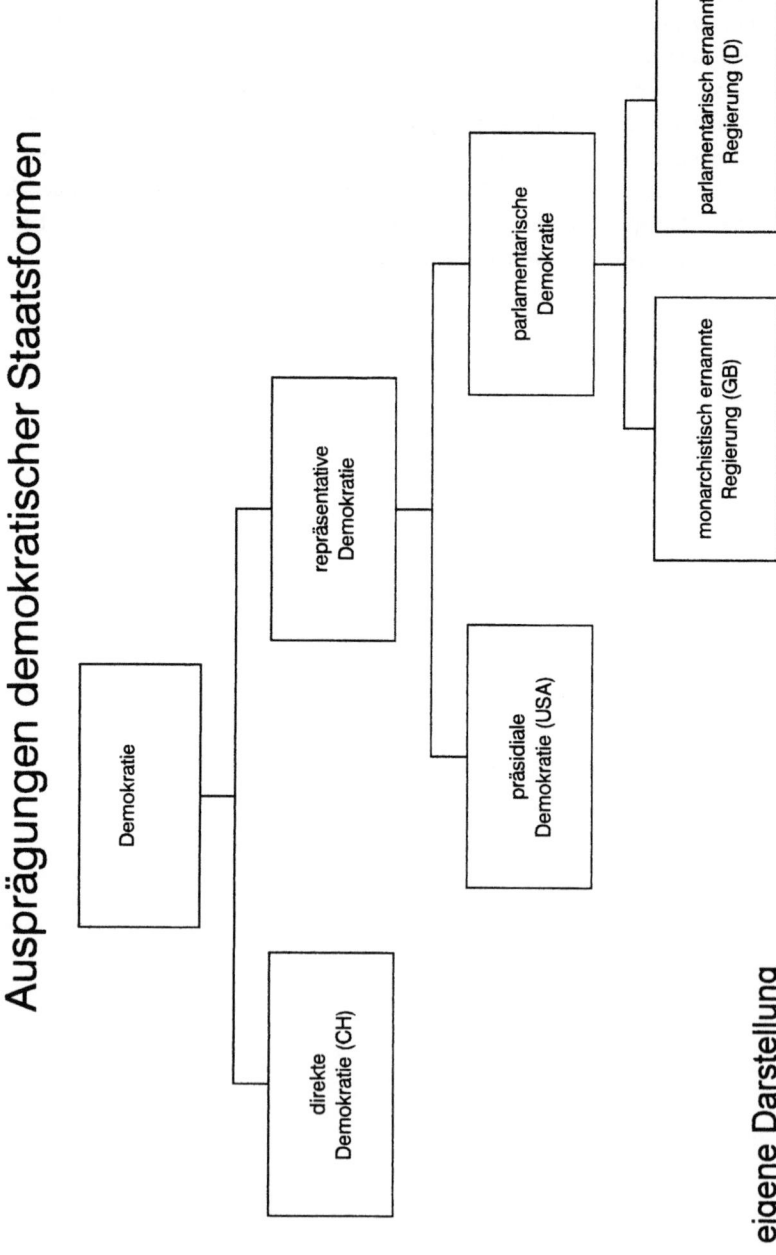

eigene Darstellung

Unterschiede bestehen im Grad der Gewaltenteilung: In der Präsidialdemokratie sind die drei Staatsgewalten strikt getrennt, so daß die Regierung vom Parlament weitgehend unabhängig ist. In der parlamentarischen Demokratie fallen Legislative und Exekutive durch die Abhängigkeit der Regierung von der Parlamentsmehrheit zusammen; diese Anbindung des Regierungschefs an die Mehrheit verleiht ihm mehr Macht und größere Legitimität als seinem Pendant in der Präsidialdemokratie.[139] Starken Interessenverbänden, die oft durch politisch tätige Verbandsmitglieder im Parlament vertreten sind, bieten sich durch die Verschmelzung von Legislative und Exekutive weitreichende, auch korruptive Einflußmöglichkeiten.[140] Die Repräsentanten des Volkes verfolgen ihrerseits aus Machterhaltungsgründen individuelle Ziele. Das Streben nach Bestätigung im Amt durch erfolgreiche Wahlen läßt die Abgeordneten allgemeine Interessen zugunsten der Befriedigung der Ansprüche organisierter Interessengruppen vernachlässigen und degradiert sie zum Spielball von Partikularinteressen.[141] In der Folge finden bei kontinuierlicher Ausweitung des Staates auf den Wirtschaftssektor immer weniger allgemein anerkannte, kulturell gewachsene Prinzipien bei der Gesetzgebung Beachtung, was sich in der Nichtbeachtung vorhandener Normen äußert und langfristig Demokratie und Marktwirtschaft gefährdet. "Immer mehr Autoren kommen zu ähnlichen Analysen und stellen damit -direkt oder indirekt- die Überforderung eines Gesellschaftsmodells fest, dessen Regelungsmechanismus für die Komplexität aktueller gesellschaftlicher Probleme nicht mehr ausreicht. Unter Mithilfe der Medien nützen heute die verschiedenen Machtgruppen die Schwachstellen des westlich-demokratischen Gesellschaftssystems aus, um unter dem Vorwand einer liberalen Demokratie totalitäre Herrschaft ausüben zu können - Demokratie entartet zur Anarchie mit festgelegten Spielregeln."[142]

2.4.2. Anteil der 'Behördenwirtschaft' im Ganzen und in bestimmten Sektoren von Volkswirtschaften

Ein dezentral organisierter Staat bedient sich zur Erreichung des Ziels allgemeiner Wohlfahrtssteigerung wirtschaftspolitischer Instrumente zur Beeinflussung der Marktprozesse. Er greift im Gegensatz zum zentralen Wirtschaftssystem nicht direkt in die Produktionsplanung und -realisation ein, er steuert durch die Beeinflussung der Ein- und Ausgabenseiten in den Betrieben und Haushalten indirekt die Gütermengen, die

139 Vgl. Fikentscher, W.: Demokratie, 1993, S. 17.
140 Vgl. Böhret, C. / Jann, W.: Verwaltungsskandale, 1982, S. 88.
141 Vgl. statt vieler Leschke, M.: Ökonomische Verfassungstheorie und Demokratie, 1993, S. 62; Weede, E.: Ungleichheit durch Umverteilung, 1994, S. 58; Guggenberger, B.: Plebiszitäre Elemente in der repräsentativen Demokratie, 1993, S. 156 f.
142 Wehrschütz, C.: Die neuen Feinde der offenen Gesellschaft, 1992, S. 139.

produziert und konsumiert werden.[143] Im Rahmen des wirtschaftspolitischen Zielbündels marktkonformer Maßnahmen verfolgt der Staat u.a. Strukturziele, die als Infra-, Regional- und Branchenstrukturleistungen präzisiert werden. Zu den Infrastrukturzielen gehören u.a. die Bereiche Verkehr, Kommunikation, Energie- und Wasserversorgung, Bildung, Krankenwesen, Umweltschutz, Versorgung und Entsorgung, Kultur und Freizeit. Regionalstrukturziele sollen das Gefälle zwischen konzentrierten Industrieansiedlungen und industriell weniger entwickelten Gebieten durch Kredit-, Steuer- und Abschreibungsvergünstigungen abbauen. Branchenstrukturziele dienen der Anpassung von Branchen oder Industriebereichen an die internationale Konkurrenz oder der Erhaltung von Wirtschaftszweigen durch Subventionen.[144]

Zur Erfüllung der angestrebten allgemeinwohlfördernden Ziele benötigt der Staat eine umfassende Verwaltung. Die einer ausgedehnten Bürokratie entstehenden Kosten liegen bspw. in Deutschland bei mehr als 58 Milliarden DM jährlich, von denen nach Angaben des Bonner Instituts für Mittelstandsforschung allein der Mittelstand 56 Milliarden DM hauptsächlich durch die durch undurchschaubare Gesetze erheblich erschwerte Verwaltung seiner Steuerpflichten, Zollverfahren und der Bürokratie in den Personalabteilungen zu tragen hat.[145] Neben den Kosten belastet auch die bürokratische Schwerfälligkeit unternehmerische Einsätze. Es verwundert nicht, wenn Unternehmen mühsame und zeitraubende Anträge für geplante Investitionen bei Gemeinden, Kreisverwaltungen, Bezirksregierungen und dem Gewerbeaufsichtsamt durch Korruption erleichtern und beschleunigen. Bei einer massiven Erhöhung der Beschäftigtenzahl im öffentlichen Dienst läßt sich schon aus der quantitativen Ausdehnung der Verwaltung die Vermutung vermehrter Korruption ableiten, weil das regelnde Eingreifen des Staates in immer weitere Bereiche zu vielfältigen neuen Kontakten und dabei zwangsläufig auch zu Konflikten zwischen privaten und öffentlichen Interessen führt, die durch Korruption zu lösen sind.[146]

Privatunternehmen unterliegen im Wettbewerb ceteris paribus zwangsläufig öffentlichen Betrieben, da diese selbst keine Steuern zahlen, ihr unternehmerisches Risiko aber auf die Steuerzahler abwälzen und auf diese Weise Markteintrittsbarrieren um sich herum aufrichten. Die Privatwirtschaft, die der zunehmenden Marktmacht staatlicher Betriebe gegenübersteht, versucht auf jede erdenkliche Weise, sich mit der Übermacht des Staates zu arrangieren. Die Bestechung von Steuerbehörden, die

143 Vgl. Leipold, H.: Wirtschafts- und Gesellschaftssysteme im Vergleich, 1988, S. 124.
144 Vgl. Leipold, H.: Wirtschafts- und Gesellschaftssysteme im Vergleich, 1988, S. 125; Eichhorn, P.:
    Herausforderungen für Führungskräfte in öffentlichen Unternehmen, 1994, S. 229 ff.
145 Vgl. Graf Hohenthal, C.: Milliarden-Kosten durch Bürokratie, Frankfurter Allgemeine Zeitung vom
    27. Juni 1995.
146 Vgl. Wewer, G.: Prolegomena zu einer Untersuchung der Korruption in der Verwaltung, 1992,
    S. 304 ff.

unlautere Beschaffung von staatlichen Provisionen und Zuschüssen sowie die Umgehung behördlicher Auflagen sind dafür Beispiele. Zur Intensivierung des Wettbewerbs und zur Entlastung der öffentlichen Haushalte muß die Privatisierung staatlicher Betriebe mit Vorrang betrieben werden. Wettbewerb soll jedoch maßvoll, nicht um seiner selbst willen, hergestellt werden, zumal wenn die Privatisierung öffentlicher Unternehmen zur Sanierung der Staatsfinanzen neue Regulierung fordert und dann nicht zu einem freieren Wettbewerb führt. Durch Ausgliedern bestimmter Aufgaben ergeben sich Chancen zur Effizienzsteigerung, aber auch zum Abbau von Staatsabhängigkeiten und zur Stärkung der privaten Leistungskraft, was letztlich dem Wettbewerb zugute kommt.[147]

Häufig ergibt sich eine Konstellation, in der die öffentliche Hand der größte Auftraggeber ist oder Güter in großen Mengen nachfragt. Für viele Großunternehmen ist eine Berücksichtigung bei der Vergabe von staatlichen Großaufträgen, vor allem im Baubereich, überlebenswichtig.[148] Da nach geltenden Vergabeordnungen bei gleicher Leistung grundsätzlich der Anbieter mit dem günstigsten Angebot bevorzugt den Zuschlag erhalten muß, ist es angestrebtes Ziel jedes Anbieters, vorliegende Konkurrenzangebote zu kennen und diese zu unterbieten. Die Bestechung des zuständigen, mit großen Machtbefugnissen ausgestatteten Beamten kann den Einblick in die Akten ermöglichen und ihn dem eigenen Unternehmen gewogen machen, wodurch der Wettbewerb ausgeschaltet wird und im Extremfall monopsonistische Marktstrukturen entstehen.

Nach erfolgreicher Zuteilung und ein Ausführen des Bauauftrages ergibt sich durch Bestechen der zuständigen Stelle die Möglichkeit, durch Berechnen nicht erbrachter Leistungen oder nicht verwendeter Baustoffe Gewinne zu machen. Besonders im Tiefbau ist eine Verdunkelung relativ einfach: Wird beim Straßenbau qualitativ minderwertigerer Schotter verwendet, ergeben sich nicht unerhebliche Zusatzgewinne. Nimmt der zur Kontrolle beauftragte, bestochene Beamte die nicht dem Auftrag entsprechenden Bauabschnitte ab, deckt die Asphaltdecke das illegale Vorgehen zu und erschwert nachträgliche Kontrollen.[149]

---

147 Vgl. Brünner, C.: Zur Analyse individueller und sozialer Bedingungen von Korruption, 1981, S. 702.
148 Allein im deutschen Bauhauptgewerbe entfallen 35% auf den Bereich des öffentlichen Baus. Der Anteil der öffentlichen Nachfrage am gesamten Straßenbau liegt derzeit sogar bei 95%, im Tiefbau bei 75%; vgl. Junghanns, K.: Öffentliche Auftragsvergabe ist kaum mehr kalkulierbar, in: Handelsblatt vom 16. Juni 1995. Es ist daher nicht verwunderlich, daß das Baugewerbe mit 39,5% am häufigsten in Bestechungshandlungen verwickelt ist, gefolgt vom Handel mit 25%. Vgl. Liebl, K.: Das Ausmaß der Korruption in der öffentlichen Verwaltung. Ergebnisse einer empirischen Erhebung, 1992, S. 286. S. a. o. V.: Am Bau läuft vieles wie geschmiert, in: Handelsblatt vom 12. Juli 1995.
149 Vgl. Liebl, K.: Das Ausmaß der Korruption in der öffentlichen Verwaltung. Ergebnisse einer empirischen Erhebung, 1992, S. 288 f.

Die Systematik bei der Erlangung von Lieferaufträgen des Staates funktioniert nach dem gleichen Schema. Die Herstellung eines engen Kontaktes zu den Kaufbeauftragten der öffentlichen Hand läßt begründeterweise eine bevorzugte Behandlung des eigenen Angebots erwarten, nach dessen Zuschlag durch das geschaffene Vertrauensverhältnis weitere Illegalitäten zum Vorteil beider beteiligten Parteien und auf Kosten des Gemeinwesens möglich werden. Bestechungsgelder sind besonders rentabel, wenn der Staat ein Quasi-Nachfragemonopol hat, wie etwa bei Uniformen oder bei Rüstungsaufträgen.

Die Ausbreitung der Korruption geht offensichtlich mit der Vergrößerung des Staatssektors einher. Mit steigender Einflußnahme staatlicher Behörden auf die Privatwirtschaft treffen unterschiedliche Interessen aufeinander, deren zufriedenstellender Ausgleich durch Korruption erreicht werden kann. Die Probleme der Verwaltbarkeit und Kontrollierbarkeit, die mit der Größe der Bürokratie oder eines Wirtschaftskonzerns zunehmen, vermehren durch die wachsenden Verschleierungsmöglichkeiten illegaler Handlungen korruptive Tätigkeiten. Zur Bewahrung der Grundsätze freien Wirtschaftens müssen Wettbewerb und Transparenz (wieder)hergestellt werden. Im administrativen Bereich können effektive Innenrevisionen, Ämterrotationen (ohne Verlust von Erfahrungs- und Spezialwissen), kollektive Geschäftsführungen und Unterbinden von Personalunionen zwischen Entscheidern und Prüfern den Wettbewerb wieder fördern. Eine damit verbundene öffentliche Berichterstattung und der Ausschluß der Bestechung überführter Unternehmen von künftigen Bauaufträgen der öffentlichen Hand, wie es Hessen inzwischen praktiziert, erhöht zusätzlich die Transparenz der Ausschreibungsverfahren und verringert die Anzahl der Bestechungsversuche. Denkbar wäre auch eine Verwaltung in Form von überschaubaren *cost centers*, die bei eigenverantwortlicher Kosten- und Budgetverantwortung Korruption auf systemimmanente Weise durch Auswahl der tatsächlich geeignetesten Geschäftspartner auf ein erträgliches Maß reduzieren. Korruptionseindämmend wirken sicherlich das grundsätzliche Verbot der Zuwendungen an Amtsträger und der Verzicht auf den für eine Korruptionsahndung erforderlichen Nachweis eines Zusammenhangs von Zahlung und Gegenleistung (die sogenannte Unrechtsvereinbarung). Auch eine Revision des Steuerrechts, nach der Korruptionszahlungen nicht mehr steuermindernd geltend gemacht werden könnten, vermindert Korruptionsanreize. Voraussetzung für die Wirksamkeit der Überlegungen ist allerdings eine enge Kooperation von Ermittlungsbehörden und Verwaltungen im In- und Ausland, da sich durch die europaweite Ausschreibung öffentlicher Aufträge Korruption auch länderübergreifend ausbreitet.

2.4.3. Anfälligkeiten von politischen Systemen gegen Korruption und deren Auswirkungen auf die Volkswirtschaften

John Adams, der zweite Präsident der Vereinigten Staaten, schreibt: Eine Demokratie währt niemals lange. Sie zehrt sich auf, erschöpft sich und mordet sich selbst. Bisher gab es noch keine Demokratie, die keinen Selbstmord beging. Der Name, den er diesem Selbstmord gibt, ist Korruption.[150]

Aus der Interdependenz von Demokratie und Marktwirtschaft ergibt sich eine weitgehend freie, in der ganzen Gesellschaft agierende politische Ordnung, bei der individuelle Entscheidungen auch das wirtschaftliche Leben bestimmen. Da in modernen Großgesellschaften keine direkten Bezüge mehr zwischen Regierenden und Regierten hergestellt werden können, füllen vermittelnde Instanzen das gegebene Vakuum. Ihre Aufgabe ist die Artikulation bestehender Bedürfnisse und Stimmungen der Gesellschaft an die Regierung und die Vermittlung getroffener Regierungsentscheidungen an das Volk. Parteien, Interessenverbände und Massenmedien einerseits, sowie vielfältige Verwaltungen andererseits nehmen in demokratischen Systemen u.a. diese wichtigen Vermittlungsfunktionen wahr.[151]

Mit der Relevanz wichtiger Aufgaben von Vermittlungsinstanzen wächst auch deren Anfälligkeit gegen partikulare Beeinflussungsmöglichkeiten. Längst haben Lobbyisten erkannt, daß korruptive Zuwendungen an die Parteistützen bei legislativen und auch exekutiven Entscheidungen, verglichen mit den daraus zu erlangenden Vorteilen, höchst rentabel sind.[152] Kontinuierliche Parteispenden einzelner potenter Interessenverbände schaffen Abhängigkeitsverhältnisse und sichern politische Mandanten für singuläre Interessen. Der vom Parlament wiedereingeführte § 108e StGB zur Abgeordnetenbestechung, der den Stimmenkauf im Parlament unter Strafe stellt, soll korrupte Handlungen in der Politik öffentlichkeitswirksam anprangern. Durch Ausklammern wichtiger politischer Betätigungsfelder der Abgeordneten in Fraktionen und Ausschüssen kann Korruption zur Verhinderung unliebsamer Gesetze im Vorfeld parlamentarischer Abstimmungen immer noch legal angewandt werden. Die mitunter erpresserische Spendenforderung der Parteien, die den Unternehmen bei Spendenunwilligkeit mit wirtschaftlichen Sanktionen drohen[153], beleuchten die Verabschiedung eines derart insuffizienten Gesetzes.

---

150 Zit. nach: Noack, P.: Die politische Dimension der Korruption, 1995, S. 6.
151 Vgl. Raith, W.: Der Korruptionsschock, 1994, S. 43.
152 Vgl. Roth, J.: Der Sumpf, Korruption in Deutschland, 1995, S. 16.
153 Vgl. Raith, W.: Thesen zum Vortrag Korruption: Der Weg in die politische und gesellschaftliche Krise, Das Beispiel Italien, 1995, S. 2 f.

Für Privatunternehmer ergibt sich durch nicht demokratischen Grundsätzen entsprechende Machtverschiebungen die Notwendigkeit, sich in starken Interessenverbänden zu organisieren, direkt einer Partei beizutreten oder Mitglieder des Parlaments in ihre Vorstände zu berufen, da ihnen unbeschränktes wirtschaftliches Handeln nur bei entsprechender politischer Rückendeckung erfolgreich gelingt. Andererseits werden sie versuchen, sich durch die anfänglich womöglich unfreiwillige Koalition wirtschaftliche Vorteile gegenüber der Konkurrenz zu verschaffen. Schließlich entscheidet das Parlament bzw. die Regierung nicht mehr nach gesamtgesellschaftlichen Gesichtspunkten, sondern orientiert sich an den wirtschaftlichen Interessen weniger. Vertritt der Staat nicht mehr ohne Ansehen der Person die Interessen der Allgemeinheit, geht die gerechte, unparteiische und unabhängige politische Ordnung verloren. Aufgedeckte politische Korruptionsfälle der Regierung und insbesondere der Justiz oder der Polizei als staatlichen Kontrollinstanzen und Garanten des Rechtssystems stellen das gesamte Handlungsgefüge des in der Theorie unparteiischen Staates in Frage. Sie bewirken eine aus empfundener Ungerechtigkeit zur Instabilität eines Staatengefüges beitragende Mißachtung gesellschaftlicher Werte und Gesetze, die sich im Wirtschaftsleben als Wirtschaftskriminalität äußert.

Vernetzen sich Politik und Wirtschaft auf unlautere Weise, breitet sich die Korruption aus. Korruption als Machtmittel integriert sich dauerhaft in bestehende demokratische Strukturen. Die ursprünglich intendierte Gewaltenteilung, von Korruption durchdrungen, löst sich auf und wird durch eine Symbiose unentwirrbarer Machtbefugnisse von Vermittlungsinstanzen ersetzt, was schließlich in Personalunionen zwischen Wirtschaft und Politik endet. Das demokratische System zerstört sich selbst von innen.

Ein für seine korrupte Führungsriege bekannter Staat verschreckt auch ausländische Investoren. Politische Korruptionsfälle in einem Land dokumentieren voranschreitende Machtverschiebungen zugunsten wirtschaftlicher Eliten, die sich durch Korruption politische Mitspracherechte erkaufen. Potente ausländische Wirtschaftsunternehmen sehen sich bei möglichen Engagements unkalkulierbaren Risiken ausgesetzt. Vor allem einige der bis dahin als korruptionsfrei angenommenen Industriestaaten lassen die Übernahme unternehmerischer Risiken durch mittelständische Betriebe bei vergleichsweise hohen Lohn- und Lohnzusatzkosten wenig lukrativ erscheinen. In einem enger werdenden, sich international ausrichtenden Markt sind Unternehmenszuwanderungen als Arbeitgeber, Steuerzahler und Konsuminitiatoren dem Bruttosozialprodukt eines Landes zuträglich und daher in aller Regel wirtschaftspolitisch begehrt.

Politische Systeme bedingen wirtschaftliche Ordnungen (et v.v.) und tragen durch ihr stabilitätssicherndes Wirken zur Funktionsfähigkeit der Nationalökonomie bei. Demokratie basiert auf der individuellen Freiheit aller am System Beteiligten, die sich kollektiv für die Aufrechterhaltung der Ordnung einsetzen. Grundvoraussetzung ist das Vorhandensein allgemein anerkannter moralischer und gesellschaftlicher Standards. Existiert persönliches Vertrauen in die Staatsgewalt, garantiert der Staat Gleichberechtigung, Gleichbehandlung, Kontinuität und Innovationsspielräume, werden die Wirtschaftssubjekte unternehmerische Risiken zum Nutzen der Allgemeinheit auf sich nehmen und zur Funktionsfähigkeit der Marktwirtschaften beitragen. Greifen einzelne Gruppen durch Korruption in das politisch-ökonomische Gleichgewicht ein, wird dieses irritiert und schließlich zerstört. Die untrennbare Einheit von Staat und Wirtschaft fordert von allen Beteiligten, kurzfristige, durch korruptive Handlungen erreichbar scheinende wirtschaftliche Vorteile zugunsten langfristiger Systemerhaltungen und damit zur Sicherung der eigenen Existenz in den Hintergrund treten zu lassen.

3. Korruption in planwirtschaftlich orientierten Wirtschafts- systemen

3.1. Korruptionsbedeutsame Aspekte planwirtschaftlich orientierter Wirtschaftssysteme

Planwirtschaftlich orientierte Wirtschaftssysteme zeichnen sich durch verschiedene Charakteristika aus, die für die Behandlung der Korruption in solchen Ordnungen typisch sind. Obwohl die Sowjetunion als wichtigste Repräsentantin der Zentralver- waltungswirtschaft und die DDR in ihren alten Strukturen nicht mehr existieren, ist es dennoch sinnvoll, diese Volkswirtschaften im Rahmen einer komparatorischen Ana- lyse der Korruption in verschiedenen Wirtschaftssystemen für die Beschreibung der Wirkungsweisen heranzuziehen, zumal von ca. 160 existenten Nationalökonomien etwa 140 planwirtschaftlich geprägt sind. Es ist noch nicht abzusehen, wie sich die neuen Republiken entwickeln werden, sie sind noch nicht endgültig reformiert. Die Korruption als ein Bestandteil des Systems wird den Entwicklungsprozeß stark beein- flussen. Erst das Verständnis für ihren Einfluß auf die alten Strukturen führt zu einer stichhaltigen Beurteilung neuer Zustände und ist daher unerläßlich.

Die Beschreibung vergangener Verhaltensweisen in den Planwirtschaften der Sowjetunion und der DDR eignen sich wegen ihrer Einheitlichkeit und ihren strikten zentralplanerischen Elementen gut zur Illustration. Gegenwärtige Vorgänge und Ver- haltensmuster im Zusammenhang mit der Korruption können so besser verstanden und interpretiert werden. Allerdings gibt es bis jetzt noch keine ausreichend entwickel- ten Theorien zur Korruption in Planwirtschaften.[154]

Das Modell der reinen Planwirtschaft gibt es in der Realität nicht[155], die Darstellung ihrer grundsätzlichen Funktionsweisen dient lediglich der Verdeutlichung. Die Be- schreibung bezieht sich auf die stalinistische Planwirtschaft in der Sowjetunion, die das bis zuletzt vorherrschende Wirtschaftssystem bestimmt hat und deren Prinzipien auf die Satellitenstaaten übertragen wurden. Die Beschränkung auf zwei Repräsen- tanten erfolgt zum Zwecke der vereinfachenden Darstellung, dies beeinträchtigt aber nicht die Untersuchung der Korruption in planwirtschaftlich orientierten Wirtschafts- systemen.

---

154 Vgl. u.a. Schwartz, C. A.: Corruption and Political Development in the USSR, 1979, S. 426; Montias, J. M. / Rose-Ackerman, S.: Corruption in a Soviet-Type Economy, 1981, S. 53.

155 Lenin verfolgte die Idee der Verwirklichung der totalen Planwirtschaft, mußte aber dann erken- nen, daß er einer Illusion verfallen war. Reine Marktwirtschaften gelten gleichermaßen als theoretische Konstrukte.

Es wird zu zeigen sein, daß die häufig geäußerte Feststellung, Korruption müsse generell möglich sein, denn deren völlige Verhinderung bedeute den totalen Staat, so nicht haltbar ist. Planwirtschaften als totale Staaten kennen ebenso wie Marktwirtschaften Korruption, nur unterscheidet sich diese systembedingt von der in marktwirtschaftlich orientierten Wirtschaftssystemen.

3.1.1. Zentralgewalt als wesentliches Charakteristikum für Planwirtschaften

Wichtigstes Kriterium für die Ordnung von Politik und Wirtschaft in Planwirtschaften ist die Zentralisierung der Entscheidungsgewalt. Das Politbüro als Parteiführung beschließt strategische, politische und ökonomische Vorgehensweisen, die die Gesamtwirtschaft sowie die einzelnen Branchen und Regionen betreffen.[156] Diese teleologischen Entscheidungen werden von staatlichen Institutionen konkretisiert und durchgeführt. Die dem Ministerrat als Stabsstelle zugeordnete staatliche Plankommission koordiniert und bilanziert die Planentwürfe. Die Steuerung der Volkswirtschaft eines zentralverwalteten sozialen Systems erfolgt demnach nach aufgestellten Plänen einer Zentralstelle mit Hilfe einer streng hierarchischen Organisation.[157]

"Ohne Pläne aber wirtschaften Menschen niemals".[158] Der Unterschied zur Marktwirtschaft[159] bei der Planung volkswirtschaftlicher Abläufe besteht darin, daß in der Zentralverwaltungswirtschaft aus zentralen Planvorgaben für jedes ökonomische Subsystem in mehreren Planungsschritten ein Gesamtplan erstellt wird, der Allgemeingültigkeit besitzt und in dem alle Wirtschaftssubjekte und -objekte vernetzt sind. Ausgehend von den Mengenbedarfen aller Fertigprodukte, die in sogenannten Bedarfsbilanzen den jeweiligen Anfangsbeständen gegenübergestellt werden, errechnen sich alle benötigten Rohstoffe, Zwischenprodukte und somit auch die Engpaßgüter. Die Mengen an Gütern erster Ordnung[160] wiederum werden diesen Minimumsektoren angepaßt und sind dann Grundlage für den definitiven Volkswirtschaftsplan.[161] Das

---

156 Das nationalsozialistische Schlagwort: Kanonen statt Butter kennzeichnet die politische Bedeutung und die Zielsetzung der damaligen Vierjahrespläne.

157 In der verstaatlichten Industrie ist der hierarchische Aufbau des Plansystems sehr deutlich. Wie noch zu zeigen sein wird, ist eine Konsequenz dieser strengen Hierarchie die weitverbreitete Korruption in der Industrie. Vgl. Gutenberg, E.: Grundlagen der Betriebswirtschaftslehre, 1983, S. 472 ff.

158 Eucken, W.: Die Grundlagen der Nationalökonomie, 1959, S. 78.

159 Die Marktwirtschaft besteht aus vielen Einzelwirtschaften, die alle individuelle Wirtschaftspläne aufstellen und realisieren. Sie haben eine gewisse Autonomie und Macht. Ihre Pläne sind unabhängig voneinander und beeinflussen sich gegenseitig nur indirekt. Vgl. auch Friedrich, C. J.: Totalitäre Diktatur, 1957, S. 173 f.

160 Güter erster Ordnung sind die Endprodukte, Güter zweiter Ordnung die Zwischenprodukte bzw. die Faktoreinsätze für die Produktion von Gütern erster Ordnung, und Güter dritter Ordnung sind die Rohstoffe bzw. die Faktoreinsätze für die Produktion von Zwischenprodukten.

161 Vgl. Leipold, H.: Wirtschafts- und Gesellschaftssysteme im Vergleich, 1988, S. 210 ff.

folgende banale Beispiel für die Bilanzierungsmethode, das sich allein auf einen Ausschnitt der Gesamtwirtschaft bezieht, verdeutlicht die grundsätzliche Vorgehensweise der zentralen Planung, die bei ganzheitlicher Betrachtung einer entwickelten Volkswirtschaft sehr komplex wird.

Bedarfsplan Schuhe

Aufkommen		Verwendung	
AB	60 Stück	Bedarf	400 Stück
Anforderungsmenge	340 Stück		
	------------		--------------
	400 Stück		400 Stück

Produktionsplan Schuhe

Aufwand		Ertrag	
Arbeitszeit	400 Std	Schuhe	340 Stück
Leder	600 qm		
Masch.Stunden	60 Std		

Bedarfsplan Leder

Aufkommen		Verwendung	
AB	100 qm	Schuhe	600 qm
Anforderungsmenge	1200 qm	Sessel	400 qm
		Taschen	300 qm
	--------------		----------------
	1300 qm		1300 qm

Produktionsplan Leder

Aufwand		Ertrag	
Arbeitszeit	200 Std	Leder	1200 qm
Vieh	400 Stück		
Masch.Std.	100 Std		

Bedarfsplan Vieh

Aufkommen		Verwendung	
Bestand	1680 Stück	Leder	400 Stück
Fehlmenge	80 Stück	Milchversorgung	1360 Stück
	------------------		------------------
	1760 Stück		1760 Stück

Vgl. Leipold, H.: Wirtschafts- und Gesellschaftssysteme im Vergleich, 1988, S. 214.

Grundlagen zur Bestimmung der benötigten Produktionsgüter sind die jeweiligen Produktionsfunktionen. Eine Produktionsfunktion drückt das Verhältnis zwischen Faktoreinsätzen und produzierter Ausbringungsmenge aus. Informationen über die unterschiedlichen betrieblichen Produktionsfunktionen erhalten die zuständigen Ministerien von den Betriebsdirektoren. Da Betriebe in kollektiver Verantwortung geführt werden, ist die Manipulation von Daten zur risikolosen Einhaltung der Planvorgaben verhältnismäßig einfach.[162] Der Gebrauch korrupter Maßnahmen mit dem Ziel, daß das zuständige Ministerium auf eine genauere Untersuchung der überlieferten Daten, womöglich vor Ort, verzichtet oder die in einer Produktionsfunktion ersichtlich veraltete Technik akzeptiert, rettet den Direktoren ihre privilegierte Stellung, sichert ihnen Provisionen und Karrieren. Der mit der Überwachung Beauftragte im Ministerium erlangt geldwerte oder naturale Vorteile, ohne ein großes Risiko einzugehen, entdeckt und bestraft zu werden.[163]

Die durch Bilanzierung festgestellten Ressourcenknappheiten limitieren die Produktion der Fertigprodukte. Aufgrund der extrapolierten Engpaßfaktoren entscheidet die zentrale Planungsbehörde, welche Güter in welcher Menge definitiv produziert werden. Theoretisch stellen die Verantwortlichen einen Grenznutzenvergleich an; wahrscheinlicher ist aber, daß die einzelnen Planinstanzen in Verhandlungen um die Zuteilung knapper Mittel ringen.[164] Hier setzt Korruption an, um Entscheidungen vorteilhaft zu beeinflussen. Die Strafverfolgungsgefahr ist für die Akteure gering; zumeist wird die Korruption stillschweigend geduldet.[165] Die Schwierigkeiten, die aus einem nichterfüllten Plan entstehen, bestimmen dagegen nachhaltig die individuelle Zukunft des Verantwortlichen. Das Nichterreichen von Quoten und/oder technisch mangelhafte Arbeit werden als Beweis für Unfähigkeit oder sogar für Sabotage betrachtet und strafrechtlich verfolgt. Später werden zwar weniger harte Strafen, wie etwa finanzielle Bußen oder Schadensbegleichung, verhängt, doch befindet sich der Betriebsleiter in einer mißlichen Situation, sobald sich Unvorhergesehenes ereignet.[166]

---

162 Die Planvorgaben haben Gesetzescharakter und die Nichterreichung kann existentielle Folgen haben. Korruption ist mangels legaler Möglichkeiten oft das einzige Mittel, dringend benötigte Güter zur erfolgreichen Planerfüllung zu erhalten.

163 Vgl. Friedrich, C. J.: Totalitäre Diktatur, 1957, S. 167; Montias, J. M. / Rose-Ackerman, S.: Corruption in a Soviet-Type Economy, 1981, S. 62 und Simis, K. M.: USSR: The Corrupt Society, 1982, S. 126 ff.

164 Kornai nennt diesen Vorgang plan-bargaining, ohne ihn der Korruption zuzuordnen. Nach ihm geht es den Managern um ein passables Betriebsergebnis, nicht um persönliche Bereicherung. Zwischen 99% und 100 % Planerfüllung kann jedoch ein Unterschied von bis zu 30 % des Einkommens eines Betriebsleiters liegen; insofern ist das plan-bargaining eindeutig eine korruptive Maßnahme. Die Korruption für den privaten Gewinn fällt hier mit der Korruption für den bürokratischen Gewinn zusammen. Vgl. Fleck, C. / Kuzmics, H.: Korruption - Zur Soziologie nicht immer abweichenden Verhaltens, 1985, S. 28; Sturn, R.: Geld als Medium der Korruption, 1992, S. 521; Friedrich, C. J.: Totalitäre Diktatur, 1957, S. 185.

165 Leipold, H.: Wirtschafts- und Gesellschaftssysteme im Vergleich, 1988, S. 210.

166 Vgl. Leipold, H.: Wirtschafts- und Gesellschaftssysteme im Vergleich, 1988, S. 239.

Nach einer Nutzenabwägung der beiden Möglichkeiten wird er sich häufig für die Korruption entscheiden.

Mit der Produktionsplanung erfolgen gleichzeitig die Investitionsplanung und die Arbeitskräfteeinsatzplanung. Die durch Korruption herbeigeführten Entscheidungen für die Produktion bestimmter Güter erster Ordnung beeinflussen simultan die beiden anderen Planungssektoren. In einer zentralistisch geführten Volkswirtschaft ist daher das Ausmaß potentieller, punktueller Einflußnahme der Korrumpeure weitreichender als in Marktwirtschaften. Die angeführte Interdependenz soll am Beispiel der Arbeitskräfteeinsatzplanung verdeutlicht werden: Mit der Produktionsentscheidung für ein bestimmtes Gut wird durch die Produktionsfunktion auch die Anzahl benötigter Arbeitskräfte für dieses Gut festgelegt. Je nach Arbeitskräfteangebot lenkt der Staat die Ausbildung der benötigten Fachkräfte.[167] Die Ausbildung ist wirtschaftlichen Konjunktur-schwankungen bzw. dem aufgestellten Gesamtplan unterworfen. Um einen bestimmten Beruf erlernen zu können, der im Plan nicht gefordert ist, müssen die Betreffenden wiederum zur Korruption greifen, um ihre Ziele verfolgen zu können. Die Vernetzung der zentralistisch angelegten Wirtschaft findet ihr Pendant in der angewandten Korruption, die sich den gegebenen Strukturen anpaßt. Ein solchermaßen gegliedertes zentralistisches Wirtschaftssystem bietet der Korruption wesentlich mehr Ansätze zur wirkungsvollen Einflußnahme als ein dezentralisiertes. Wird die Korruption zusätzlich von der obersten Instanz stillschweigend geduldet, weil ihre Wichtigkeit für das Funktionieren des Systems offensichtlich zu sein scheint, kann sie sich schadlos in die bestehenden Strukturen integrieren, um einmal zu nutzen, ein anderes Mal zu schaden.[168]

Der industrielle Fortschritt in planwirtschaftlichen Wirtschaftssystemen erschwert deren zentralistische Führung. Mit zunehmender Komplexität der Industrie wird auch die Koordination der Planungsabläufe immer schwieriger. Neben komplizierteren Produktionsmechanismen und -abstimmungen wächst der für die Planung erforderliche Verwaltungsapparat. Die Bürokratie arbeitet schwerfälliger und öffnet sich zunehmend durch ihre Unübersichtlichkeit der Korruption.[169] Da es in einer komplexen Ökonomie praktisch unmöglich ist, die oben beschriebene Planung und Bilanzierung detailliert durchzuführen, wird mit aggregierten Größen gerechnet. Die Aggregation läßt wiederum gewisse Entscheidungsspielräume, die im Ermessen der Verantwortlichen liegen. Es kann der Schluß gezogen werden, daß die Korruption mit wachsen-

---

167 Das Problem eines 'time-lags' im Arbeitskräfteangebot bleibt in diesem Zusammenhang unberücksichtigt.
168 Vgl. Schwartz, C. A.: Corruption and Political Development in the USSR, 1979, S. 430.
169 Der Informationsfluß wird unübersichtlicher, die Kontrolle erschwert, die Anzahl der Vorgesetzten steigt.

der Komplexität eines zentralistischen Wirtschaftssystems zunimmt. Die Konsequenz ist eine Verselbständigung des Wirtschaftsablaufs, da die Korruption von der Zentrale nicht beeinflußt werden kann. Mangelnde Anpassungsfähigkeit des administrativen Planungssystems zwingt die Beteiligten zu unkonventionellen Maßnahmen, um ihre Pläne dennoch zu erfüllen: persönliche Beziehungen, Bestechung und Tauschhandlungen auf Schwarzmärkten entstehen zwangsläufig.

3.1.2. Schwarzmarktmechanismen in Zentralverwaltungswirtschaften

In zentralgeleiteten Volkswirtschaften finden, unabhängig von der zugrundeliegenden politischen Ideologie, immer irgendwelche Realgüterverkehre und Tauschhandel statt. Im Gegensatz zu Marktwirtschaften, in denen der Güterverkehr nicht zentral, sondern individuell bestimmt wird, legt in Planwirtschaften eine Zentrale die Marktgegebenheiten und die Tauschvolumina ex ante fest. Marktgleichgewichte als Resultate des Ausgleichs zwischen Angeboten und Nachfragen sollen hier durch Festsetzen von Art und Menge der zu produzierenden Güter und Dienste zustande kommen. Da sich das Angebot nicht nach den Bedürfnissen der Nachfrager richtet, müssen zum Ausgleich zwischen Produktion und Konsum die Marktfunktionen fix vorgegeben werden. Das Ergebnis ist eine Mangelwirtschaft, die einen besonderen Typ von Korruption fördert, die Existenzkorruption: Konsumenten müssen, um bestimmte Basiskonsumgüter zu erhalten, die darüber verfügenden Personen korrumpieren.[170] Außerdem fehlt Betriebsleitern und Arbeitern der Bezug zum Produktionsprozeß und zum Produkt. Individuelle ökonomische Leistungen werden nicht anerkannt, wodurch sich Gleichgültigkeit ausbreitet. Motivation zur gewinnbringenden Leistung für den Betrieb existiert nicht; stattdessen streben die in Industrie, Handel und Dienstleistungen eingesetzten Beschäftigten nach individueller Nutzenmaximierung innerhalb der ihnen bekannten Strukturen.

Wie erwähnt, ist in Planwirtschaften der volkswirtschaftliche Planungsprozeß die Grundlage allen ökonomischen Handelns. Das wichtigste Ziel aller Betriebsangehörigen ist die Planerfüllung, vornehmlich zum Erhalt von Prämien. Der Gesamtplan determiniert den Marktmechanismus. Aus der Unvollkommenheit des Planungssystems resultieren viele Möglichkeiten, entgegen der Ideologie auf diesen Marktmechanismus Einfluß zu nehmen. So kann Korruption im industriellen Sektor zur Flexibilisierung des starren zentralgeplanten Systems beitragen.

---

170 Vgl. Montias, J. M. / Rose-Ackerman, S.: Corruption in a Soviet-Type Economy, 1981, S. 64; Simis, K. M.: USSR: The Corrupt Society, 1982, S. 205 ff.

Jeder Betriebsdirektor strebt nach leicht zu erfüllenden Plänen. Grundlagen der Entscheidungen seiner übergeordneten Planungsorgane sind die eigenen Informationen für den Planentwurf. Daher korrigiert er die betrieblichen Produktionsmöglichkeiten für niedrige Sollauflagen nach unten und überhöht die Faktoreinsatzmengen. Die Planerfüllungsprämien für ihn und seine Arbeiter können bei dieser "Strategie der weichen Pläne"[171] von vorneherein dem Arbeitslohn gedanklich hinzugefügt und für dringend benötigte Güter auf dem Schwarzmarkt verwendet werden. Zusätzlich produzierte Waren oder nicht benötigte Inputs dienen zugleich als Bestechungsmittel oder als Lieferungen für Schwarzmärkte, um den individuellen Nutzen direkt oder via Planerfüllung zu maximieren.[172]

Neben der naturalen Planung müssen die Planungsinstanzen zusätzlich den monetären Bereich der Produktion für den Volkswirtschaftsplan festlegen. In der Zentralverwaltungswirtschaft kann aufgrund des fehlenden Marktpreis-mechanismus kein Ausgleich von Angebot und Nachfrage über staatsunabhängige Preise zustande kommen. Daher werden zur Leistungsbewertung und zur Preisfestsetzung eines Gutes die naturalen betrieblichen Aufwendungen und Erträge in Abhängigkeit von der geleisteten Arbeitszeit bewertet und zu den monetären Produktionskosten und - leistungen addiert, um naturale Größen vergleichbar zu machen, wobei auch der Nutzen von Neuerungen berücksichtigt wird. Maßstäbe der Leistung sind die zentral vorgegebenen betrieblichen Planauflagen und deren Erfüllung. Die Preise erfüllen hier eine planrechnerische Funktion, da die Produktionsfaktoren über den Bilanzmechanismus zugeteilt werden, und sie dienen gleichzeitig der Kontrolle betrieblicher Leistungen. Im Gegensatz zur Marktwirtschaft drücken die Preise nicht den Knappheitsgrad eines Gutes aus, sondern den gesellschaftlich notwendigen Arbeitsaufwand. Dieses Vorgehen entbehrt aber des Anreizes zur sparsamen Verwendung knapper Ressourcen, insbesondere des Produktionsfaktors Arbeit mit vielfältigen Konsequenzen für das Beschäftigungssystem. Manipulationen bei Kostenkalkulationen, bei der Wahl von Vergleichsprodukten und bei Gebrauchswertbestimmungen verhindern außerdem technische Fortschritte nach ökonomischen Kriterien zur Weiterentwicklung von Produkten und Prozessen.[173]

---

171 Leipold, H.: Wirtschafts- und Gesellschaftssysteme im Vergleich, 1988, S. 241.
172 Vgl. Kramer, J. M.: Political Corruption in the USSR, 1977, S. 215.
173 Eine technische Neuerung, die bspw. neben einem höheren Nutzen (Gebrauchswert) für den Konsumenten auch die Kosten der Produktion senkt, führt bei aufwandsbezogener Preiskalkulation zu Preissenkungen. Zum Ausgleich der theoretischen Gewinn- oder Umsatzminderung müßte der planwirtschaftliche Betrieb zur Planerfüllung die Produktionsmenge steigern. Folglich ist er an Kostensenkungsmaßnahmen nicht interessiert. Da diese Defizite erkannt wurden, wird inzwischen neben dem Gebrauchswert auch der Nutzen von Innovationen bei der Preisbestimmung berücksichtigt. Vgl. Leipold, H.: Wirtschafts- und Gesellschaftssysteme im Vergleich, 1988, S. 223 ff.

Im Rahmen monetärer Planungen muß die Versorgung der Haushalte und Betriebe mit ausreichenden Geldmitteln gewährleistet werden. Im betrieblichen Sektor dient das Geld lediglich der Verrechnung, während die Haushalte das Geld zum Erwerb von Gütern eines festgelegten Sortiments verwenden. Die Zentrale strebt ein Gleichgewicht zwischen dem sogenannten Kauffond und dem Warenfond an. Bei der Ermittlung der Daten, insbesondere des Warenfonds, treten jedoch Manipulationen auf. Die Betriebe übermitteln ihre Daten u.a. der Staatsbank. Die verbuchten Bareinnahmen der staatlichen Handelsgeschäfte werden dabei meistens zu niedrig ausgewiesen, wobei die Differenz in den Händen Einzelner als zusätzliches Einkommen verbleibt oder/und zu Bestechungszwecken verwendet wird. Daraus folgt ceteris paribus eine schwindende Kaufkraft des Geldes auf dem offiziellen Markt, da durch die Korruption kein Gleichgewicht zwischen Kauf- und Warenfond hergestellt werden kann, sondern die Kaufkraft das Warenangebot übersteigt.

Ein anderer Ansatz für die Korruption ist das Kreditvergabewesen in Planwirtschaften. Die Kreditgewährung für einen Betrieb richtet sich maßgeblich nach den Planvorgaben und den für die Planerfüllung benötigten Zahlungsmitteln. Durch Datenmanipulationen in Kreditanträgen können mittels Korruption Ressourcen zurückgehalten werden, die in illegalen Märkten und Transaktionen Verwendung finden. Darüber hinaus führt diese Art der Korruption durch ungeplante Geldschöpfung als Resultat überhöhter Kreditansprüche zu monetären Instabilitäten, wenn sich Geldmengen- und Wertschöpfung nicht entsprechen.[174]

Die Inflation und die chronische Unterversorgung stimulieren Produktionen für Schwarzmärkte, deren Inputs durch Bestechung und Diebstahl aus dem Gesamtsystem in diesen *freien* Marktmechanismus zur privaten Nutzenmaximierung transferiert werden.

Obwohl die Moral und das Rechtsbewußtsein gegenüber dem System durch die Mangelwirtschaft schwinden und der Korruption durch die Unterversorgung Tür und Tor geöffnet werden, duldet und kontrolliert die Zentrale diese Schattenwirtschaft, weil sie die gravierendsten Versorgungslücken der offiziellen Wirtschaft schließt und so das politische System vermeintlich erhält.[175]

---

174 Vgl. Leipold, H.: Wirtschafts- und Gesellschaftssysteme im Vergleich, 1988, S. 231 ff.
175 Vgl. Leipold, H.: Wirtschafts- und Gesellschaftssysteme im Vergleich, 1988, S. 220 und Kerneck, B.: Russische Höllenkreise, 1995, S. 79.

102

3.1.3. Politische Kontinuität als Schlüssel der Systemerhaltung

Planwirtschaften charakterisieren sich nicht notwendigerweise durch eine diktatorische politische Führung. In Anbetracht strikter Planvorgaben ist die politische Leitung jedoch hierarchischer und starrer organisiert[176] als in Marktwirtschaften und läßt den Beteiligten weniger legale Einflußmöglichkeiten. Auch im Sozialismus ist die wirtschaftspolitische Zielbildung das Ergebnis von Entscheidungsprozessen. Das Politbüro als Parteiführung beschließt die grundsätzlichen strategischen Ziele, denen folgender Zielkonflikt zugrundeliegt: entscheidet sie sich für eine längerfristige, volkswirtschaftlich bedeutsame Investitionspolitik, verwendet sie die knappen Ressourcen für das Ziel, das Wirtschaftswachstum und die Arbeitsproduktivität zu steigern. Diese Entscheidung kann nur auf Kosten der aktuellen Konsumpolitik gehen, d.h. die Versorgung der Bevölkerung mit Gebrauchsgütern tritt für diesen Zeitraum in den Hintergrund. Diese unterschiedlichen Zielvorstellungen, die sich in drei Interessengruppen artikulieren, müssen im wirtschaftspolitischen Zielbildungsprozeß zur Machtsicherung berücksichtigt werden.

Den größten Einfluß hat die *Parteibürokratie*, sie untermauert den Führungsanspruch der Partei. Mißachtung ihrer Interessen führt zur Schwächung der eigenen Machtstellung.[177] Die Partei und ihr Umfeld streben nach ausreichender Ausstattung eigener Verwaltungsapparate zur Funktionserhaltung des Systems, aber auch nach Wahrung oder Ausdehnung amtsbezogener, für das Privatleben bedeutsamer Privilegien, die an die Funktion gebunden sind und nach Ausscheiden aus der Hierarchie wegfallen. Erreichen die Funktionäre nicht alle angestrebten Ziele auf legalem Wege, greifen sie zum Mittel der Korruption, wobei es Unterschiede im Korruptionsausmaß auf verschiedenen Ebenen der Partei gibt. Erlangen sie auf diese Weise knappe Ressourcen für amtsbezogene Zwecke, korrumpieren sie für den bürokratischen Gewinn; betreiben sie private Nutzenmaximierung, streben sie nach privatem Gewinn. Gerade das individuelle Profitstreben spielt eine wichtige Rolle in der Parteibürokratie, denn die potentielle Gefahr des Verlusts der zahlreichen Privilegien nach dem Ausscheiden aus der Nomenklatura veranlaßt sie während ihrer Parteizugehörigkeit zur Bildung von Privateigentum mittels Korruption. Den erheblichen wirtschaftspolitischen Einfluß, den die Parteibürokratie auf die Parteiführung ausübt, zeigt sich u.a. in dem überproportionalen Wachstum der bürokratischen Apparate im Vergleich zum Wachstum des Nationalprodukts.

---

176 Et v.v.: Die hierarchische Gliederung führt zu strikten Planvorgaben.
177 Dem Parteiapparat gehören die Parteifunktionäre aller Ebenen an, seien es lokale Funktionäre oder Mitglieder des Zentralkomitees, die aus ihrer Mitte die Zusammensetzung des Politbüros rekrutieren. Die enge Interessensverflechtung von Parteiführung und Zentralkomitee liegt daher nahe. Vgl. Leipold, H.: Wirtschafts- und Gesellschaftssysteme im Vergleich, 1988, S. 205 ff.

Zur *Wirtschaftsbürokratie* als zweite Interessensgruppe zählen alle Wirtschaftsfachleute auf betrieblicher und überbetrieblicher Ebene. Ihr Einfluß richtet sich auf den bereits beschriebenen Planungsprozeß und soll hier nicht erneut ausgeführt werden.

Das schwächste Glied in der Kette sind die *Endabnehmer.* Die Vertretung ihrer Interessen, die Steigerung des Realeinkommens zum Zwecke besserer Konsumgüterversorgung auf legalen, vor allem aber auf illegalen Märkten, kann nicht wie in Marktwirtschaften über Kaufentscheidungen erfolgen. Es fehlen konkurrierende Anbieter und deren Möglichkeiten, auf Konsumentenwünsche einzugehen. Allein der Planungsprozeß entscheidet über das definitiv erwerbbare Angebot. Da auch das Instrument der freien Wahlentscheidung für oder gegen die Politik fehlt, bleibt nur eine in die Öffentlichkeit getragene Unmutsäußerung und der Versuch, über korruptive Maßnahmen den Alltag erträglich zu gestalten; "those who are not willing to accept corruption and who prefer to wage an open battle with it are doomed to failure."[178] Mit zunehmender Unabhängigkeit der Machthaber von der Zustimmung der Bevölkerung nimmt Korruption zu.

Die Parteiführung erstrebt einen akzeptablen Ausgleich aller Interessen im Zeitablauf, um öffentliche Unruhen zu verhindern. So wird sie gelegentlich die Konsumgüterproduktion forcieren, ihr Hauptinteresse liegt aber in der Ausweitung der Investitionsgüterindustrie, zumal diese wiederum Auswirkungen auf die Konsumentenversorgung hat. Wenngleich aus dieser Politik Konjunkturschwankungen resultieren, werden diese vergleichsweise konstant zu halten versucht, da sich jeder überproportionale Wechsel der politisch-ökonomischen Richtung machtgefährdend auszuwirken droht. Die staatlichen Repressionen unterdrücken großangelegte Protestkundgebungen der Endabnehmer gegen politische und wirtschaftliche Entscheidungen. Das soziale System arrangiert sich innerhalb dieser engen politischen Grenzen bei der Unwahrscheinlichkeit eines politischen Richtungswechsels mit Hilfe der Korruption. Dient die Korruption dem Individuum als Instrument zur Bewältigung alltäglicher Versorgungsprobleme, indem die gesetzlichen Vorschriften umgangen oder die Verantwortlichen durch korrumpierende Maßnahmen veranlaßt werden, das Erforderliche zu tun (sei es schneller als normal oder überhaupt) oder zu unterlassen, trägt sie gleichsam zur Aufrechterhaltung des ganzen Wirtschaftssystems bei. Die Wirkungen der Korruption auf die Volkswirtschaft entsprechen dem Grundgedanken des Liberalismus und untergraben den diktatorischen Führungsanspruch.

---

178 Simis, K. M.: USSR: The Corrupt Society, 1982, S. 208. Simis beschreibt eine ganze Reihe alltäglicher Korruptionsvorgänge in der Bevölkerung, die keiner leugnet und aus moralischen Gründen ablehnt, da sie existentiell sind.

Die Nomenklatura sucht den Interessensausgleich aber auch aus persönlichen Gründen. Die politische Kontinuität als Schlüssel zur Systemerhaltung sichert ihr gleichsam ihre Privilegien, die sie wiederum an das System binden. Lukrative Geschäfte im internationalen Handel und der Kontakt zu Ausländern sind allerdings nur für die oberste Führungsebene möglich. Der daraus erzielte Wohlstand äußert sich in den zahlreichen neu gebauten *datschen* der jüngeren Vergangenheit. Es zeigt sich, daß die fehlende Kontrolle der Macht zur Willkür staatlicher Maßnahmen führt und es unmöglich wird, konsequent gegen die gesetzlich verbotene Korruption vorzugehen, da viele ihrer Urheber über den Gesetzen stehen.[179]

Das russische Strafgesetz unterscheidet vier Typen von Korruption: Amtsmißbrauch, Fälschung von staatlichen Wirtschaftsberichten, Unterschlagung und Bestechung. Von diesen vier wird allein schwere Bestechung generell verurteilt. Das Strafmaß für Korruption reicht je nach vorliegender Korruptionsart von Suspensierung aus dem Dienst, maximal fünfzehnjähriger Gefängnisstrafe mit und ohne Beschlagnahmung des Eigentums bis zur Verbannung und der Todesstrafe.[180] Allerdings kann gegen Funktionäre ohne Einwilligung oberster Organe der Nomenklatura keine Strafverfolgung angestrengt werden, was erheblich zur Stabilisierung korrupter Tätigkeiten beiträgt und das Strafgesetz insoweit ad absurdum führt.[181]

Die Verbreitung der Korruption impliziert einen zunehmenden Verlust an Loyalität gegenüber der Regierung, ihren Gesetzen und ihrer Politik, stellt jedoch gleichzeitig eine gewisse Anpassung an das System dar, da sie die Bereitschaft signalisiert, die politische Kontinuität zu gewährleisten. Korrupte Praktiken treten verstärkt auf, wenn ein politisches Regime nicht über die notwendige Legitimation und Unterstützung zur Durchsetzung seiner Politik in der Bevölkerung verfügt, sich aber auf das Militär oder andere repressive Unterstützung verläßt, um offene politische Widerstände in Schach zu halten[182]; Korruption wird weiterhin angewendet, wenn die Bevölkerung wirkliche oder imaginäre Widersprüche bei der Verteilung sozialer Zuwendungen wahrnimmt und ihre Interessenartikulation dabei unterbunden ist.[183] Die Folge ist die gesellschaftliche Akzeptanz der Korruption.

---

179 Vgl. Simis, K. M.: USSR: The Corrupt Society, 1982, S. 35 ff.
180 Die Fälschung von Wirtschaftsberichten gehört zu den häufigsten Gesetzesüberschreitungen der Wirtschaftsbürokratie und wird daher, wenn überhaupt, nur leicht bestraft.
181 Vgl. Schwartz, C. A.: Corruption and Political Development in the USSR, 1979, S. 429 ff.
182 Vgl. Friedrich, C. J.: Pathologie der Politik. Die Funktion der Mißstände: Gewalt, Verrat, Korruption, Geheimhaltung, Propaganda, 1973, S. 104.
183 Vgl. Smelser, N. J.: Stabilität, Instabilität und die Analyse der politischen Korruption, 1985, S. 220 ff.

Hat sich die Korruption erst einmal institutionalisiert und breitet sie sich ungehindert aus, führt sie schließlich zur Bedrohung des politischen Systems oder im Extremfall sogar zu dessen Zusammenbruch. Der Zerfall der Sowjetunion belegt den Einfluß, den Korruption auf einen solchen Prozeß haben kann. Die Korruption aller Interessengruppen zu Lasten der Volkswirtschaft höhlt die Ökonomie von innen aus und führt zur Eskalation, wenn die korrumpierbaren Ressourcen ausgeschöpft, die Stabilität durch die Unterversorgung verloren gegangen ist und der Unmut der Bevölkerung die Angst vor Repressalien in den Hintergrund gedrängt hat. Das Bürokratie- und Parteienskelet, selbst von Korruption durchdrungen, vermag diese Entwicklung nicht mehr aufzuhalten. Das System bricht unweigerlich zusammen.

3.2. Antinomien von Planwirtschaften und leistungsbezogenen ökonomischen Wirtschaftsweisen

Die Ideologie der Planwirtschaften strebt nach bestmöglicher Versorgung aller im sozialen System Lebenden ohne klassenspezifische Unterschiede, die das Privateigentum an Produktionsmitteln zur individuellen Bereicherung ausschließen. Freie Preisbildung, die die Knappheit eines Gutes ausdrückt, Wettbewerb und individuelles Gewinnstreben existieren nicht. Die Motivation der Wirtschaftstätigen liegt der Idee nach in der Planerfüllung, der eine angemessene Verteilung der vorhandenen Güter zugrunde liegt. Grundsätzlich kann es in Zentralverwaltungswirtschaften auch keine Unternehmensgewinne geben, denn die Produktion stützt sich auf Mengenplanungen, die zu festen Preisen angeboten werden. Übertrifft die tatsächliche Menge die Sollmenge, zieht dies eine Plansollvergrößerung in der nächsten Planperiode nach sich mit der Folge eines gestiegenen Erfolgsdrucks.

Die Planerfüllung beinhaltet jedoch besondere Provisionen und Privilegien, die über die Bedürfnisbefriedigung der Bevölkerung hinausgehen und bei positivem Arbeitsergebnis dem einzelnen zugute kommen. Insofern beweist die Existenz solcher Zusatzentgelte, daß auch in der Planwirtschaft ein persönlicher Leistungsanreiz als Motor ökonomischer Handlungen motivationsfördernd bewertet und bewußt eingesetzt wird. Die Realität entfernt sich an diesem Punkt erneut von der Ideologie und untergräbt die sozialistische Idee.

Dennoch ist dieser leistungsbezogene ökonomische Ansatz mit dem in Marktwirtschaften praktizierten nicht zu vergleichen. Die Wirtschaftssubjekte verfügen kaum über Entscheidungsspielräume und können daher auch keine Veränderungen am herkömmlichen Wirtschaftsalltag bewirken. Die fixierten wirtschaftlichen Handlungsrahmen setzen das Kollektiveigentum voraus, eine für Marktwirtschaften undenkbare

Basis des Unternehmertums. In Planwirtschaften übernimmt die Bürokratie als quasimonopolistisches Wirtschaftsunternehmen die Steuerung des gesamten Wirtschaftsablaufs.

Die allgegenwärtige Präsenz der Bürokratie zwingt die Wirtschaftstätigen zu außergewöhnlichen Maßnahmen, um ihre persönlichen Ziele innerhalb des engen ökonomischen und politischen Korsetts zu erreichen. Die unbedingte Forderung der Parteiführung nach Einhaltung der Planvorgaben fordert die Verantwortlichen geradezu heraus, auf irgendeinem Wege, legal oder illegal, ihren Plan zu erfüllen, um dadurch indirekt zu privater Bedürfnisbefriedigung zu gelangen. Die Korruption hat sich als adäquates Mittel zur individuellen, in Diskrepanz zur politischen Ideologie stehenden kollektiven Interessendurchsetzung bewährt.

3.2.1. Existenz fixierter wirtschaftlicher Handlungsrahmen

Die gesamte Volkswirtschaft einer planwirtschaftlich orientierten Ökonomie wird durch einen Gesamtplan, der in viele Pläne aufgeteilt wird, gelenkt. Dieser Volkswirtschaftsplan beschränkt sich auf ein Land und seine Grenzen. Der Handlungsrahmen liegt also fest. Export und Import mit marktwirtschaftlich orientierten Wirtschaftssystemen finden fast nicht statt. Der Spielraum erstreckt sich für einen Betrieb auf die Erreichung bzw. Nichterreichung des Plansolls. Die Planerfüllung ist aus mehreren Gründen wichtig. Die Interdependenz der Teilpläne erfordert das Funktionieren aller Subsysteme, da Planrevisionen weitreichende Konsequenzen für die verschiedensten Branchen haben können und daher sehr schwierig durchzuführen sind. Dennoch treten Disproportionen unabwendbar auf, da der Bedarf einer Volkswirtschaft nicht ex ante detailliert geplant und festgelegt werden kann. Das zentral-administrative Plansystem kann aufgrund seiner mangelnden Anpassungsfähigkeit jedoch nicht schnell genug auf diese Imponderabilien reagieren.

Zur Aufrechterhaltung der Handlungsfähigkeit hat sich parallel zum offiziellen System ein informelles Versorgungssystem etabliert, das unvorhergesehene Engpässe bei der Planrealisation auffängt. Diese *Zweitökonomie* funktioniert allerdings nur mittels Korruption. Auf diesen Märkten gilt die freie Preisbildung in Abhängigkeit von Angebot und Nachfrage, wobei neben dem Geld als Tauschmittel auch mit Naturalien gehandelt wird. Die Parteiführung weiß von der Existenz dieser Schwarzmärkte, ahndet sie aber nicht konsequent, da sie die Notwendigkeit und die persönliche Bereicherungsmöglichkeit der Zweitökonomie erkannt hat. Insofern gehört dieser

Zweitmarkt zwar nicht offiziell, doch inoffiziell zum wirtschaftlichen Handlungsrahmen.[184]

Die Nichtbekämpfung der Schwarzmärkte gefährdet jedoch das Volkswirtschaftssystem. Die Planungsbehörden geben strikte, unveränderbare Vorgaben, die bei den gegebenen Ressourcenpotentialen kaum zu erfüllen sind. Grundsätzlich sollten durch die aufwendige Planung und Bilanzierung sämtliche Güter zur Produktion zu beschaffen sein, da deren Lieferungen von anderen Betrieben oder Kombinaten durch Vorverträge gesichert scheinen. Die Nichtexistenz von Produktionsgütern, die aus manipulierten Daten vergangener Planperioden resultiert, zwingt die Betriebsleiter zu illegalem Handeln, denn die Nichterfüllung des Plans wiegt schwerer als die unwahrscheinliche Bestrafung des verbotenen Erwerbs benötigter Ressourcen. Letztlich interessiert die Parteiführung allein das wirtschaftliche Wachstum, unabhängig von ihrem Zustandekommen.[185]

Das Wirtschaftswachstum in der ehemaligen sowjetischen Industrie ist eindrucksvoll. Die Sowjetunion war innerhalb von 30 Jahren aus einem wirtschaftlich rückständigen Land zu einer der industriellen Weltmächte geworden, ohne in nennenswertem Umfang fremdes Kapital in Anspruch genommen zu haben. Ihre Kapitalinvestitionen kamen größtenteils aus dem Staatsetat (bis zu 3/4 des Gesamtetats), also aus Steuern und steuerähnlichen Preismanipulationen.[186] Die Entwicklung ging allerdings auf Kosten der Menschen und ihrer Freiheit, denn deren Lebensstandard wurde zunehmend gesenkt.

Auf den Schwarzmärkten lernen die Beteiligten leistungsbezogenes ökonomisches Wirtschaften. Der Käufer eines dringend benötigten Gutes wird versuchen, durch Einsparungen an anderer Stelle den geforderten Preis zu bezahlen. Er stellt seine individuelle *Nachfragefunktion* auf, die er zu optimieren versucht. So wird ein Betriebsleiter von seinem Produktionsgut mehr herstellen, als es der Plan verlangt, um diese überschüssigen Güter als Tauschmittel auf dem Schwarzmarkt zu verwenden. Ist sein Plansoll niedrig, kann sein Überschuß hoch sein. Da der Preis seiner Produkte auf dem Zweitmarkt dem tatsächlichen Wert, gemessen an ihrem Knappheitsgrad, entspricht, und er seinen individuellen Nutzen durch kostengünstige Pro-

---

184 Vgl. Schwartz, C. A.: Corruption and Political Development in the USSR, 1979, S. 430.
185 Vgl. Leipold, H.: Wirtschafts- und Gesellschaftssysteme im Vergleich, 1988, S. 220.
186 Die wichtigste Einkommensquelle der UDSSR war immer die Umsatzsteuer, die im wesentlichen von den Verbrauchern getragen wurde, da jede Ware einen erheblichen, aber unbekannten Umsatzsteuerbetrag in ihrem Preis enthielt, der bis zu 75 % ausmachen konnte. Eine zweite, weniger bedeutende Quelle war die Profitsteuer, die diejenigen Betriebe zu leisten hatten, deren Reineinnahmen größer waren als in der Quote vorgesehen. Da selten die Quote übertroffen wurde - dieses Ziel wurde nicht angestrebt - waren auch die Einnahmen aus dieser Steuer gering. Vgl. Friedrich, C. J.: Totalitäre Diktatur, 1957, S. 182 f.

duktion zu maximieren vermag, verlagert sich sein Interesse in diesen Wirtschafts-sektor.

Mit zunehmender Dauer dieses Vorgangs wird dem eigentlichen Wirtschaftssystem Kapital in Form von Inputs oder Outputs entzogen, deren Fehlen auch nicht durch eine expansive Wirtschaftspolitik ausgeglichen werden kann. Die dispositiven Faktoren verlagern sich, die Plansolls wachsen unterproportional und die Leistungsmotivation in diesem Bereich beschränkt sich auf die durch Korruption erreichbare Geringhaltung der Planvorgaben, um Betriebsdirektoren und Arbeitern bei Planerfüllung die Teilnahme an den Prämien und Sondervergütungen zu ermöglichen.

Dies führt zu dem Phänomen, das in der ehemaligen UDSSR als *Schturmowschtschina* bekannt war und den Versuch benennt, im letzten Augenblick die Planquote zu erreichen und damit die Dividende zu erhalten. So heißt es im Jahresbericht der Sowjetindustrie von 1955: "Einer der Hauptversager in der Industrie war, daß infolge ungenügender Leistung des Managements viele Industriebetriebe nicht rhythmisch gearbeitet haben. Sie haben einen großen Teil ihrer Produktion am Monatsende fertiggestellt und dann zu Anfang des nächsten Monats die Produktion absinken lassen. Das Fehlen einer rhythmischen Arbeitsleistung führte dazu, daß Arbeits- und Maschinenkräfte gewisse Zeiten brachlagen. Auch führte es zur Einstellung zusätzlichen Personals und zu unproduktiver Verteuerung infolge von Überstunden, daneben auch zu Überausgaben aus dem Lohnfonds. Aus allen diesen Dingen ergab sich dann ein hoher Prozentsatz von verlorener Produktion und eine entsprechende Erhöhung der Kosten."[187]

Die Bevölkerung leidet an den Folgen der Mangelwirtschaft, da die Produktion schleppend verläuft und sich die strategischen Entscheidungen primär auf die Investitionspolitik konzentrieren. Die Ressourcen des Wirtschaftssystems werden systematisch abgeschöpft, und als Folge von Produktionsausfall und Kostensteigerungen kollabiert das System, da es die an sie gestellten Aufgaben nicht mehr erfüllen kann.

Die ehemalige Sowjetunion ist ein Beispiel für diesen circulus vitiosus. Nachdem die wirtschaftliche Not der Bevölkerung unerträglich geworden war, schwoll der Protest an, so daß die politische Macht diesem Druck nicht mehr standhalten konnte. Die Mangelwirtschaft des Konsumgüterbereichs, wesentlich begünstigt durch die jahrelange Ausbeutung der vorhandenen Ressourcen, hat den Zusammenbruch des

---

187 Pravda vom 21. Januar 1955, zit. nach Friedrich, C. J.: Totalitäre Diktatur, 1957, S. 185.

Systems beschleunigt. Und die Korruption hat ihren Anteil zum Zerfall beigetragen, indem sie sich als auslösendes Element des Zweitmarktes etablierte.

3.2.2. Privateigentum als Motivator ökonomischen Gewinnstrebens

Eigentumsrechte sind wichtige Elemente eines Wirtschaftssystems. Sie legen die Voraussetzungen und den Umfang gesellschaftlicher Güterverteilung und Produktion fest. Eigentum an einer Sache ermöglicht, sofern nicht das Gesetz oder Rechte Dritter entgegenstehen, mit der Sache nach Belieben zu verfahren und andere von jeder Einwirkung auszuschließen.[188] Es impliziert Verfügungsrechte, die zu Entscheidungsvollmachten und Aneignungsbefugnissen führen. Wenn das Eigentum an Produktionsmitteln das Verhältnis zwischen Produktivkräften und Produktionsverhältnissen regelt, dann ermöglicht es auch die Herrschaftsausübung, da der Eigentümer über Produktionsmittel und Arbeitskräfte bestimmt. Eigentum ist daher immer auch ein soziales Phänomen, das die Klassengesellschaft begründet: "Es ist die allerelementarste ökonomische Tatsache, daß die Art, wie die Verfügung über sachlichen Besitz innerhalb einer sich auf dem Markt zum Zweck des Tauschs begegnenden und konkurrierenden Menschenvielfalt verteilt ist, schon für sich allein spezifische Lebenschancen schafft. Sie schließt die Nichtbesitzenden nach dem Grenznutzengesetz vom Mitkonkurrierenden von allen Gütern hoher Bewertung zugunsten der Besitzenden aus und monopolisiert deren Erwerb faktisch für diese."[189] *Rousseau* sieht in der Korruption die Folge des Kampfes um die Macht, der aus sozialen Ungleichheiten entsteht.[190] Eigentum ermöglicht Machtausübung. Macht verführt aber wiederum zur Korruption.

Die sozialistische Ideologie als Grundlage von Planwirtschaften kennt kein Privateigentum, denn sie sieht darin die Ursache der Klassengesellschaft. In Planwirtschaften befindet sich das Eigentum in staatlicher Hand, d.h. ein anonymes Kollektivorgan konzentriert das gesamte vorhandene Eigentum auf sich, verfügt über die Entscheidungsgewalt und trägt die Verantwortung. Der Staat delegiert seine Eigentumsrechte am Vermögen an staatsgebundene Institutionen, die ihrerseits Aufgaben übernehmen, allerdings in staatlichem Interesse. Die Dezentralisierung richtet sich fast vollkommen auf die Delegation von Entscheidungsbefugnissen an wenige Entscheidungsträger auf der betrieblichen Ebene, die direkt staatlichen Organen verantwortlich sind.[191] Insofern handelt es sich nicht um tatsächliche Dezentralisierung, denn die

---

188 Vgl. § 903 BGB.
189 Weber, M., zit. nach Wagener, H. J.: Zur Analyse von Wirtschaftssystemen, 1979, S. 159.
190 Vgl. Rousseau, J.- J.: Diskurs über die Ungleichheit, 1993, S. 257 ff.
191 Vgl. Wagener, H. J.: Zur Analyse von Wirtschaftssystemen, 1979, S. 197 ff.

auserwählten Entscheidungsträger handeln nicht unabhängig voneinander. Autonome und flexible Anpassungen an sich ändernde Marktverhältnisse können nicht von einem Betriebsdirektor eingeleitet werden. Sein Spielraum ist begrenzt. Andererseits ist er aber für sein Plansoll verantwortlich. Die möglichen Konsequenzen der Nichterreichung staatlicher Vorgaben sind bekannt. Insofern spaltet sich hier die ideologische Auslegung planwirtschaftlicher Wirtschaftssysteme: Obwohl der Leiter eines Betriebes nur marginale eigene Entscheidungen fällen darf, ist er für die Entscheidungsdurchsetzung, d.h. die Planerfüllung, voll verantwortlich. Dieser grundsätzliche Widerspruch fordert im Zusammenhang mit Planungsmängeln Korruption heraus.

Die fehlenden Eigentumsrechte der Bevölkerung äußern sich auch im Umgang mit dem Staatseigentum. Der Staat als Eigentümer ist nicht personifiziert, das Staatsvermögen gehört idealerweise dem Volk. Entziehen Korrumpeure ihm Vermögen, ist kein Individuum unmittelbar geschädigt. Die Kosten der Korruption wirken sich längerfristig und damit weniger spürbar auf die gesamte Öffentlichkeit aus, die daraus resultierende Versorgungsminderungen politischen Umständen zuschreibt. Dies steht im Gegensatz zu privatwirtschaftlich tätigen Unternehmen. Die Besitzer oder Teilhaber erkennen dort den durch Korruption verursachten Schaden wesentlich schneller aufgrund ihrer finanziell weitgehenden Autonomie. Die Kosten treten konzentrierter und unmittelbarer auf. Die Verantwortlichen werden daher frühzeitig gezielte Anstrengungen zur Senkung dieser Kosten machen.

Die Ambivalenz der Fiktion von ideologischem Staatseigentum und dem tatsächlichen Besitz, den die politische Bürokratie für sich beansprucht, führt zu einem Verfall öffentlicher Moral und zu chronischem Mißmanagement. So leistet der Staat der raschen Verbreitung der Korruption Vorschub.

Die Betriebe orientieren sich in Planwirtschaften nicht an einzelwirtschaftlichen Erfolgskriterien. Systembedingt können keine neuen Unternehmen aufgrund privater Initiativen in Bereichen, die Wachstumschancen und Gewinne versprechen, entstehen. Die Funktionalität des Privateigentums zur größtmöglichen Fehlerminimierung bei ökonomischen Entscheidungen, deren Folgen der Eigentümer selbst in seinem ganzen Ausmaß tragen muß, wird nicht aktiviert. Bedeutsam ist in diesem Zusammenhang der Motivationsaspekt. Gewinnchancen aktivieren das Unternehmertum und deren Risikobereitschaft. Die Aussicht auf Gewinn, aber gleichsam auf Verlust, hängt vom Geschick des Unternehmers ab, der das Eigentum an den Produktionsmitteln hält. "In the USSR risk-prone individuals may seek positions that permit them to pay or receive bribes ... Many adventurous people may end up as frustrated bureaucrats, who find that corruption is one of the few ways of taking chances [...] they may become corrupt."[192]

In der vollendeten Planwirtschaft entscheidet die Gemeinschaft über die Verwendung des Kollektiveigentums. Ein Streikrecht, das in Markwirtschaften die Gewinnmaximierung des Unternehmers zu Gunsten der Arbeiter begrenzt, existierte in der UDSSR nicht.[193] Die Erklärung ist einfach: Warum soll ein Arbeiterkollektiv das Recht haben, seine Vorstellungen gegen eine andere Gruppe von Arbeitern durchzusetzen, wenn alle gemeinsam über die Produktionsmittel verfügen? Die Partei beschränkt die Arbeiter, zumal die Gewerkschaften zunehmend zum Werkzeug der Elite werden. Die Betriebsgewerkschaften in ihrer starken Abhängigkeit von der Parteiführung können ihre von Lenin aufgestellten Theorie vom *Transmissionsriemen* zwischen Diktatur und arbeitender Masse nicht erfüllen. Um dennoch zu ihrem Recht zu kommen, beanspruchen die Arbeiter den Betrieb zu ihrem eigenen Nutzen. *Simis* berichtet von Arbeitern, die nebenbei als Privatunternehmer tätig sind. Sie führen zum Schutze den Namen ihres Betriebes und produzieren schwarz Konsumgüter, die auf dem offiziellen Markt nicht zu erhalten sind. Für ihre eigene Produktion entwenden sie nötige Ressourcen aus dem Betriebsvermögen. Bestechungsgelder in Höhe von etwa 10-15 Prozent ihres Verdienstes sichern ihre unternehmerische Tätigkeit ab.[194]

Das Privateigentum und die damit einhergehenden individuellen Entscheidungsvollmachten und Aneignungsrechte gelten als Motivator ökonomischen Gewinnstrebens. Die frühere sowjetische Wirtschaft zeigt, daß diese Tatsache auch für planwirtschaftlich orientierte Wirtschaftssysteme Geltung besitzt, insoweit sich die Bevölkerung Privateigentum beschafft. Der Unterschied der beiden Wirtschaftsordnungen liegt darin, daß in Planwirtschaften zum Schutz des illegalen Eigentums an Produktionsmitteln ein erheblicher Anteil des Umsatzes für Bestechungsgelder verwendet werden muß. Sie sind in hierarchisch strukturierten Organisationen eine notwendige Bedingung privatwirtschaftlicher Tätigkeiten.

3.2.3. Bürokratie als quasimonopolistisches Wirtschaftsunternehmen

In streng hierarchisch organisierten Wirtschaftsordnungen übernimmt der bürokratische Apparat die Steuerung des gesamten Wirtschaftsablaufs. Die Bürokratie reicht von der obersten Parteiführung bis zu den lokalen Funktionären. Sie alle tragen zur Aufrechterhaltung des Wirtschaftslebens bei, je nach Position in unterschiedlicher

192 Montias, J. M. / Rose-Ackerman, S.: Corruption in a Soviet-Type Economy, 1981, S. 64.
193 Vgl. Friedrich, C. J.: Totalitäre Diktatur, 1957, S. 193.
194 Vgl. Simis, K. M.: USSR: The Corrupt Society, 1982, S. 167 f.

Form. Die Bürokraten üben als quasimonopolistisches Wirtschaftsunternehmen im Namen des sozialen Systems die Kontrolle über die Produktion und die anderen Sektoren des gesellschaftlichen Lebens aus.

Korruption existiert in sozialistischen Staaten ex definitione nicht. In einem sowjetischen Fremdsprachenlexikon heißt es: Korruption ist die Käuflichkeit von Persönlichkeiten des öffentlichen Lebens, Politikern und Beamten in kapitalistischen Gesellschaften.[195] Diese Definition orientiert sich an öffentlichen Amtsträgern kapitalistischer Volkswirtschaften. Da die Bürokratie einer totalitären Diktatur keiner rechtsstaatlich gesicherten Verantwortung unterliegt und Korruption ein ignoriertes Phänomen ist, kann sie sich ungestraft ausbreiten.

Das Funktionserfordernis hierarchisch organisierter, zentralisierter Systeme bewirkt durch den ständigen Austausch von Produkten und Dienstleistungen eine Struktur gegenseitiger Abhängigkeiten und Verbindlichkeiten, die in Nepotismus und Korruption zum Ausdruck kommen und der eigentlich intendierten Funktionsfähigkeit zuwiderlaufen.[196] Das Potential möglicher Korrumpeure steigt in Abhängigkeit von der Größe des Staatssektors, der Anzahl seiner Beschäftigten und vom Umfang der innerbürokratischen Verflechtung. Sie tritt auf allen Ebenen der Bürokratie auf. Einmal bestechen Lokalfunktionäre Parteiobere, um im Staats- und Parteienapparat eine bessere Position zu erhalten. Angehörige der Justiz bestechen ihre Vorgesetzten, die Parteiführung, um anhängige Fälle zwecks weicherer Bestrafung abzuschließen. Parteifunktionäre niederer Ebenen erhalten mehr Lohn von den oberen Instanzen als der Gleichheitsgrundsatz erlaubt.[197] Vor allem der Kampf zwischen der Parteibürokratie und der Staatsbürokratie um die Vormacht führt zu weitreichenden Konflikten, in dessen Folge Korruption entsteht.

Die Politik ist auf die Bedürfnisse der Elite konzentriert. Die bürokratische Elite ist es vor allem, die durch rücksichtslose Ausbeutung staatlichen Eigentums die Wirtschaft und die politische Struktur des Landes zerstört. Diese Gepflogenheiten durchdringen den ganzen Apparat, von ganz unten bis ganz oben. Selbst Breschnew bediente sich ungeniert staatlichen Eigentums zu seinem eigenen Vorteil.[198]

Weit verbreitet ist die Angabe bereits Verstorbener auf der Gehaltsliste. Der Betriebsdirektor erhält durch gefälschte Angaben mehr Geld, als er für die Lohnzah-

---

195 Vgl. Rogovin, V. S.: Problems of Corruption in Soviet Society, 1989, S. 77.
196 Protektion wurde im Unterschied zur Korruption in der ehemaligen Sowjetunion nicht als krimineller Tatbestand verfolgt und bestraft.
197 Vgl. Katsenelinboigen, A.: Corruption in the USSR, 1983, S. 231.
198 Vgl. Rogovin, V.S.: Problems of Corruption in Soviet Society, 1989, S. 80.

lung seiner Arbeiter benötigt. Abzüglich eventueller Schweigegelder kann er über zusätzliches Einkommen verfügen. Meist verwendet der Betriebsleiter dieses Geld jedoch für Bestechungsgelder zur Beschaffung von Material und Ausrüstungen oder zum Aushandeln niedrigerer Planauflagen.[199]

Korruption tritt aber auch zwischen Bürokratie und Individuen auf. Die Parteiführung setzt bspw. Preise unterhalb eines vergleichbaren, frei gebildeten Preises fest. Es entsteht ein starker Nachfrageüberhang, die Güter werden noch rarer, die Schlangen vor den Geschäften wachsen. Dadurch kann ein mit dem Staat verbundener, illegaler Markt entstehen. Dieser absichtlich inszenierte Interventionismus schafft den Bürokraten höhere Bestechungsmöglichkeiten. Der Konsument bezahlt für den Erhalt des Gutes neben seinem tatsächlichen Wert zusätzlich das Bestechungsgeld und finanziert die schon kraft Amtes privilegierten Bürokraten.[200] Die Höhe der Bestechungssumme richtet sich nach der Position des zu Bestechenden und nach der Knappheit des nachgefragten Gutes. Eine künstlich herbeigeführte Güterverknappung führt zu wachsenden Marktungleichgewichten mit der Möglichkeit steigender Korruptionseinkommen für die Bürokraten.

Neben der staatlichen Preisbildung bewirkt die bürokratische Kontrolle der Ressourcen die Ausbreitung korruptiver Tätigkeiten. Obwohl die Parteiführung eine Vielzahl von Vorschriften und Reglementierungen erläßt, ermöglicht die Größe der Bürokratie Freiräume bei der Ressourcenallokation aufgrund dehnbarer und auslegbarer Regeln. Diese interpretierbaren Gesetzeslücken geben Möglichkeiten zur Korruption, indem informelle Tauschgeschäfte durch großzügige Auslegung erfolgen. Vermutlich ist der korruptionsanfällige Bereich umso höher, je mehr Ressourcen von der Bürokratie alloziert werden können.[201] Allerdings müssen dem Bürokraten Gelegenheiten und Anreize zu korruptiven Aktivitäten gegeben sein. Bereits bei Abwesenheit einer der beiden Komponenten ist Korruption nicht wahrscheinlich. In zentralistischen Systemen kann jedoch von der Existenz beider Voraussetzungen ausgegangen werden.

Die Monopolsituation der Bürokratie in Planwirtschaften führt verstärkt zu Korruption. Da die Bevölkerung keine Wahlmöglichkeiten zwischen mehreren Anbietern hat und das Angebot klein ist, befindet sie sich in dem Streben nach legal erwerbbaren Gütern fast in der gleichen Situation wie auf illegalem Wege. Oft bezahlen die Betroffenen für die Initiierung eines legalen Vorgangs Bestechungsgelder. Bestechung löst ein Allokationsproblem, sobald ein Gut dadurch erwerbbar wird. Sie beschleunigt

---

199 Simis, K. M.: USSR: The Corrupt Society, 1982, S. 142.
200 Vgl. Katsenelinboigen, A.: Corruption in the USSR, 1983, S. 229.
201 Vgl. Sturn, R.: Geld als Medium der Korruption, 1992, S. 521.

Entscheidungsabläufe, die auf normalem Wege wesentlich mehr Zeit beanspruchen würden. Bestechungsgelder erfüllen aber auch den Zweck der Absicherung anderer illegaler Handlungen, eine Intention, die in Planwirtschaften äußerst wichtig ist.

Korruption blüht umso mehr, je undurchsichtiger das System gestaltet, und damit die Aufdeckungswahrscheinlichkeit geringer ist.[202] Die Intransparenz entsteht durch vielseitige und gegenseitige Abhängigkeiten einzelner Organe innerhalb der Bürokratie. Die Zentralisierung der Macht führt zur Unterordnung der beteiligten Sektoren. Deren starke Abhängigkeiten verhindern die Aufdeckung der Korruption, da sich ihre Entlarvung immer auch negativ auf den Initiator auswirkt.[203] Da die Kontrollinstanzen in dieses Schema integriert sind, können sie nicht effektiv funktionieren. Die oberen Instanzen unterliegen in wesentlich geringerem Maße der Aufdeckungsgefahr korrupter Tätigkeiten als die unterer Hierarchiestufen.[204] Die Parteiführung reduziert die Unabhängigkeit der Gerichte und führt die Zensur ein. Ein mehr oder minder rechtsfreier Raum umgibt sie, zumal Partei und Bürokratie in Diktaturen dem Volk gegenüber keine Verantwortung sehen. Die offensichtliche Korruption der Spitze verführt die weniger Einflußreichen zur Imitation. Sie nutzen ihre Position und die damit verbundene Macht zur persönlichen Bereicherung. Die unentdeckte oder unbestrafte Korruption verleitet zum Profitstreben. Das Staatseigentum wird zur individuellen Nutzenmaximierung kollektiv ausgebeutet. Mit den aus dem offiziellen Wirtschaftskreislauf entzogenen materiellen Gütern kaufen sich die Funktionäre höhere Posten in der Nomenklatura, die mehr Privilegien und bessere Ausgangspositionen für Korruption mit sich bringen.

"Der Nomenklatura ist alles erlaubt, und jedem Mitglied der Nomenklatura ist alles erlaubt, solange es im Interesse seiner Klasse vorgeht."[205] Die Nomenklatura bestraft ihresgleichen nicht für Bestechung oder Bestechlichkeit. Ausgesprochene Strafen begründen sich auf verlorene Intrigenspiele. Hart bestraft werden dagegen diejenigen, die versuchen, die Korruption der Elite aufzudecken und der Exklusivität der herrschenden Klasse Einhalt zu gebieten.[206]

Die Bürokratie als quasimonopolistisches Wirtschaftsunternehmen behindert zielgerichtetes ökonomisch effizientes Wirtschaften und begünstigt die sie konstituierende Klasse zum Nachteil des restlichen politischen und sozialen Systems. Die Bürokraten bedienen sich bewußt des Staatseigentums zu privaten Zwecken, ohne eine ethische

---

202 Vgl. Heidenheimer, A. J.: Political Corruption, Readings in Comparative Analysis, 1978, S. 18.
203 Vgl. Gerlich, P.: Korruption im Systemvergleich, 1981, S. 174.
204 Vgl. Montias, J. M. / Rose-Ackerman, S.: Corruption in a Soviet-Type Economy, 1981, S. 64.
205 Voslensky, M. S.: Sowjetunion: Die korrupte Nomenklatura, 1985, S. 168.
206 Vgl. Voslensky, M. S.: Sowjetunion: Die korrupte Nomenklatura, 1985, S. 167.

Verwerflichkeit darin zu sehen. Die fehlende Konkurrenz verhüllt den daraus entstehenden, erst später ersichtlichen Schaden und ermöglicht die von innen heraus betriebene und offiziell gedeckte Zerstörung der Ökonomie.

3.3. Möglichkeiten mikroökonomischer Aktivitäten innerhalb planwirtschaftlich orientierter Wirtschaftssysteme

Idealisiert betrachtet funktionieren planwirtschaftlich orientierte Wirtschaftssysteme als Ganzheiten. Eine Zentralstelle leitet den volkswirtschaftlichen Ablauf, wobei sie von vielen nachgeordneten Instanzen unterstützt wird. Die Gesamtheit arbeitet in einer Richtung. Unterabteilungen mit eigenen Zielvorstellungen gibt es nicht.

Diese theoretische Vorstellung existiert im tatsächlichen Wirtschaftsalltag nicht. Das autokratische System kann kein so dichtes Netz spannen, daß jegliche individuelle ökonomische Tätigkeit unterbunden wird. Viele Nischen bleiben trotz strenger Reglementierungen offen. Zu ihrer Ausfüllung bedarf es aber häufig der Korruption, um unentdeckt und unbestraft zu bleiben.

Die Presse als eine Komponente in jedem sozialen System beeinflußt die Sensibilität einer Gesellschaft für Korruption. In Planwirtschaften unterliegt sie der Zensur einer Partei. Sie wird als Instrument der Partei zur Meinungsmanipulation eingesetzt. Einmal dient sie durch detaillierte Darstellungen aufgedeckter Korruptionsfälle und ihren rechtlichen Folgen der Abschreckung der Bevölkerung. Zum anderen schützt die Zensur die Machtelite vor der Entlarvung eigener korrupter Geschäfte.

Schwarzmärkte blühen besonders in Planwirtschaften, die von chronischer Unterversorgung gezeichnet sind. Ihr Vorhandensein sichert die Versorgung weiter Teile der Gesellschaft mit Grundbedarfsgütern und hält das eigentliche Wirtschaftssystem funktionsfähig. Auf den sogenannten Zweitmärkten entwickeln sich marktwirtschaftliche Regeln zum Ausgleich von Angebot und Nachfrage mit frei ausgehandelten Preisen.

Es bleibt zu klären, ob Korruption als Brücke zwischen Reichtum und Macht gesehen werden kann. Außerdem bedarf es der Abwägung, inwieweit die Transmitterfunktion von Korruption gesamtwirtschaftlich nützt oder dem System eher Schaden zufügt. Dazu wären umfangreiche empirische Studien in der gesamten Globalökonomie erforderlich, die jetzt und in absehbarer Zeit sicherlich nicht durchführbar sein dürften.

3.3.1. Die Medien als inaktive Gestaltungsorgane

In den demokratisch regierten, westlichen Ländern kommt den Massenmedien eine bedeutende Rolle zu. Sie tragen einen wesentlichen Anteil an der Publizierung von Korruptionsfällen in Politik und Wirtschaft. Die von *Rousseau* postulierte Wächterfunktion der Medien als vierte Instanz im Gewaltengefüge üben sie meist durch *investigativen* Journalismus aus. Die von ihr erzeugte Öffentlichkeit und ihre Kritik- und Kontrollfunktion kann die Entwicklung der Korruption gleichsam verhindern oder zumindest erschweren.

Während in westlich orientierten Marktwirtschaften weitgehend Pressefreiheit und freie Meinungsäußerung herrscht, unterliegt die Presse in autokratischen Regierungen der Zensur. Die Pressegebundenheit an die Partei hindert die Medien an der Ausübung ihrer wichtigen Kritik- und Kontrollfunktion, denn die Wahrnehmung solcher Funktionen setzt weitgehende Unabhängigkeit der Kontrollinstanzen von den zu kontrollierenden Einrichtungen und den dort Tätigen voraus. Illegale Vorgänge oder Informationen über Gegebenheiten in Politik und Wirtschaft, die von allgemeinem öffentlichen Interesse sind, bleiben im Verborgenen und werden nicht aufgeklärt.[207]

Insofern ist es nicht verwunderlich, daß in Diktaturen die Korruption in Politik und Wirtschaft offiziell nicht existiert. Korruptionsfälle bleiben unentdeckt, da sie nicht öffentlich gemacht werden können und systembedingt auch keine Opposition als kontrollierende und ermittelnde Instanz tätig wird. Die Unfreiheit der Berichterstattung macht nicht nur die Aufdeckung korruptiver Verwicklungen, insbesondere der Parteibürokratie, unmöglich, sie engt gleichermaßen Untersuchungen über Erscheinungsformen und Auftretenshäufigkeiten der Korruption in Planwirtschaften erheblich ein, zumal von falscher, die Realität verzerrender Berichterstattung in den Medien ausgegangen werden muß.[208]

Die von der Partei kontrollierte Arbeit der Medien dient der Führung als Instrument ihrer Politik. Die rigide überwachten Beschränkungen der Massenkommunikation verhindern eine Transparenzerzeugung korruptiver Praktiken der Bürokratie autoritärer Staaten in der Öffentlichkeit. Stattdessen übernimmt sie propagandistische Aufgaben, die ihr von der Partei aufgetragen werden. Die Funktion der Medien als Sprachrohr für die öffentliche Kritik an Mißständen wird ausgehebelt, indem ihr wegen verordneten *Staatsinteresses* die Berichterstattung verboten ist.[209]

---

207 Vgl. Holmes, L.: The End of Communist Power, Anti - Corruption Campaigns and   Legitimation Crisis, 1993, S. 125.
208 Vgl. Lampert, N.: Whistleblowers: Citizens' Complaints in the USSR, 1983, S. 271 ff.
209 Vgl. Acham, K.: Formen und Folgen der Korruption, 1982, S. 71.

Neben der strikten Kontrolle der Medien ermöglicht die Separierung der Parteiorganisationen vom sozialen Totalsystem die Abschottung innerparteilicher Vorgänge vor der Öffentlichkeit. Nur ausgewählte Kontakte zu den Medien formen die öffentliche Meinung. Informationen werden gefiltert weitergegeben und lassen die Medien als neutrale Meinungs- und Informationsvermittler unbedeutend erscheinen. "Doch bedeuten alle diese Regelungen zusammen eine zumeist unübersteigbare Barriere für eine nicht direkt mit institutionellen Interessen konform gehende Berichterstattung und somit ein bedeutendes Hindernis für die Wahrnehmung jener Kritik- und Kontrollfunktion der Medien, die geeignet wäre, ein *Klima der Korruption* erst gar nicht entstehen zu lassen."[210]

Die gelenkte und dosierte Berichterstattung in Autokratien dient der künstlich erzeugten Überspitzung von Korruptionsfällen in der Bevölkerung. *Simis* berichtet von unzähligen, in der *Pravda* veröffentlichten Korruptionsaffären in der Bevölkerung. Ziel dieser publizistischen Mitteilungen ist die Abschreckung der Bevölkerung vor der Anwendung der Korruption im Alltag, wobei es sich hier nicht um grundlegende Korruptionsstrukturen handelt, die auch von der Partei als unerläßlich betrachtet werden. Gemeint sind vielmehr sogenannte Spekulationsgeschäfte, die auf persönlichen Gewinn ausgerichtet sind.[211]

Über Korruptionsfälle von Angehörigen der Parteibürokratie berichten die Medien nur vereinzelt. Die Berichte sind stark selektiert und beziehen sich einzig auf Verfehlungen der Bürokratie auf lokaler oder regionaler Ebene. Strikt vermeidet die Presse die Veröffentlichung von Mißständen höherer Parteikader, um die Beteiligten vor öffentlichen Anschuldigungen zu bewahren.[212] Wenn die Medien ausnahmsweise Korruptionsfälle der obersten Parteiinstanzen publizieren, verbirgt sich immer politisches Interesse eines konkurrierenden Parteimitglieds dahinter.[213]

Die restringierten Möglichkeiten der Berichterstattung in der Presse verfolgen das Ziel einer gelenkten Meinungsbildung in der Gesellschaft. Ausgewählte Korruptionsfälle sollen bei der Bevölkerung ein Bewußtsein schaffen, das Korruption als moralisch verwerflich klassifiziert und korrupte Praktiken einschränkt. Die Medien als inaktives Gestaltungsorgan dienen der Nomenklatura zur Verschleierung privatwirtschaftlicher Tätigkeiten, die durch Korruption initiiert und weitergetrieben werden.

---

210 Fabris, H. H.: Massenmedien - "Skandalisierung" oder "Vierte Gewalt", 1982, S. 247.
211 Vgl. Simis, K. M.: USSR - The Corrupt Society, 1982, S. 269 ff.
212 Vgl. Schwartz, C. A.: Corruption and Political Development in the USSR, 1979, S. 426.
213 Voslensky berichtet z.B. von Machtkämpfen um den Posten des Generalsekretärs, die mit Hilfe der Medien ausgetragen wurden. Vgl. Voslensky, M. S.: Sowjetunion: Die korrupte Nomenklatura, 1985, S. 170 f.

3.3.2. Schwarzmärkte und Zweitmärkte zur Befriedigung chronischer Übernachfragen

Sogenannte Schwarzmärkte ermöglichen Warenverkäufe unter Umgehung polizeilicher oder gesetzlicher Vorschriften. Schwarzmärkte bilden sich, unabhängig von gegebenen Wirtschaftsordnungen, bei Marktunvollkommenheiten. Vor allem ein großer Nachfrageüberhang nach Gütern in Verbindung mit einer der Schattenwirtschaft gegenüber liberal geprägten Politik führen zu Schwarzmärkten, insbesondere bei der Erfüllung staatlicher Aufgaben. Auf den sogenannten Zweitmärkten regelt sich der Ausgleich von Angebot und Nachfrage durch frei gebildete Preise unabhängig von staatlichen Restriktionen. Der Stellenwert der Schattenwirtschaft für eine Ökonomie unterscheidet sich durch das zugrundeliegende Wirtschaftssystem und ist in Zentralverwaltungswirtschaften aufgrund fixierter Preise, unfreier Märkte und des Verbotes unternehmerischer Tätigkeit sehr hoch. In Planwirtschaften stützt die weitreichende Zweitökonomie den gesamten Wirtschaftsablauf, indem sie die Versorgung der Bevölkerung mit Konsumgütern ermöglicht.[214] Betriebsleiter erhalten durch sie benötigte Faktoreinsätze für die Planerfüllung, die sie auf legalem Wege nicht bekämen. Die Konsumenten riskieren bekannte Sanktionen und bezahlen höhere Preise für den Erhalt gewünschter Produkte. Charakteristika freier Märkte bilden sich im vorgegebenen System heraus, fördern aber auch Korruption.

Begünstigt wird die Entstehung von Schwarzmärkten in Planwirtschaften aus mehreren Gründen. Das forcierte Wirtschaftswachstum, das besonders in den Städten zu gestiegener Nachfrage führt, macht in Verbindung mit der staatlich gelenkten Produktion einen Ausgleich von angebotener und nachgefragter Menge unmöglich. Da die Bedürfnisse offiziell nicht befriedigt werden können, entwickelt sich ein ausgeprägter Schwarzmarkt. Die gering ausgebildete oder fehlende öffentliche Stigmatisierung und Verurteilung von Korruption fördert das Wachstum der Zweitökonomie.[215] Der korruptive Schwarzmarkt kann nach *Heidenheimer* in die Kategorie *weiße Korruption* eingeordnet werden. Diese Kategorie impliziert korruptive Akte, die Staat und Öffentlichkeit normalerweise moralisch nicht verurteilen. *Schwarze Korruption* charakterisiert Verhalten, das Staat und Öffentlichkeit verurteilen und prinzipiell bestrafen würden; *graue Korruption* signalisiert Benehmen, das nur Teile des Staates und der Öffentlichkeit bestrafen würden.[216]

Zu unterscheiden sind der *monopolistische bürokratische Schwarzmarkt* und der *Konsumgüterschwarzmarkt*. Ersterer äußert sich in administrativer Korruption. Nach-

---

214 Vgl. OECD (Editor): OECD Economic Surveys - The Russian Federation, 1995, S. 125.
215 Vgl. Ahlberg, R.: Sowjetgesellschaft im Epochenwandel, 1992, S. 242 f.
216 Vgl. Heidenheimer, A. J.: Political Corruption, Readings in Comparative Analysis, 1978, S. 26 ff.

frager nach bürokratischen Diensten bestechen Funktionäre, um ihre Bedürfnisse überhaupt, schneller als gewöhnlich oder auf illegalem Wege zu befriedigen; zu nennen wären beispielsweise Passausstellung oder (beschleunigte) Ausreisegenehmigung. Korruption entsteht aber auch zur Absicherung illegaler Transaktionen. So besticht ein Betriebsleiter seinen Vorgesetzen, um niedrige Planauflagen, basierend auf der ermittelten Produktionsfunktion, zu erlangen oder um sein privates Unternehmertum zu schützen.

Die Bürokratie forciert das Bestechungsgeldunwesen in der Administration durch verbraucherunfreundliche Entscheidungen.[217] Die Konsequenz ausbleibender Gelder ist die Funktionsunfähigkeit des Verwaltungsapparates. Der *Preis* für eine Amtshandlung richtet sich, wie auf freien Märkten, nach der Wichtigkeit und Dringlichkeit der Aktion für die Nachfrager und den Sättigungsgrad des Bürokraten. Selbst wenn den Nachfragern durch Korruption verschiedene bürokratische Dienste zu ihrem individuellen Vorteil erwiesen werden, so ist der daraus resultierende gesamtwirtschaftliche Nachteil im Zeitablauf nicht zu übersehen. Die Kosten für die Inanspruchnahme des administrativen Systems steigen, häufig ohne Qualitätszuwächse, das soziale Ungleichgewicht innerhalb der Gesellschaft wird manifest und die Funktionsfähigkeit der Bürokratie verschlechtert sich.

Konsumgüterschwarzmärkte hingegen bringen der Bevölkerung Vorteile. Das angebotene Sortiment ist breiter und tiefer als das auf offiziellen Märkten, da viele, im geheimen tätige Privatunternehmer für den Zweitmarkt produzieren.[218] Die Inputs für *Untergrundproduktion*, Betriebsmittel, Werkstoffe und Arbeitskräfte stammen aus staatlichen Institutionen oder vom Schwarzmarkt. Die Möglichkeiten individueller Bedürfnisbefriedigung steigen durch die Existenz dieser Zweitmärkte. Obwohl der Schwarzmarktpreis für ein Gut höher ist als der offizielle, ziehen die Nachfrager Vorteile aus dem Zweitmarkt, denn die chronische Mangelversorgung erhöht die erzwungene Sparquote und potenziert die Nachfrage nach grundlegenden Konsumgütern, die mittels ausreichender Zahlungsmittel und vorhandener Angebote auf dem Schwarzmarkt durch den frei gebildeten Preis zum Ausgleich gebracht werden.

---

217 Vgl. Kramer, J. M.: Political Corruption in the USSR, 1977, S. 219.
218 Kramer berichtet von korrupten Funktionären, die mit unterschlagenen Materialien Konsumgüter, seien es Aluminiumdosen oder Damenwäsche, mit mehr als 9 Millionen Rubel Wert (ca. 28,5 Millionen DM) produzierten und von höchsten Parteimitgliedern geschützt wurden. Vgl. Kramer, J. M.: Political Corruption in the USSR, 1977, S. 215. Die Silberg-Brüder besaßen gleich mehrere Unternehmen. Sie bestachen verschiedene Ministerien, um notwendige Papiere für den Aufbau eines eigenen Vertriebsapparats, der sich über das ganze Land ausdehnte, zu erhalten. Die Verdienste erreichten Summen bis zu 350 Millionen Rubel (ca. 1.109 Millionen DM), von denen 10 bis 15 Prozent für Bestechungsgelder aufgewendet wurden. Das größte Problem für die Untergrundunternehmer war nicht das Geldverdienen, sondern das Verstecken der Gewinne vor den Behörden. Vgl. Rennstich, K.: Korruption, Eine Herausforderung für Gesellschaft und Kirche, 1990, S. 120.

Neben der Befriedigung lebensnotwendiger Bedürfnisse fragen die Konsumenten Produkte höherer Qualität und Attraktivität nach.

Der ermittelte Preis spiegelt, im Gegensatz zur offiziellen Wirtschaft, gleichsam Qualitätsaspekte wider. Der Preis eines Gutes signalisiert seinen Knappheitsgrad, der in der Regel mit wachsender Qualität oder Leistung steigt. Jedem Marktteilnehmer, Anbieter oder Nachfrager, ist eine individuelle Nutzenabwägung möglich, nach deren Ergebnis er handeln kann. Möchte ein Nachfrager *Schlangestehen* für ein Gut vermeiden, bezahlt er für dasselbe Produkt mehr als der geduldig Wartende. Sucht er bessere Qualität, gibt er mehr Geld aus als gewöhnlich. Er bezahlt die in Geld ausgedrückte Höherwertigkeit des Produktes und begleicht die überhaupt erhaltene Möglichkeit für die Konsumption des qualitativ besseren Gutes, da es dieses Gut auf dem offiziellen Markt nicht gibt.

Auf dem Konsumgüterschwarzmarkt in Ballungsgebieten spielt der Naturaltausch eine untergeordnete Rolle. Geld als Zahlungsmittel zum Erwerb anderer Güter ist dominant, vor allem in Städten, in denen ein gewisses Angebot an nachgefragten Produkten existiert. Auf dem dünner besiedelten Land wird eher mit Naturalien gehandelt, da die Bevölkerung dort über tauschfähige Konsumgüter verfügt.

Der monopolistische bürokratische Schwarzmarkt lebt auch in den Städten von naturalen Bestechungsmitteln. Verbreitet sind aufwendige Geschenke, Essenseinladungen, Alkohol und Prostitution, die eine Sonderbehandlung eigener Anliegen bei den Bürokraten erwirken sollen. Besonders die Prostitution führt zu einer gegenseitigen Abhängigkeit, die bei zukünftigen illegalen Geschäften bedeutsam sein kann.

Die für eine Gesellschaft planwirtschaftlich organisierter Wirtschaftssysteme wichtige Schattenwirtschaft wirkt sich insgesamt negativ auf die offizielle Volkswirtschaft aus. Obwohl sie durch die enge Verflechtung mit der Primärwirtschaft zur Aufrechterhaltung der Funktionsfähigkeit des gesamten Systems beiträgt, ist ihr Schaden beträchtlich. Während Ende der 50er Jahre nach Schätzungen des wissenschaftlichen Forschungsinstituts der staatlichen Plankommission der durch die Schattenwirtschaft verursachte volkswirtschaftliche Schaden für die UDSSR bei 1,5 bis 2 Billionen Rubel lag, erreichte er in der Mitte der 80er Jahre mehr als 60 bis 80 Billionen Rubel jährlich.[219] Es ist anzunehmen, daß die Summen durch die Liberalisierung der sowjetischen Wirtschaft noch weiter gestiegen sind, da sich die staatliche Versorgung der Bevölkerung stetig verschlechtert. So kursieren im Oktober 1989 zwischen 17-25 Prozent des Volkseinkommens, also 100 bis 150 Billionen Rubel, auf dem Schwarz-

---

219 Vgl. Rogovin, V. S.: Problems of Corruption in Soviet Society, 1989, S. 84.

markt; damit hat kein Bereich der offiziellen Nationalökonomie höhere Wachstumsraten als der der Zweitmärkte.[220]

Die Schwarzmärkte erfüllen in Planwirtschaften wichtige ökonomische Zwecke. Sie ermöglichen privates Unternehmertum innerhalb zentralistischer Strukturen, individuelle Profiterzielung und die Befriedigung chronischer Übernachfragen. Marktwirtschaftliche Charakteristika ohne staatliche Restriktionen bestimmen das Marktgeschehen. Während das gesamte soziale System von der Schattenwirtschaft profitiert, stellt sie eine Bedrohung für die Volkswirtschaft dar. Der wirtschaftliche Kollaps zieht politische Unzufriedenheit nach sich, die einem Wirtschaftssystem auf Dauer die existentielle Grundlage entziehen kann.

3.3.3. Korruption als Brücke zwischen Reichtum und Macht zum gesamtwirtschaftlichen Nutzen und Schaden

Zentralverwaltungswirtschaften zeichnen sich durch stark politisch organisierte Wirtschaftätigkeiten aus. Sämtliche legalen Wirtschaftsabläufe erfolgen unter Miteinbeziehung staatlicher Organisationen. Der politische Machteinfluß illegal tätiger Ökonomen ist in Planwirtschaften durch politisch-ökonomische Abhängigkeiten daher immer größer als in Marktwirtschaften. Die Größe des Staatsapparates bewirkt aber auch eine relative Autonomie bzw. Unbeobachtbarkeit individueller Handlungen. Die von den meisten Bürokraten als schlecht empfundene Bezahlung führt im Zusammenhang mit der geringen Entdeckungswahrscheinlichkeit zu erhöhter Korruptionsbereitschaft. Wirtschaftlich meist unerfahrene Staatsdiener stehen für eine Gruppe finanziell gut ausgestatteter, illegal tätiger Unternehmer im Zentrum ihres Interesses. Diese besitzen Reichtümer, aber keinen politischen Einfluß. Gegängelt durch Gesetze, die sie in politische Abhängigkeiten zwingen, versuchen sie, diejenigen auf ihre Seite zu ziehen, die für sie bedeutsame politische Entscheidungen treffen und ausführen. Da Wirtschaftssubjekte über finanzielle Mittel verfügen, die Bürokraten oft nicht besitzen, treffen Angebot und Nachfrage zum beiderseitigen Vorteil aufeinander. Die kommerziellen Gruppen benötigen Schutz für ihre illegalen Handlungen, die Staatsdiener verkaufen diesen zur persönlichen Nutzenmaximierung. Durch Korruption erfolgt ein Interessenausgleich der beteiligten Parteien, aus dem beide ihren individuellen Nutzen ziehen.[221] Korruption ermöglicht den Austausch ökonomischer gegen politische Interessen. Eine Voraussetzung für die Brückenfunktion der Korruption ist die ethnische Gleichheit von Bürokratie und wirtschaftlicher Elite. Handelt es

---

220 Vgl. Holmes, L.: The End of Communist Power, Anti - Corruption Campaigns and Legitimation Crisis, 1993, S. 149.
221 Vgl. Scott, J. C.: Thailand: Ein Beispiel aus der Dritten Welt, 1985, S. 194.

sich bei den Unternehmern um eine ethnische Minderheit, werden sie nicht als gleichstarke Partner behandelt. An die Stelle der Korruption treten erpresserische Maßnahmen oder sogar Enteignungen; Nutznießer einer solchen Verbindung sind ausschließlich die Staatsdiener, die in diesem Falle durch ihren Machteinfluß ihre Verhandlungspartner unterdrücken.

Zu überlegen ist, ob diese Verbindung zwischen Reichtum und Macht allein auf dem Sockel der Korruption hergestellt wird oder ob es nicht legale Mittel gibt, beide Interessen zum gesamtwirtschaftlichen Nutzen zu vereinen. Voraussetzung für das Ziel ökonomischer Einheiten, sich durch Korruption einen Handlungsspielraum zu schaffen bzw. zu erhalten, ist ein unvollkommenes Marktsystem mit wenigen oder gar keinen gesetzlichen Garantien, das lohnende Wirtschaftstätigkeiten stark einschränkt oder verbietet. In Planwirtschaften tritt der Staat als Monopolunternehmer auf. Damit findet sich privates ökonomisches Handeln aber an der Grenze der Illegalität oder in der Illegalität und kann niemals ohne Verletzung gesetzlicher Vorschriften erfolgen. Gleichwohl ermöglicht die organisatorische Struktur von Planwirtschaften großen machtpolitischen Einfluß der Bürokratie auf das öffentliche Leben. Die daraus entstehende, weitreichende staatliche Bevormundung der Wirtschaftstätigen führt unweigerlich zur Korruption, um sich von den engen Fesseln des Staatsapparates zu befreien. Die Staatsdiener auf der anderen Seite könnten auf legalem Wege ihre individuelle Einkommensmaximierung nicht erreichen. Folglich können in Planwirtschaften Interessenkonsens und individuelle Einkommens- und Nutzenmaximierung von Reichtum und Macht nur durch Korruptionsgeschäfte erreicht werden. Mit Recht kann Korruption als Brücke zwischen Reichtum und Macht angesehen werden.

Korruptionsimmanent ist die Tatsache, daß die Vorteile, die die unmittelbar Beteiligten durch ihre Korruptionstätigkeiten erlangen, nur auf Kosten anderer erreicht werden. Leidtragende bei Korruptionsgeschäften ist die Öffentlichkeit, die durch erweiterte Güterangebote kurzfristig von Korruption profitiert, langfristig aber den verursachten Systemschaden zu tragen hat. Konsequenterweise kann es keinen gesamtwirtschaftlichen Nutzen der Korruption geben. Aus marktwirtschaftlicher Sicht verhalten sich die Dinge etwas differenzierter. Wie bereits dargestellt, ermöglicht Korruption in Planwirtschaften den Konsum zur Befriedigung existentieller Bedürfnisse. Korruption hält die Funktionsfähigkeit eines maroden Systems aufrecht, überbrückt Schwachstellen der bürokratischen Ordnung und belebt marktwirtschaftliche Tendenzen in einem starren Verwaltungsapparat. Der Nutzen für die betroffene Gesellschaft kann beträchtlich sein. Schließlich trägt Korruption ihren Anteil zum Zusammenbruch von Zentralverwaltungswirtschaften bei und ebnet den Weg für demokratische Reformen.

Die planwirtschaftliche Perspektive muß zwangsläufig zu anderen Ergebnissen führen. Aus ihrer Sicht fügt die Transmitterfunktion der Korruption dem System Schaden zu; sie zerstört das zugrundeliegende Wirtschaftssystem, indem staatliche Ressourcen dauerhaft zu individuellen Zwecken aus der Primärwirtschaft in die Sekundärwirtschaft umgeleitet werden. Das fehlende Verantwortungsbewußtsein aller am gesellschaftlichen Leben Teilnehmenden treibt den Staat in die Illiquidität und richtet ihn unwiederbringlich zugrunde. Die Kosten der Korruption für den Staat sind immens und auf Dauer unbezahlbar.

Die Freude der Demokraten über marktwirtschaftliche Reformen in ehemaligen planwirtschaftlich orientierten Wirtschaftssystemen ist geteilt. Die Entwicklung der ehemaligen Sowjetunion etwa ist ungewiß, die Menschen leiden in der Übergangszeit mehr als früher unter Existenzbedrohungen und es ist fraglich, inwiefern die unmittelbar Betroffenen den positiven Aspekt des politischen Umschwungs erkennen. Das eigentliche Resultat, der Untergang eines Staates, mitunter sogar bewirkt durch eine massive Ausbreitung der Korruption, sollte nachdenklich stimmen, denn Korruption kann nicht nur Planwirtschaften die Grundlage entziehen.

3.4. Makroökonomische Systemveränderungen aufgrund mikroökonomischer Aktivitäten

Die Zunahme verbotener mikroökonomischer Aktivitäten verändert langfristig das makroökonomische System. Die in der Illegalität wirtschaftenden Unternehmer lernen durch ihre Tätigkeiten Funktionsweisen einer marktwirtschaftlichen Ordnung kennen, die sie irgendwann verinnerlichen und nicht mehr aufgeben. Obwohl diese Schattenwirtschaft häufig, ebenso wie die Primärwirtschaft, mit Hilfe der Korruption funktioniert, beziehen sich geleistete Korruptionszahlungen in der Sekundärwirtschaft auf die finanzielle Risikoentschädigung derer, die als Protektoren heimlicher Anbieter auftreten, und nicht etwa auf Zusatzzahlungen für staatlich garantierte Handlungen. Die Legalität der Primärwirtschaft fordert Korruptionszahlungen weniger als Entschädigung für verbotene privatwirtschaftliche Handlungen; die Bürokraten nutzen eher ihr bestehendes Markt- und Machtmonopol aus, denn das fixe Angebot des Staatsmonopols an Gütern kann bei unelastischer Nachfrage zu erheblichen privaten Einkommenssteigerungen durch Korruptionsforderungen führen.

Da der Kauffond i.d.R. größer ist als der Warenfond, stellt die Bezahlung höherer Preise auf dem Schwarzmarkt für die Verbraucher kaum Probleme dar. Die Möglichkeit, Produkte überhaupt erwerben zu können, rechtfertigt die Preise, die sich nach Angebot und Nachfrage auf dem Sekundärmarkt richten. Die Marktlage bestimmt die

Produktion neuer oder weiterer Güter. Mit der Zeit breitet sich ökonomisches Denken und Handeln in der planwirtschaftlich erzogenen Gesellschaft aus, das dem Transformationsprozess von der Plan- zur Marktwirtschaft dienlich ist.

Die durch den Zusammenbruch des alten Systems entstandenen, veränderten ökonomischen Strukturen befinden sich in der Umbruchphase in einem labilen Zustand. Zu untersuchen ist der Einfluß, den Korruption auf die neuen Strukturen ausübt, denn das Vorhandensein und die Anwendung von Korruption im alten Wirtschafts- und Gesellschaftssystem überträgt sich auf die in der Entwicklung befindliche neue Ordnung. Das Überleben in der Mangelwirtschaft und der Beginn der Marktwirtschaft durch den Umsturz des alten Systems ist u.a. auf Korruption zurückzuführen und wird ihr positiv zugeschrieben. Die Frage ist, ob Korruption in der Phase der Institutionalisierung einer neuen Ordnung Nutzen und/oder Schaden bringt.

3.4.1. Entstehung funktionierender Märkte

Die mangelnde Fähigkeit zentralistischer Regierungen, eine einigermaßen funktionierende, gesteuerte Ökonomie zu gewährleisten, führt zu kontinuierlich wachsenden Wirtschaftätigkeiten in Konsumgüterschwarzmärkten, die die Existenz der Bevölkerung bewahren und der massiven Unterversorgung entgegenwirken. Die ökonomischen Entscheidungen in Zentralverwaltungswirtschaften gründen nicht auf strategischen, wohlüberlegten Planungen, sie sind vielmehr das Produkt politisch motivierter Ziele und Interessen und lassen tatsächliche wirtschaftliche Kriterien unberücksichtigt, was sich häufig in Versorgungsengpässen äußert. Die oft durch Korruption beeinflußten Planentscheidungen zugunsten niedriger Planauflagen etwa forcieren damit das Wachstum der Schwarzmärkte, die gleichsam durch Korruption geschützt und aufrechterhalten werden. In Abhängigkeit von bürokratischen Ausweitungen und internen Verflechtungen im Staatsapparat breitet sich die Schattenwirtschaft mit ihren Versorgungsleistungen weiter aus. Korruption wirkt als Koordinationsinstrument zweier parallel bestehender Märkte innerhalb einer Volkswirtschaft und bildet ein Korrektiv für Fehlentscheidungen zuständiger Planungsbehörden.[222]

Die illegale Privatwirtschaft gilt als der wichtigste Ansatzpunkt für Korruption in Planwirtschaften. Die dem Primärsystem entzogenen Ressourcen für den im geheimen ablaufenden Teil der Volkswirtschaft, z.B. unterschlagenes staatliches Material oder Arbeitskräfte, die zu diesem Zweck nach sozialistischem Gedankengut gar nicht ver-

---

222 Vgl. Schmidt, K.: Zur Ökonomik der Korruption, 1969, S. 146.

fügbar sein dürften[223], schwächen schlüssigerweise die eigentliche Nationalökonomie. Durch die Verlagerung wirtschaftlicher Aktivitäten in Verbindung mit dem Entzug naturaler und humaner Ressourcen verlieren die legalen Märkte zunehmend an Bedeutung.

Die Schattenwirtschaft entwickelt im Zeitablauf ihre eigene Dynamik. Statt starrer Pläne bestimmt der freie, dezentral gesteuerte Markt das Geschehen. Die Produktion nachgefragter, auf dem offiziellen Markt nicht erwerbbarer Güter führt zu einer für den Verbraucher vorteilhaften, differenzierten Zusammensetzung und zur quantitativen Veränderung des Warenkorbs. Die freie Preisbildung bringt Angebot und Nachfrage zum Ausgleich und ermöglicht individuelle Gewinn- bzw. Nutzenmaximierung.[224] Ein funktionierender Markt entsteht. Zeichnet sich der offizielle Markt dadurch aus, daß er bei völliger Unkenntnis über tatsächliche Produktionskosten, Kostenkalkulationen und Preise für das Gesamtprodukt u.U. falsche Produkte für falsche Märkte zu falschen Preisen produziert[225], agieren die *Unternehmer* in der Schattenwirtschaft aufgrund strategischer, gewinnorientierter Ziele. Die Existenz von Privateigentum und Konkurrenz, im Gegensatz zum offiziellen Staatsmonopol, zwingt sie zum ökonomischen Handeln.

Trotz konträr verlaufender Marktgeschehnisse stützen sich Erst- und Zweitökonomie gegenseitig. Versorgt die offizielle Volkswirtschaft die Bevölkerung mit Grundnahrungsmitteln, die zu staatlich garantierten Festpreisen für jedermann erschwinglich sind, bieten sich auf den Schwarzmärkten Möglichkeiten zum Kauf weiterer erwünschter Produkte, allerdings zu Preisen, die das Verhältnis von Angebot und Nachfrage widerspiegeln. Die aus der Monopolstellung des Staates resultierende Möglichkeit künstlicher Güterverknappung zur Steigerung von Korruptionseinkommen der Beamten wird durch die Zweitmärkte abgeschwächt.[226] Die finanzielle Versorgung der Bevölkerung durch den Staat ermöglicht den Interessenten, auf den Schwarzmärkten nachfragend tätig zu werden. Die Kaufkraft der Nachfrager ist stark und die geforderten Preise können bezahlt werden.

Unterschiede zu regulären Märkten marktwirtschaftlichen Stils sind in höheren Preisen, die auf Schwarzmärkten zu entrichten sind, zu sehen. Neben den eigentlichen Kosten eines Produktes, die wegen der illegalen Handelbarkeit, der mono-

---

223 Vgl. Noack, P.: Korruption - die andere Seite der Macht, 1985, S. 65.
224 Der Unterschied zwischen planwirtschaftlichen Schwarzmärkten und Marktwirtschaften ergibt sich durch deren höhere Preise, die die Illegalität wirtschaftlichen Handelns auf Zweitmärkten signalisieren und einen Korruptionsaufschlag beinhalten.
225 Vgl. Molitor, B.: Der Übergang von einer zentralistischen Planwirtschaft zur Sozialen Marktwirtschaft, 1991, S. 12.
226 Vgl. Simis, K. M.: USSR - The Corrupt Society, 1982, S. 267 f.

polartigen Distribution (Mangelprodukte finden sich nur auf Schwarzmärkten) und dem höheren unternehmerischen Risiko einen Zuschlag beinhalten, muß der Käufer zusätzlich für die entrichteten Korruptionszahlungen des Verkäufers aufkommen, die dieser für benötigte Inputs zur Produktion des Endprodukts bezahlen muß. Die ungleiche Verteilung von Staatsgütern auf verschiedene Städte, die nach drei Kategorien vorgenommen wird, führt zu einem Allokationsproblem vorhandener Produkte. Es kommt vor, daß in einer Stadt das Angebot an Produkt X die Nachfrage übersteigt, aber Mangel an Produkt Y besteht. In einer anderen Stadt gibt es Produkt Y im Überfluß, Produkt X hingegen fehlt. Die als *Spekulanten* bekannten Händler allozieren die benötigten Güter an den entsprechenden Märkten.[227] Sie arbeiten auf eigenes Risiko und berechnen ihren Gewinnaufschlag auf den Grundpreis des Gutes. Die vergleichbar höheren finanziellen Aufwendungen eines Konsumenten rechtfertigen sich mit dem größeren individuellen Nutzen, den er aus der Existenz des Zweitmarktes zieht und durch die Möglichkeit des Kaufs der benötigten Güter.

Dem mikroökonomischen Nutzen von Schwarzmärkten steht sein makroökonomischer Schaden gegenüber. Die kontinuierliche Entnahme staatlichen Eigentums zu privaten Zwecken, das dem Wirtschaftskreislauf auf Dauer entzogen wird, muß zum finanziellen Ruin einer Volkswirtschaft führen. Das Zusammenwirken mit weiteren Faktoren, z.B. anhaltend schwacher Motivation und fehlender Arbeitsmoral der Arbeitenden, unverhältnismäßiger Expansion der Rüstungsindustrie, bringt ein wirtschaftliches System zum Erliegen. Die Zerstörung des Wirtschaftssystems erfolgt allmählich von innen heraus durch Korruption; im Gegensatz zum Putschversuch ist sie nicht intendiert, sondern stellt eine Begleiterscheinung dar. Verbotene mikroökonomische Aktivitäten bewirken schließlich makroökonomische Systemveränderungen.

Der Zusammenbruch der ehemaligen Sowjetunion, mitunter zurückzuführen auf weitreichende korruptive Einflüsse, belegt die Auswirkungen verbotener mikroökonomischer Handlungen auf die zugrundeliegende Volkswirtschaft. Der Übergang von der Planwirtschaft zur Marktwirtschaft hat begonnen. Die bis dahin verbotenen, privatwirtschaftlich funktionierenden Märkte sind nun legal. Die schon in Zentralverwaltungswirtschaften existierenden Zweitökonomien erleichtern den Umbruch, da Anbieter und Nachfrager mit den Mechanismen freier Märkte weitgehend vertraut sind.

Der legale Charakter privatwirtschaftlich organisierter Märkten bewirkt eine weitere Ausweitung des Angebots. Aus dem Zusammenbruch des Systems können funktionierende Märkte hervorgehen. Strikte, in Planvorgaben festgelegte, von der Nach-

---

227 Vgl. Simis, K. M.: USSR - The Corrupt Society, 1982, S. 267 ff.

frage unabhängige Produktionsvorgaben weichen dem Wettbewerb. Die Nachfrage bestimmt die Produktion, die Beschaffung benötigter Ressourcen ist frei von staatlich festgelegten Lieferbeziehungen, das bis dahin weitgehende Außenhandelsmonopol des Staates wird von zunehmender Liberalisierung abgelöst und die Konkurrenz auf den Märkten vermindert im Zeitablauf den Anreiz zur Durchführung von Korruptionsgeschäften.

Der Grund für die bestehende, grassierende Unterversorgung der Bevölkerung, die weit schlimmere Ausmaße angenommen hat als unter kommunistischer Regierung, ist nicht allein im fehlenden Angebot zu suchen. Die um sich greifende Armut macht es weiten Teilen der Bevölkerung unmöglich, Konsumgüter nachzufragen. Obwohl der Preis für ein Gut auf legalen Märkten im Normalfall heute unter dem ehemaliger Schwarzmarktpreise liegt, sind die meisten Produkte für viele unerschwinglich geworden. Die neue Armut hat viele Ursachen. Durch die Öffnung der Märkte hat sich der Staat von seiner Aufgabe, die Bevölkerung zu versorgen, zurückgezogen. Die einstmals fixen Preise für Grundnahrungsmittel regeln sich jetzt weitgehend nach Angebot und Nachfrage auf freien Märkten und sind entsprechend höher, da der Landwirtschaft Investitionen des Staates und privater Unternehmen fehlen. Eine rasch ansteigende Inflation und strukturelle Wirtschaftskrisen verschärfen die Lage. Für die Grundversorgung der Familien müssen demnach mehr finanzielle Mittel aufgewendet werden als vor der Wende. Hinzu kommt die Minimierung staatlicher Lohn- und Gehaltszahlungen und eine steigende Arbeitslosigkeit durch die Schließung ehemaliger, unrentabler Staatsbetriebe. Weiten Teilen der Gesellschaft geht es wesentlich schlechter. In der Situation zunehmenden Wettbewerbs und niedriger Einkommen kann Korruption als Mittel zur Überwindung von Zwangslagen nicht instrumentalisiert werden.

Die augenblickliche Situation in der GUS ist für die Bevölkerung nicht einfach. Die politische Haltlosigkeit, gepaart mit der wirtschaftlichen Existenzbedrohung, läßt viele an Vorteilen des Zusammenbruchs der Planwirtschaft zweifeln. Noch ist die zentralistische Planwirtschaft nicht durch ein effektives marktwirtschaftlich organisiertes System abgelöst. Einem Großteil der Unternehmen fehlt die nötige Ausstattung für die Präsenz in der neuen Umgebung, die Finanzinstitutionen befinden sich noch in ihrer Entwicklung und der Zusammenbruch der Wirtschaftsbeziehungen zwischen und in den Republiken stört die Integrationstendenzen. Überwindet die Gesellschaft diesen instabilen Zustand, können sich die neuen Märkte auf Dauer durch den Ausgleich von Angebot und Nachfrage durch wachsende Kaufkraft entfalten; die makroökonomischen Systemveränderungen wirken sich vorteilhaft aus.

3.4.2. Verbreitung ökonomischen Denkens und Handelns

Der Übergang von einem Wirtschaftssystem zu einem neuen vollzieht sich nicht allein auf politischer Ebene.[228] Die betroffene Gesellschaft muß ihre Verhaltensweisen den neuen Strukturen anpassen, damit der Wandel tatsächlich eintreten kann. Der Umbruch von der Planwirtschaft zur Marktwirtschaft erfordert von den am Wirtschaftsleben Beteiligten die Verinnerlichung ökonomischen Denkens und Handelns.

Der Wirtschaftsablauf der Zweitmärkte in den Planwirtschaften richtet sich nach marktwirtschaftlichen Prinzipien. Allerdings sind die Anbieter dieser Märkte aufgrund des Verbots der Sekundärwirtschaft und der restriktiven Wirtschaftspolitik des Staates eingeschränkt und in der Ausdehnung wirtschaftlicher Tätigkeiten behindert. Durch den Zusammenbruch kann sich die Ökonomie von ihren Fesseln staatlicher Einflußnahme lösen und die freie ökonomische Entfaltung forcieren.

Das Ende der Planwirtschaft bedeutet für die betroffene Volkswirtschaft den Aufbruch zu einer vom Staat weitgehend unabhängigen Ökonomie. Die Entscheidung für die Produktion eines Gutes bleibt auf einem dezentralen Markt den einzelnen Wirtschaftseinheiten überlassen. Die Öffnung der Märkte verändert somit die Zusammensetzung des Warenangebots. Das ausschließliche Angebot homogener Güter auf dem offiziellen Markt zu gleichen Preisen findet sich nicht mehr. Das sich herausbildende Unternehmertum gestaltet sein Angebot flexibler, das Sortiment ist breiter und tiefer. Gewinnerzielung, Bedarfsdeckung und Wertschöpfung bilden die zentralen Handlungsmaximen einer Unternehmung. Gleichzeitig kann der Preis für ein bestimmtes Gut relativ frei von staatlichen Beschränkungen und Korruptionsaufschlägen in Abhängigkeit von Angebot und Nachfrage variieren und Indikator der Kosten und des Knappheitsgrades eines Produktes sein. Der Preismechanismus zwingt die Unternehmer zu schnellen Reaktionen auf Nachfrageverschiebungen, wenn sie ihre Marktanteile behalten oder ausbauen wollen. Der noch in dieser wirtschaftlichen Entwicklungsstufe vorherrschende Verkäufermarkt läßt dem Unternehmertum durch die diesen Markt charakterisierende, abgeschwächte Konkurrenzsituation Spielräume, in denen sie relativ unbeschadet marktwirtschaftliche Verhaltensweisen kennenlernen können.

Anreiz für Wirtschaftstätigkeiten ist die Gewinnerzielungsabsicht. Die Möglichkeit, Gewinne zu machen, motiviert die Unternehmer zur Risikoübernahme. Die investierte Leistung erhöht die Chancen individueller Nutzenmaximierung. Die Chance der Ge-

---

228 Auf die damit einhergehende Trennung von Partei und Staat, freie Wahlen, politischen Pluralismus, Pressefreiheit, die Akzeptanz Andersdenkender bspw. wird nicht näher eingegangen.

winnerzielung birgt aber auch das Risiko des Verlustes. Die in Planwirtschaften unbekannte Eigenverantwortlichkeit durch das Privateigentum an Produktionsmitteln zwingt nun zu ökonomischem Handeln und gesetzte, realistische Ziele müssen strategisch geplant, organisiert, konsequent durchgeführt und kontrolliert werden. Überwiegt die Chance, bei gegebener Leistung die Kosten weitmöglichst zu senken oder bei gegebener Kostenstruktur die Ausbringungsmengen zu maximieren, können die am Markt tätigen Unternehmen Gewinne erzielen. Als Reaktion werden neue Unternehmen am Markt handelnd auftreten: Konkurrenz entsteht und beeinflußt wiederum unternehmerische Entscheidungen.

Der in Wachstumsmärkten zu beobachtende Aufstieg von Unternehmen erfordert von den einzelnen Wirtschaftseinheiten eine exakte Planung zukünftigen Handelns, um potentielle Risiken zu minimieren bzw. kalkulierbar zu machen und langfristiges Bestehen im Markt zu sichern. Im Gegensatz zum wirtschaftlichen Handeln in Planwirtschaften, bei dem die Ziele als definitive Vorgaben an die Betriebe weitergegeben werden, legt in Marktwirtschaften jedes Unternehmen individuell seine Ziele fest. Die am Unternehmen Beteiligten müssen mit den Schwierigkeiten der Zielbildung, die als Resultat von Verhandlungs- und Entscheidungsprozessen vieler, mit unterschiedlicher Macht ausgestatteter Einflußgruppen entsteht, umgehen lernen. Gerade die eigenverantwortliche, persönliche Interessenverfolgung und ihre interindividuelle Abstimmung zum Vorteil aller einflußnehmenden Gruppen ist ein Vorgang, den die ehemals *bevormundeten* Wirtschaftssubjekte der Planwirtschaft zum eigenen und zum Vorteil der Volkswirtschaft verinnerlichen müssen.

Nach der Festlegung der Unternehmensziele muß eine geeignete Strategie entwickelt werden, mit der die Ziele in einem unsicheren Markt erreicht werden können. Der Unterschied zu planwirtschaftlichen Strategien liegt darin, daß Produktion und Absatz aller produzierten Güter nicht mehr gewährleistet sind. Diese fehlende Zusicherung verändert jedoch jegliches wirtschaftliches Vorgehen, da die zahlenmäßige Ungleichheit von Produktion und Absatz auf Dauer die Existenz eines Unternehmens gefährden kann; neben der Produktion muß daher besonders der Absatz geplant werden. Bis der Markt gesättigt ist, bildet die Produktion den Engpaß: technisches Know-How und moderne Produktionsanlagen fehlen und müssen erst beschafft werden. Hat sich die wirtschaftliche Situation zum Käufermarkt entwickelt, stellt die Absatzplanung für die Unternehmer planwirtschaftlicher Orientierung eine Neuheit dar. Im planwirtschaftlichen, von Mängeln in der Versorgung geprägten *Markt* bereitet der Verkauf produzierter Güter kaum Schwierigkeiten; er kann vorausgesetzt werden. Der Engpaß planwirtschaftlicher Produktion ist vielmehr die Beschaffung benötigter Ressourcen, die grundsätzlich von staatlichen Stellen mit festen Lieferverträgen organisiert werden.

Die Unternehmensplanung erfordert diffizile Prognosen zukünftiger Chancen und Risiken, die das strategische Vorgehen eines Unternehmens bestimmen. Fehleinschätzungen aufgrund hoher Unsicherheiten bergen existentielle Risiken für ein Unternehmen. Für ökonomisch wenig geschulte Unternehmer stellt die Planung daher ein großes Problem dar, das sie erst im Zeitablauf durch Erfahrung zu beherrschen lernen.

Organisation und Führung der Wirtschaftseinheiten erfolgen in Abstimmung mit der Planung. Wichtigstes Kriterium erfolgversprechenden Wirtschaftens ist das ökonomische Handeln auf allen Ebenen in allen Bereichen eines Unternehmens. Die Mitarbeiter müssen lernen, effizient zu arbeiten. Durch gestaffelte Löhne und Gehälter erkennen sie den Zusammenhang zwischen individueller Leistung und Einkommen, die sich in der Summe auf das Unternehmen und dadurch auch wieder auf sie auswirken. Die Arbeitskräfte müssen motiviert werden zu leistungsbezogenem Einsatz und zu selbständigem Agieren. Problematisch ist die durch Kosteneinsparungen entstandene Arbeitslosigkeit. War in der Planwirtschaft jeder einzelne Arbeitsplatz staatlich garantiert und bezahlt, existiert das faktische Recht auf Arbeit in der *Marktwirtschaft* nicht mehr. Die daraus resultierende, aus planwirtschaftlicher Sicht soziale Ungleichheit und Unsicherheit macht der Gesellschaft die Rückübertragung wesentlicher Lebensrisiken an den einzelnen und seine Eigenverantwortung deutlich. Ziel aller Reformer muß es daher sein, die Gemeinschaft nicht mit den für sie neuen Problemen allein zu lassen und ihnen auch psychologischen Rückhalt zu geben, damit die Krise als Chance zu vermehrter Freiheit und individuellen Gestaltungsmöglichkeiten gesehen und genutzt werden kann.

Charakteristikum von Marktwirtschaften ist die Existenz von Konkurrenz, die den Wettbewerb positiv beeinflußt. Konkurrenz ist in den meisten zentralistischen Wirtschaftssystemen, die von theoretischen Vorstellungen sozialer Gleichheit, Verteilungsgerechtigkeit, gleichen Lebenschancen und Solidarität geprägt sind, schwach ausgebildet. Der wirtschaftliche, politische und soziale Wandel läßt die Gesellschaft in einer Orientierungslosigkeit zurück, die erst überwunden werden muß. Die Entwicklung neuer Wertvorstellungen im Zusammenhang mit dem wirtschaftlichen Aufschwung kann schließlich zu verstärktem ökonomischen Denken und Handeln führen, das den umfassenden Übergang von der Plan- zur Marktwirtschaft antreibt.

3.4.3. Einflüsse von Korruption auf veränderte ökonomische Strukturen

Der gegenwärtige Entwicklungsstand der russischen Wirtschaft belegt die Vermutung, daß sich der Transformationsprozess zur Marktwirtschaft nur schleppend vollzieht. Die vorhandenen Chancen, ein wirtschaftlich effizientes System zu errichten, werden zu wenig genutzt. Stattdessen breitet sich das organisierte Verbrechen auf Kosten des gesamtwirtschaftlichen Wachstums ungehindert aus. Die Frage ist, worauf dieser weltweit stabilitätsgefährdende Umstand zurückzuführen ist.

Ein Grund kann darin gesehen werden, daß die ehemalige Nomenklatura und kommunistisch erzogene Bürokraten im Zuge der Reform erneut Regierungsämter übertragen bekommen haben. Eine ihrer Aufgaben, durch Kontakte mit dem Westen die Wirtschaftsentwicklung des eigenen Landes voranzutreiben, ermöglicht eine weitgehende *Korruptionsautonomie*. Als Repräsentanten des alten Systems profitieren sie von den entstehenden freien Märkten, denn ihre Tätigkeit auf dem internationalen Markt ermöglicht ihnen verstärkte individuelle Einkommensmaximierung durch Devisen auf Kosten des Staates, ohne Sanktionen befürchten zu müssen. Diese enormen Vorteile hemmen das Interesse der Involvierten an einer Weiterentwicklung wirtschaftlicher und politischer Strukturen, zumal die Privilegien für die Elite in der Übergangszeit weiter bestehen. Reformen können illegale Aktivitäten möglicherweise einschränken oder unterbinden und werden deshalb von den Betroffenen zu verhindern versucht. Da die Betroffenen die Korrumpierenden und Korrumpierten im ehemals kommunistischen System verkörpern, liegt es nahe, daß sie auch nach der Auflösung des alten Staatsapparates Korruption als adäquates Instrument individueller Nutzenmaximierung zu Lasten des Staates betrachten.[229] Viele der inzwischen legal tätigen Unternehmer, von denen nach einer Umfrage 49 % in der sowjetischen Schattenwirtschaft aktiv waren und als besonders vorsichtig und wohlüberlegt handelnd gelten, schätzen ihre individuellen Nachteile durch Reformen und staatliche Schutzmaßnahmen höher ein als die herrschende, für sie jedoch vertraute Korruption und Kriminalität.[230]

Der Unterschied zwischen neuen Erscheinungsformen von Korruption in Umbruchzeiten und Korruptionsgeschäften in straff organisierten Planwirtschaften ist in dem *monopolistischen Korruptionsschema* zu sehen.[231] Früher kanalisierten lokale Parteibüros die Korruptionszahlungen, kontrollierten ihren Ablauf und verteilten die entrichteten Summen an die Beteiligten. Diese illegale Distributionspolitik sicherte dem Korrumpierenden nach einmaliger Entrichtung einer Korruptionssumme den Erhalt eines über offizielle Stellen beziehbaren Gutes; weitere Zahlungsanforderungen für dieses Korruptionsgeschäft erfolgten nicht. *Shleifer* und *Vishny* sprechen in diesem Zusammenhang von durchdringender Korruption, da die einmalige Zahlung alle

229 Vgl. Kerneck, B.: Russische Höllenkreise, 1995, S. 86.
230 Vgl. OECD (Editor): OECD Economic Surveys - The Russian Federation, 1995, S. 17.
231 Vgl. Shleifer, A. / Vishny, R. W.: Corruption, 1993, S. 600 ff.

betroffenen Ämter einschließt.[232] Diese Transparenz des Korruptionsmarktes ermöglicht es dem Nachfrager nach einem Gut, eine genaue Kosten:Nutzen-Abwägung vor der korrupten Transaktion durchzuführen. Zur individuellen Bedürfnisbefriedigung in Mangelwirtschaften ist Korruption nützlich.

In Umbruchzeiten zeichnen sich bürokratische Abläufe durch eine Vielzahl unabhängiger Aktionen und Institutionen aus. Verschiedene Ministerien und lokale Regierungen setzen mit der Intention eigener Einkommensmaximierung unabhängig voneinander Korruptionssummen fest. Der Nachfrager nach einem nur über offizielle Stellen erwerbbaren Gutes wird innerhalb des staatlichen Monopols mit einem *oligopolistischen Korruptionsmarkt* konfrontiert, bei dem er Höhe und Anzahl der Korruptionszahlungen nicht mehr einschätzen kann.[233] Selbst vielfach gestreute Korruptionszahlungen schützen ihn nicht vor weiteren oder erneuten Zahlungsforderungen und sichern ihm nicht den Erhalt des nachgefragten Gutes. Ein auf Korruption basierendes Geschäft ist für den Nachfrager teuer, unkalkulierbar und womöglich riskant geworden, denn die Ablehnung von Zusatzforderungen kann Erpressungen nach sich ziehen. Korruption hat eine Wendung zur Bösartigkeit vollzogen; da sie die intendierten Ziele nicht mehr zu garantieren vermag, entfällt auch ihre Nützlichkeit.

Folgen des undurchsichtigen Korruptionsmarktes sind stark steigende Preise, die Produktivität und Nachfrage drosseln, viele Investoren abschrecken und in der Bevölkerung zu wirtschaftlicher Not führen. In der GUS scheinen öffentliche Güter ohne hohe Korruptionszahlungen überhaupt nicht mehr zu beschaffen zu sein.[234] Das bürokratische Monopol bei bestehender Korruptionsakzeptanz, gleichzeitiger politischer Instabilität und abhängigen Justiz- und Kontrollinstanzen ermöglicht den Amtsträgern die fast uneingeschränkte Forderung zusätzlicher Gelder zur Erledigung von Diensten, zu denen sie von Amts wegen verpflichtet sind. Die ökonomische Effizienz, die bei vollkommener Konkurrenz am höchsten ist, da in diesem Falle die Korruptionsmöglichkeiten am geringsten und die Preise damit niedriger als bei einem unabhängigen Monopol sind, bewegt sich im gegebenen Zustand invers und erstickt wirtschaftliche Reformversuche im Keim.

Die weite Verbreitung der Korruption in der ehemaligen Sowjetunion ist u.a. auf die geschwächte Regierungszentrale zurückzuführen. Der Übergang von einer autokratischen zu einer demokratischeren Regierung fordert einen in seinem Einfluß beschränkteren Staatsapparat, zumal sich eine neue politische Autorität mit funktio-

---

232 Vgl. Shleifer, A. / Vishny, R. W.: Corruption, 1993, S. 600.
233 Vgl. Shleifer, A. / Vishny, R. W.: Corruption, 1993, S. 600 ff.
234 Vgl. o. V.: Corruption Biggest Fear in Russia, in: Transparency International Newsletter, 9/1995, S. 10.

nierenden Kontrollinstanzen noch nicht institutionalisiert hat. Der Zusammenbruch des starken Staates und der sowjetischen Ideologie vermittelt der Bevölkerung ein Gefühl der Haltlosigkeit. Herkömmliche Regeln und Werte existieren nicht mehr, neue sind noch nicht entwickelt. Es herrscht ein Zustand der Gesetzlosigkeit, in dem Korruption und Gewalt wegen fehlender Sanktionen stark ausgeprägt sind und durch den Verlust des staatlichen (Korruptions)monopols zusätzlich gedeihen. Der ehemalige soziale Zusammenhalt verliert sich in unkontrollierten Einzelkämpfern, bei denen jeder seinen individuellen Nutzen auf Kosten anderer zu optimieren sucht.

Die Reform der ehemaligen DDR weist die Effizienz eines raschen, von demokratisch geschulten Kräften gelenkten Umbruchs auf, bei dem neben einer neuen Regierungsform und einer neuen Wirtschaftsordnung das alte Wertesystem ohne Entstehung eines langanhaltenden Vakuums rasch durch ein neues abgelöst wird.

Das durch die Schattenwirtschaft entstandene, organisierte Verbrechen entwickelt sich in der Sowjetunion in den achtziger Jahren und nimmt seit dem Ende der Planwirtschaft immer bizarrere Formen an.[235] Dazu ist die Schwarzarbeit und vor allem das damals verbotene und deshalb im Untergrund tätige private Unternehmertum zu zählen. Die durch fehlende Gesetze entstandene Grauzone seit Beginn der Perestroika 1985 lenkt das private Unternehmertum in legale Bahnen und markiert den Beginn der Privatwirtschaft. Diese an sich positive Entwicklung führt aber zu einem massiven Anstieg der Korruption. War Korruption zu Sowjetzeiten ein weitverbreitetes, eher friedliches Mittel zu individueller Bedürfnisbefriedigung, ist sie jetzt oft eingebettet in mafiöse Strukturen, die kriminellen Gruppen dienen, die auch vor massiver Gewaltanwendung nicht zurückschrecken.[236] Strategisches Eindringen der russischen Mafia in Politik und Justiz soll ihre ökonomische (und politische) Zielerreichung unterstützen; die fehlende staatliche Führung kann ihre weitere, die Zukunft des Landes beeinflussende Expansion nicht verhindern. Stattdessen sichert die Mafia ihre Aktionen durch Korruption von Personen in Schlüsselpositionen gegen Bestrafung und Einschränkungen ab. Die Korruptionswilligkeit und -gewohnheit hoher Beamter ermöglicht die Konzentration wichtiger Wirtschaftstätigkeiten bei staatsfeindlichen Gruppen, deren Einfluß in einem offenen Markt auch über die Landesgrenzen hinaus wirken kann.[237]

---

235 Vgl. OECD (Editor): OECD Economic Surveys - The Russian Federation, 1995, S. 133 und Siegl, E.: Erpressung, Bestechung, Mord auf Bestellung, in: Frankfurter Allgemeine Zeitung vom 04. März 1995.
236 Vgl. Roth, J.: Der Sumpf, Korruption in Deutschland, 1995, S. 17.
237 Vgl. Siegl, E.: Erpressung, Bestechung, Mord auf Bestellung, in: Frankfurter Allgemeine Zeitung vom 04. März 1995.

Die Machtverschiebung vom Staat weg zu illegalen Organisationen zwingt das Unternehmertum zur Verbindungsaufnahme mit den neuen *Gesetzeshütern*.[238] Geschäftstüchtige Jungunternehmer starten ihre Karriere im Untergrund und sichern sich in einem kriminell gewordenen Markt das Überleben, in dem sich selbst die Polizei als korrupt erweist. Die durch Korruption anwachsende Kriminalität und steigende Preise halten neben inländischen auch ausländische Investoren ab, da ihnen der politische und wirtschafliche Handlungsrahmen zu unsicher erscheint.[239] Investitionen, Innovationen und besonders ein beträchtlicher Kapitalzufluß sind jedoch die Basis für einen umfassenden Übergang zu marktwirtschaftlichen Strukturen. Fehlen den Investoren potentielle Marktchancen durch Ausnutzung von Wettbewerbsvorteilen, z.B. niedrige Kosten, engagieren sie sich nicht; die Wirtschaft bleibt funktionsunfähig.

Diese für die GUS neuen Schwierigkeiten haben noch nicht zur Ausweitung der Produktion und zur Grundlage für einen funktionierenden Markt unter Konkurrenzbedingungen geführt. Vor allem die Privatisierung ehemaliger Staatsbetriebe lähmt den Prozeß. Da die Aufteilung von Staatseigentum unter ehemaligen Nomenklaturisten, womöglich mit Hilfe von Korruption, erfolgt, teilt sich die Bevölkerung in zwei stark divergierende Schichten: die sehr Reichen und die am oder unter dem Existenzminimum lebenden Armen.[240] Die große Zahl völlig verarmter Menschen verhindert neben neuen Existenzgründungen die Nachfrage nach Produkten, die sie zwar dringend benötigen, aber nicht bezahlen können.[241] Die fehlende Nachfrage wirkt sich längerfristig wiederum auf das Angebot und die Produktion aus, da sie Markt und Wettbewerb eigentlich stimulieren sollte. Obwohl es vieles zu kaufen gibt, ist es für den größten Teil der Bevölkerung unerschwinglich. Inflation und hohe Arbeitslosigkeit führen dazu, daß auch der ehemals staatlich garantierte Wohnraum nicht mehr bezahlbar ist. Die alte, autoritäre Staatsmacht, die materielle Sicherheit und Autorität gab, existiert nicht mehr. Mechanismen gesellschaftlichen Zusammenlebens fehlen und die soziale und wirtschaftliche Not verschlimmert sich. Konnten sich die Menschen früher durch Korruption viele Wünsche erfüllen, hätten sie zwar heute die Chance, auf legalem Wege Produkte zu kaufen, doch fehlen die Mittel.

Die im alten System erlernte und erfolgreich angewandte Korruption beeinflußt die veränderten ökonomischen Strukturen negativ. Die anhaltende Korruptheit vieler Beamter und Politiker erschwert marktwirtschaftliche Entwicklungen, da das gesamte System für potentielle Investoren zu undurchsichtig und unberechenbar ist. Neben

---

238 Vgl. Ahlberg, R.: Sowjetgesellschaft im Epochenwandel, 1992, S. 237, 248 f.
239 Vgl. o. V.: Corruption Biggest Fear in Russia, in: Transparency International Newsletter, 9/1995, S. 10.
240 Vgl. OECD (Editor): OECD Economic Surveys - The Russian Federation, 1995, S.81 ff.
241 Vgl. Knapp, H., zit. nach Leube, K. R. (Hrsg.): Liberale Marktwirtschaft, 1992, S. 100 ff.

der staatsbezogenen Korruption existiert die durch die Staatsbeamten und Parteifunktionäre in den freien Wettbewerb hineingetragene Korruption, die mit dem Zusammenbruch des alten Systems und dem Verbot der kommunistischen Partei ent-
lassen wurden. Ihre an Korruption gewöhnten Tätigkeiten treten in einem verlagerten
Sektor wieder in Erscheinung und bestimmen die Vorgehensweisen in der Privatwirtschaft. Die politische Destabilisierung der GUS im Zusammenhang mit der Taten-
losigkeit der russischen Führung bilden den Nährboden für eine wachsende Institutionalisierung von Korruption im Wirtschaftsalltag. Seit einiger Zeit wird ein Gesetz zur
Korruption erarbeitet, doch ist die Opposition in Regierungskreisen dagegen groß. Ein
Teil der Regierung will die Möglichkeiten zu Korruptionsgeschäften aus privaten
Gründen aufrechterhalten, die Reformwilligen sind mit effektiven Vorgehensweisen zu
ihrer Bekämpfung nicht vertraut. Auch ihnen fehlt das nötige Know-How zum Umgang
mit den durch den Transformationsprozess entstandenen neuen Problemen. Stattdessen entstehen durch das beginnende Wirtschaftswachstum und den Zerfall des
Militärs neue Schwarzmärkte, die von Freihandel und offenen Grenzen profitieren.

Das Korruptionsausmaß im Zusammenhang mit der schlechten wirtschaftlichen Lage
in der GUS belegt die zerstörerischen wirtschaftlichen Konsequenzen von Korruption,
die durch sinkende Effizienz bei der Ressourcenallokation entstehen. Der freie
Markteintritt von Korruptionsanbietern bzw. -nachfragern, vor allem im Bereich der
Komplementärgüter, führt zur Steigerung der Korruptionszahlungen und abnehmen-
der Produktivität. Erneut herrscht Mangelwirtschaft vor, nur können die Schwarzmarktpreise durch die galoppierende Inflation und die sinkenden Durchschnittslöhne
der Arbeiter nicht mehr bezahlt werden. Der Lebensstandard weiter Teile der Bevölkerung hat sich seit der Wende nachhaltig verschlechtert. Verglichen mit der
neuen Korruption in Umbruchzeiten hat die durchdringende Korruption in der Planwirtschaft dem System wesentlich weniger Schaden zugefügt.

4. Grenzen komparatorischer Analysen von Korruption in verschiedenen Wirtschaftssystemen

Komparatorische Analysen verschiedener Wirtschaftssysteme im Hinblick auf Art, Umfang und Wirkung der Korruption können wegen differierender, der Korruption eigener Merkmale nicht quantitativ wertend vorgehen. Planwirtschaften sind offensichtlich anfälliger für Korruption als Marktwirtschaften, aber empirische Daten zur fundierten Bestätigung dieser Aussage sind nicht vorhanden. Imponderable Interdependenzen zwischen der Korruption als komplexem Phänomen einerseits und anerkannten gesellschaftlichen Werten sowie geltenden ethischen Normen andererseits, unterschiedliche Haltung und Wirkung der Medien sowie schließlich ein differenziertes Vorgehen bei strafrechtlichen und zivilrechtlichen Maßnahmen gegen Korruption verhindern quantitative Vergleiche. Das Auswerten von Berichten über bekanntgewordene Korruptionsskandale und selbst das Studium von Gerichtsakten reichen dazu nicht aus.

Ziel einer komparatorischen Analyse von Korruption in verschiedenen Wirtschaftssystemen ist eine belegbare qualitative Deutung von Korruption, die ihr Auftreten und ihre Häufigkeit, die ihr zugrundeliegenden Motive und ihre potentiellen Einflußnahmen auf Politik und/oder Wirtschaft im sozio-ökonomischen Zusammenhang darstellt. Zur Verdeutlichung qualitativer Unterschiede von Korruption in Markt- und in Planwirtschaften soll eine Analyse der theoretischen Idealvorstellungen beider Wirtschaftssysteme dienen. Wird von Marktwirtschaft(en) gesprochen, sind westlich ausgerichtete Länder gemeint; Planwirtschaften werden am Beispiel der -ehemaligen- DDR und der UDSSR beschrieben.

Die Darstellung bezweckt die notwendige Erforschung der Ursachen von Korruption, die mit Hilfe der der Arbeit zugrundeliegenden Polarisierung zweier idealisierter Wirtschaftssysteme den jeweils für sie spezifischen Nährboden für Korruption ausfindig und transparent macht. Der vorherrschende, generell wachsende, weltweite Wunsch nach Bekämpfung der Korruption führt zum Erlassen immer neuer Gesetze und Vorschriften, die Korruption unterbinden oder einschränken sollen. Der darin zum Ausdruck kommende Ansatz zeigt, daß das Bemühen zur Eindämmung von Korruption bei ihrer Wirkung ansetzt, nämlich bei den Auswirkungen korruptiver Handlungen. Diese einseitige Vorgehensweise mag, oberflächlich betrachtet, erfolgversprechend sein, läßt aber die Ursachen für die Entwicklung von Korruption und damit wesentliche Grundtatbestände außer Acht. Nur wenn versucht wird, neben einer konsequenten strafrechtlichen Aufdeckung und Strafverfolgung bei angemessenem Strafrahmen auch die möglichen, in einem Wirtschaftssystem liegenden Ursachen für Korruption in eine umfassende Analyse von Korruption miteinzubeziehen und durch Systemvariationen diese Ursachen zu minimieren oder deren Einflußmöglichkeiten zu eliminieren, kann das Bestreben, die Intensität und Häufigkeit von Korruption im gesellschaftlichen und ökonomischen Zusammenleben einzuschränken, erfolgreich sein.

4.1. Abhängigkeit der Korruption von gesellschaftlichen Werten und Normen

Das Streben nach individueller Bedürfnisbefriedigung als allgemeingültiges menschliches Charakteristikum mündet häufig in Korruption, unabhängig vom bestehenden Wirtschaftssystem. Der potentielle quantitative bzw. qualitative Unterschied im Korruptionsauftreten erklärt sich u.a. durch die jedem System eigene Determinierung von Korruptionsmöglichkeiten. Die Anwendung von Korruption als soziale Handlung innerhalb einer Gemeinschaft kann nicht als isoliertes Phänomen betrachtet werden. Sie wird vielmehr durch Elemente der sozio-kulturellen Umgebung gefördert oder gehemmt.[242] Eine komparatorische Analyse von Korruption in verschiedenen Wirtschaftssystemen muß das jeweils dazugehörige Gesellschaftssystem bewußt in die Überlegungen miteinbeziehen.

Die Berücksichtigung gesellschaftlicher Werte und Normen in einer ökonomischen Analyse bereitet Schwierigkeiten. Eine Objektivierung gemeinschaftlicher ungeschriebener Normen erscheint unmöglich, ergeben sich doch schwer erfaßbare Unterschiede innerhalb einer Gesellschaft und zwischen verschiedenen Gesellschaftsordnungen. Wirtschaftssubjekte werden zwar durch die in ihrer Gesellschaft herrschenden Moralvorstellungen geprägt, doch entwickeln sich die Menschen immer intra- und interindividuell unterschiedlich. Die Zugehörigkeit bzw. das Hineinwachsen in eine bestimmte Gesellschaftsschicht innerhalb einer Gemeinschaft führt weiterhin zu einer Normendifferenzierung, die sich im Lauf der Zeit ändert und deren Vielfalt nicht erfaßt werden kann. Aufgrund dieser Tatsache ist es nachvollziehbar, daß bestimmte Werthaltungen, bestimmte Vorstellungen von richtigem und von falschem Verhalten der Individuen die Tendenz zur Korruption eher bedingen als andere.[243] Diese Unterschiede ergeben sich innerhalb und außerhalb einer Gesellschaft und erschweren daher eine präzise Zuordnung von korruptionsanfälligen Werten und Normen zu einem Gesellschaftssystem, was dazu führt, daß der Bezug auf allgemeingültige metaökonomische Werte nicht dem gesellschaftlichen Ideal entspricht.

---

242 Vgl. Silbermann, A.: Wann Menschen sich bestechen lassen, 1977, S. 18.
243 Vgl. Heidenheimer, A.: Political Corruption, - Readings in Comparative Analysis, 1978, S. 18 ff
    und Friedrich, C. J.: Totalitäre Diktatur, 1957, S. 106 ff.

Korruption breitet sich bei größerer gesellschaftlicher Akzeptanz leichter aus. Die Gesellschaft übt neben den Medien und durch sie eine Kontrolle aus, die je nach Wirtschaftssystem mehr oder weniger individuelle Freiräume läßt und entsprechend die Korruption beeinflußt. In Zeiten zunehmender Betonung des Wertes individueller Erfolge, vor allem in westlich orientierten Marktwirtschaften, gilt Korruption in der öffentlichen Meinung zunehmend nicht als von der Norm abweichendes Verhalten, sondern als aktives, kluges und rationales Handeln des einzelnen gegenüber den gesellschaftlichen Bedingungen.[244] Die daraus folgende These aber, Korruption sei in den Staaten am verbreitetsten, in denen der Sinn für das Gemeinwohl am schwächsten ausgeprägt ist und wo in den Köpfen stattdessen ungebremster Eigennutz vorherrscht, bereitet methodische Schwierigkeiten.[245] Das Verständnis von Gemeinwohl ist in den westlichen Demokratien durchweg verschieden, so daß transnationale Vergleiche schon innerhalb ähnlicher Systeme kaum angestellt werden können. In Planwirtschaften, deren Bevölkerung großer Gemeinschaftssinn nachgesagt wird, dürfte der Korruption nach der erwähnten These nur ein zu vernachlässigendes Ausmaß zukommen. Tatsächlich aber spielt in Planwirtschaften die Korruption eine wichtige Rolle im gesellschaftlich-ökonomischen Zusammenleben. Ihr kommt aufgrund ihrer existenziellen Notwendigkeit und der engen politischen Verzahnung aller Wirtschaftsbereiche erhebliche Bedeutung zu. Sie ist daher mutmaßlich verbreiteter, zumindest aber qualitativ schwerer zu gewichten als in Marktwirtschaften.

Korruption wird gesellschaftlich gesteuert und durch Kontrollinstanzen so weit als möglich unterbunden. Ist die Kontrollinstanz aber hauptsächlich das Strafgesetz oder ist es die öffentliche Meinung? Die in vielen Ländern herrschende Gesetzeslücke für Korruption läßt die Gesellschaftsmoral zu einem wichtigen Kontrollinstrument werden, das länderspezifisch funktioniert: Reagiert die Öffentlichkeit auf Korruption eher gleichgültig, wird Korruption nicht thematisiert, also auch nicht gesellschaftlich geahndet bzw. getadelt und erfährt womöglich eine ungehinderte Ausbreitung. Verurteilt die öffentliche Meinung Korruption, gilt ein Defraudant als ein in der Gesellschaft mißachteter Deviationist. Mit der kulturell bedingten unterschiedlichen Bewertung von Korruption mag auch eine paradoxe Umkehrung ihrer nach außen deutlich werdenden Häufigkeit einhergehen: Eine stärkere gesellschaftliche Ablehnung von Korruption führt zu einer vermehrten Aufmerksamkeit, zur Aufdeckung und Diskussion und umgekehrt.[246] Daher könnten, oberflächlich betrachtet, marktwirtschaftlich orientierte Wirtschaftssysteme, die offensichtlich besonders stark von Korruption heimgesucht

244 Vgl. Kenawy, S.: Korruption als soziales Problem peripherer Gesellschaften, 1984, S. 301.
245 Vgl. Wewer, G.: Prolegomena zu einer Untersuchung der Korruption in der Verwaltung, 1992, S. 309.
246 Vgl. Gerlich, P.: Korruption im Systemvergleich, 1981, S. 169.

erscheinen, gerade nur in wenigen -aber stark publizierten- Einzelfällen betroffen sein, während in planwirtschaftlich orientierten, oberflächlich nicht betroffenen Ländern Korruption zum Alltag gehört.[247] Die dargestellte Problematik verdeutlicht, daß einer ersten vermeintlichen Evidenz nicht allzuviel Glauben geschenkt werden darf, sondern eine Einbettung von Korruption in das gesellschaftliche Umfeld erfolgen muß.

Die Beschäftigung mit dem Phänomen der Korruption hängt auch vom allgemeinen Wohlstand einer Gesellschaft ab, der in Marktwirtschaften regelmäßig größer ist als in Planwirtschaften. Eine Gesellschaft, die in existenzieller Armut lebt, beschäftigt sich mit anderen Wesentlichkeiten als andere, denen die familiäre Versorgung keine Schwierigkeiten bereitet. Eine Gesellschaft muß sich die öffentliche Beachtung der Korruption leisten können, denn Korruption als Instrument zur Existenzsicherung bzw. grundlegenden Bedürfnisbefriedigung, wie sie in Planwirtschaften häufig vorkommt, hat in der öffentlichen Meinung einen anderen Stellenwert als *marktwirtschaftliche Korruption*, die der persönlichen Nutzenmaximierung dient: Sie wird aufgrund ihrer ökonomischen Notwendigkeit seltener öffentlich erwähnt und moralisch weniger rigoros dargestellt.

Ein weiteres Unterscheidungsmerkmal ist die für die Funktionsfähigkeit eines Wirtschaftssystems notwendige Einhaltung allgemein anerkannter Wertvorstellungen; gibt es idealerweise in Planwirtschaften keine Entscheidungs- und Handlungsspielräume der Wirtschaftssubjekte, handeln sie vielmehr nach vorgegebenen Leitlinien oder Handlungsvorgaben, so hat die ethische Komponente wirtschaftlichen Handelns eine andere Bedeutung als in demokratisch geprägten Marktwirtschaften. In diesen Systemen, für die auf individuellen Entscheidungen basierende Handlungsalternativen der Individuen funktionsnotwendig sind, gibt es auch größere wertebezogene Devianzmöglichkeiten für Korruption. Die Öffentlichkeit kann auch nicht in gleichem Maße determinierend aktiv werden, da Korruption als Skandal, als Tatbestand oder Sachverhalt, der von einer jeweils zu bestimmenden Öffentlichkeit unter moralischen, rechtlichen, politischen oder anderen Normen negativ bewertet wird, der ein Mindestmaß an Aufsehen erregt und in der Folge verschiedene Wirkungen haben kann[248], in Planwirtschaften gesellschaftlich anders beurteilt wird, da sich die Korruption neben der individuellen Bedürfnisbefriedigung gegen das vorherrschende Regime wendet.

---

247 Vgl. Gerlich, P.: Korruption im Systemvergleich, 1981, S. 169.
248 Vgl. Böhret, C. / Jann, W.: Verwaltungsskandale, 1982, S. 36.

Korruption muß individuell verschieden und eingebettet in das jeweils geltende Normen- und Wirtschaftssystem betrachtet werden. Korruption hängt eng mit den ortsabhängig herrschenden gesellschaftlichen Werten und Empfindungen zusammen. Als problematisch erweist sich jedoch der Versuch einer eindeutigen Bestimmung verschiedener Werte und Normen zur Bewertung von Korruption, was schon in der der Arbeit zugrundeliegenden Definition zum Ausdruck kommt. Eine umfassende Charakterisierung gesellschaftlicher Werte zur Beschreibung von Korruption in verschiedenen Wirtschaftssystemen ist nicht möglich, zumal sich die Menschen auch innerhalb einer Volkswirtschaft kulturell unterscheiden.

Ein Vergleich von Korruption in verschiedenen Wirtschaftssystemen mit dem Ergebnis, daß Korruption in einem Wirtschaftssystem häufiger vorkommt und die Gesellschaft damit korrupter und damit schlechter ist als eine andere, kann nicht Ziel einer komparatorischen Analyse der Korruption sein. Vielmehr muß Korruption im gesellschaftlichen und wirtschaftlichen Kontext analysiert werden, um in einer Gegenüberstellung verschiedener Wirtschafts- und Gesellschaftssysteme ihre Bedingtheit und Abhängigkeit von diesen Systemen zu begreifen. Nur eine solche Komplexbetrachtung eines Wirtschafts- und Gesellschaftssystems vermag den Anforderungen einer komparatorischen Analyse gerecht zu werden.

Darüber hinaus darf die emotionale Dimension der menschlichen Existenz nicht unbeachtet bleiben. Die jedem Gesellschaftssystem eigenen, unterschiedlichen Sozialisationsmechanismen, wie z.B. das Geschenkegeben als Ausdruck von Sympathie, Freundschaft oder Zuneigung, müssen in der der Gesellschaft angemessenen Weise als menschlich und kulturell zulässig anerkannt werden, beeinflussen aber eine qualitative komparatorische Analyse von Korruption. Die Gefahr des Übergangs zu korruptiven Handlungen muß gleichfalls gesehen werden. Ähnliches könnte auch für einen Staat gesagt werden, in dem es keine Korruption gibt. Ein solcher ist nämlich nur denkbar, wenn durch rigorosen Druck der Normenverstoß, d.h. die freie Entscheidung gegen die Norm, unmöglich wäre oder wenn sich durch Einsicht Identität von öffentlichem und privatem Interesse sozusagen von allein einstellte. Der erste Fall hat den Anschein des Totalitarismus, der zweite den völliger stabilisierter Harmonie; beide sind Utopie.[249]

---

249 Vgl. auch Brünner, C.: Zur Analyse indiviueller und sozialer Bedingungen von Korruption, 1981, S. 687. Das Problem, Korruption vom Geschenkegeben abzugrenzen, wird in diesem Zusammenhang nicht erörtert.

4.2. Unterschiedliche Wirkungskräfte der Medien bei der Publizierung von Korruptionsfällen

Die im verborgenen stattfindende Korruption bedarf zu ihrer Aufdeckung und öffentlichen Bekanntmachung u.a. der Medien. Zur Entdeckung von Korruptionsfällen sind die Medien auf *investigativen Journalismus* angewiesen. Nur so lassen sich korruptive Aktivitäten überhaupt aufspüren. Gelingt den Medien dies, treten sie als Transmitter zwischen *Tätern* und Gesellschaft auf und ermöglichen neben der Kontrolle individueller Devianzen eine gesamtgesellschaftliche Auseinandersetzung mit dem Phänomen der Korruption.

Zur Erfüllung dieser wichtigen Aufgabe gehören eine unabhängige Presse und Informationszugangsfreiheit. Nur wenn die Medien unabhängig von bestimmten Gesellschaftsgruppen als pluralistische Kontrollinstanz agieren können, sind sie in der Lage, Unregelmäßigkeiten bei den zu kontrollierenden Institutionen und Personen aufzudecken. In westlichen Marktwirtschaften herrscht weitgehende Pressefreiheit, in vielen Planwirtschaften, wie z.B. der russischen, werden die Medien von der Partei stark überwacht, zu propagandistischen Zwecken genutzt und an der Ausübung einer unabhängigen journalistischen Tätigkeit gehindert.[250] Es ist daher nicht verwunderlich, wenn Korruption in Planwirtschaften in weit geringerem Maße -wenn überhaupt- mediale Berücksichtigung findet. Ein Vergleich der Häufigkeit publizierter Korruptionsfälle in Markt- und in Planwirtschaften muß daher zwangsläufig zu falschen Ergebnissen führen.

---

250 Zunehmende Beschränkungen bzw. politische Beeinflussungen medialer Tätigkeiten in Marktwirtschaften bleiben an dieser Stelle unberücksichtigt, da sie im Vergleich mit der Planwirtschaft, die der Pressefreiheit entbehrt, (momentan noch) nicht ins Gewicht fallen. Auch hier dient die Typologie zweier Wirtschaftssysteme mit der eindeutigen Zuordnung von Demokratie zu Marktwirtschaften und Diktatur zu Planwirtschaften der deutlichen Gegenüberstellung von Pressefreiheit und Pressebeschränkung, die in dieser Form in der Realität nicht immer anzutreffen ist.

Am Beispiel Rußland wird die Abhängigkeit der Medien in Planwirtschaften von der politischen Führung verdeutlicht:

Anzahl der publizierten Berichte über Korruptionsskandale							
Jahr	0 - 5	6 - 10	11 - 15	16 - 20	21 - 25	26 - 30	30 - 35
1976	X						
1977			X				
1978		X					
1979			X				
1980		X					
1981			X				
1982			X				
1983							X
1984							X
1985				X			
1986							X
1987				X			

Vgl. Holmes, L.: The End of Communist Power, 1993, S. 137.

Die Schwankungen in der ohnehin spärlichen Publikation von Korruptionsfällen hängen stark von der politischen Führung im jeweiligen Zeitraum ab. Diese Schwankungen im Zeitablauf belegen eine unterschiedliche Einstellung des jeweiligen Obersten Sowjets zur Berichterstattung über Korruption. Unter Berücksichtigung von Zeitverschiebungen zwischen dem Auftreten und der publizierten Aufbereitung von Korruptionsfällen läßt sich aus der Tabelle u.a. erkennen, daß in der Anfangsphase von Glasnost und Perestroika die politische Führung nicht sonderlich an einer verstärkten medialen Aufarbeitung von Korruptionsfällen interessiert ist, weil es in Krisenzeiten womöglich besser erscheint, Angriffe auf die Führungsriege massiv zu beschränken.[251]

In Marktwirtschaften existiert keine vergleichbare enge Verbindung von Politik und Medien. Die Medien, als Wirtschaftsunternehmen geführt, versuchen, durch interes-

---

251 Vgl. Holmes, L.: The End of Communist Power, 1993, S. 136 ff. Die Gegenüberstellung dieser Zahlen mit den 2.276 Berichten des Jahres 1992 und den 3.284 Berichten im Jahr 1993 des marktwirtschaftlichen Hong Kong verdeutlichen eindrucksvoll die Abhängigkeit der Medien von der politischen Führung. Vgl. Commissioner of the Independent Commission Against Corruption: Annual Report on the Acitivities of the Independent Commission Against Corruption, 1993, S. 9.

sante Korruptionsfälle die Anzahl ihrer Interessenten und damit ihre Marktanteile zu vergrößern. Ihr Bestreben, Korruptionsfälle aufzudecken, erwächst nicht ausschließlich aus der ihr zugeordneten Kontrolltätigkeit. Das Marktwirtschaften charakterisierende Gewinnmaximierungsprinzip veranlaßt die Medien zur Publizierung von Korruptionsfällen aus Wettbewerbsgründen, um ihren Platz im *Medienmarkt* zu erhalten und zu festigen. Als Beispiel für diese These sei die ungewöhnliche Anhäufung veröffentlichter Korruptionsberichte im Sommer 1995 angeführt. Die bei der Adam Opel AG aufgedeckte Korruption bietet mit allein 27 Artikeln in drei bis vier deutschen, überregionalen Tages- und Wochenzeitungen für die Presse ein ideales Thema, um das *Sommerloch* zu füllen. Die Beachtung dieses Einzelfalls durch die Medien läßt sich mit seiner Bedeutung und seinem Gewicht schwerlich begründen.

Selbst wenn Medien häufig in sensationsheischende, marktanteilsfördernde Berichterstattung abgleiten, tragen sie dennoch zur Erhöhung der öffentlichen Sensibilität gegen Korruption bei.[252] Sie bringen das Thema Korruption in der Gesellschaft zur Sprache und provozieren Auseinandersetzungen -und damit Meinungsbildungen. Medien beeinflussen den Meinungsbildungsprozeß und bewirken in Demokratien gleichsam durch ihre Funktion als Sprachrohr der Öffentlichkeit die Aufdeckung von Korruption, bspw. im Zusammenwirken mit Oppositionsparteien oder informellen oder formellen gesellschaftlichen Gruppen.[253]

Den Medien in demokratischen Marktwirtschaften kommt neben den Gerichten eine wichtige Rolle bei der Aufdeckung von Korruptionsfällen zu. Ihre gesellschaftliche Bedeutung führt so weit, daß korrupte Wirtschaftsunternehmen eine publizierte Berichterstattung und ihre unkalkulierbaren Risiken mehr fürchten als bestehende Gesetze.[254] Die unmittelbare öffentliche Bloßstellung im Falle aufgedeckter Korruption gefährdet ein Unternehmen wesentlich stärker als eine -oft eher unwahrscheinliche-gerichtliche Ahndung. Selbst wenn es zu einem gerichtlichen Verfahren kommt, schützt die bis zu einer Überführung und Verurteilung verstreichende Zeit das Unternehmen, umso mehr, als bis dahin die Schuldigen oft gar nicht mehr in dem Unternehmen tätig sind und die Kosten einer gerichtlichen Verurteilung von den durch die Korruption erwirtschafteten Erträgen bereits kompensiert sein können. Demgegenüber lassen sich die wirtschaftlichen Folgen und Kosten einer publizierten Korrup-

---

252 Die Medien können Korruption durch ihre meinungsbildenden Möglichkeiten bekämpfen, aber durch ihre eigene Anfälligkeit gegen korruptive Einflüsse Wahrheiten auch verschleiern. Vgl. Rennstich, K.: Korruption, Eine Herausforderung für Gesellschaft und Kirche, 1990, S. 76. Die Verschleierung von Tatsachen soll im Vergleich mit Planwirtschaften nicht weiter verfolgt werden, da dieser Aspekt beiden Wirtschaftssystemen anhaftet und sich allein in ihrer quantitativen Ausprägung unterscheidet.
253 Vgl. Friedrich, C. J.: Pathologie der Politik, 1973, S. 105.
254 Vgl. Braithwaite, J.: Transnational Corporations and Corruption, 1979, S. 136.

tionshandlung und der damit verbundenen öffentlichen Rufschädigung nicht kalkulieren. Öffentliche Erniedrigung und Ansehensverlust bedeuten oft eine schwerere Sanktion als ein eher unpersönlich empfundenes Bußgeld oder sogar eine Geldstrafe. Vor allem schädigen als indirekte Folge mögliche Umsatzeinbußen durch gesellschaftlichen Boykott das Unternehmen mehr als eine direkte mit der Korruption in Zusammenhang stehende Bußgeldzahlung. Die Medien tragen insofern mehr zur unmittelbaren Enthüllung gewichtiger Korruptionsfälle und damit zur Kontrolle und Vorbeugung bei als die Gerichte.[255]

Die Medien bewirken als eine Kontrollinstanz in Marktwirtschaften in anderer Weise die Publizierung von Korruptionsfällen als die Presse in Planwirtschaften. Ein wesentlicher Unterschied zwischen demokratisch-marktwirtschaftlichen und totalitär-planwirtschaftlichen Gesellschafts- und Wirtschaftsordnungen besteht darin, daß in Demokratien öffentliche Kritik als Mittel gegen Mißstände zur Verfügung steht, während es Bürokratien der sogenannten autoritären Staaten fast immer gelingt, ihre meistens auch korrupte Praktiken einschließenden Mißbräuche unter dem Etikett des *Staatsinteresses* der Kritik durch die Öffentlichkeit zu entziehen.[256] Die im Vergleich mit Planwirtschaften häufige Berichterstattung zur Korruption in Marktwirtschaften darf nicht zu der vorschnellen Beurteilung verführen, Korruption in Marktwirtschaften sei quantitativ bedeutsamer und für das Wirtschaftssystem bedrohender. *Böhret* und *Jann* sind der Ansicht, daß das Vorkommen von Skandalen -und Korruption ist meistens ein Skandal- nicht ein Zeichen für den Verfall demokratischer Industriegesellschaften bzw. ihrer Subsysteme, sondern vielmehr ein Beleg für die funktionierenden demokratischen Mechanismen und Kontrollsysteme ist.[257] Die freier handelnden und damit aktiveren Medien in Marktwirtschaften stellen auch mehr empirisches Material zur Beschäftigung mit dem Phänomen Korruption zur Verfügung und verfälschen eine allein quantitativ vergleichende Bewertung von Korruption. Insofern gerät eine komparatorische Analyse von Korruption in verschiedenen Wirtschaftssystemen hier an ihre Grenzen.

4.3. Differenzierte Vorgehensweisen bei der strafrechtlichen Behandlung von Korruption

Bemühungen, die jeweils unterschiedlich definierte Korruption auf Dauer durch (un)geschriebene Normen einzuschränken bzw. zu unterbinden, sind aus allen Wirt-

---

255 Vgl. Braithwaite, J.: Transnational Corporations and Corruption, 1979, S. 136 f. Auf die Problematik der weithin fehlenden Kontrolle der Medien wird an dieser Stelle nicht eingegangen.
256 Vgl. Acham, K.: Formen und Folgen der Korruption, 1981, S. 71.
257 Vgl. Böhret, C. / Jann, W.: Verwaltungsskandale, 1982, S. 37.

schaftssystemen bekannt. Beobachtbar sind länderspezifische Unterschiede in den Bemühungsintensitäten zur tatsächlichen Eindämmung korruptiver Aktivitäten, woraus differierende Aufdeckungs- und Verurteilungshäufigkeiten resultieren. Der Öffentlichkeit zugängliche Gerichtsstatistiken können schon allein deshalb nicht als Vergleichskriterium für eine Korruptionsanalyse verschiedener Wirtschaftssysteme dienen.

Gerichtsstatistiken erfassen grundsätzlich nicht alle Straftaten und spiegeln damit auch auf keinen Fall das wahre Ausmaß an Korruption wider. Dies liegt daran, daß die Anzahl der bekannt gewordenen Straftaten niemals mit der Zahl der tatsächlich begangenen Straftaten übereinstimmt; die der Korruption und anderen Strafdelikten immanente Geheimhaltung führt zu einer hohen, schwer abschätzbaren Dunkelziffer. Es werden, aus welchen Gründen auch immer, selbst die erkannten Korruptionsfälle längst nicht alle zur Anzeige gebracht. Es führen auch nicht alle Anzeigen automatisch zu einer Anklage oder gar zu einer Verurteilung, denn mangels Tatverdacht, aus Mangel an Beweisen oder bei erwiesener Unschuld oder wegen Verjährung der Straftat trotz eindeutig nachgewiesener Korruption wird das Verfahren eingestellt oder endet mit Freispruch.[258] Die Zahl der Verurteilungen wegen Korruption kann daher nicht als Grundlage für eine quantitative komparatorische Analyse von Korruption in verschiedenen Wirtschaftssystemen dienen. Darüber hinaus ist in der russischen Planwirtschaft im Gegensatz zu westlich ausgeprägten Marktwirtschaften bspw. der Zugang zu Berichten über Gerichtsverhandlungen nur begrenzt möglich, so daß schon aufgrund der differierenden Zugänglichkeit die Vergleichsgrundlage fehlt.[259]

Einen weiteren wesentlichen Unterschied in der strafrechtlichen Behandlung von Korruption in verschiedenen Wirtschaftssystemen stellt die Zielgruppe der Verurteilten dar. Grundsätzlich existiert in Marktwirtschaften (noch) kein Gesetz zur Bestrafung von Korruption der Devianten, die keine öffentlichen Amtsträger sind. Nach dem Grundsatz *nullum crimen sine lege* werden privatwirtschaftlich Handelnde, für die das Gesetz Bestechung und Vorteilsgewährung nicht unter Strafe stellt, gesetzlich nicht belangt. Für ein und dieselbe Korruptionshandlung gelten für öffentliche Amtsträger und für privatwirtschaftlich Tätige, sofern sich die beiden Gruppen bei der Korruptionshandlung nicht mischen, unterschiedliche rechtliche Regelungen. Auch wenn längst nicht alle Korruptionshandlungen öffentlicher Amtsträger entdeckt und bestraft

---

258 Vgl. Wewer, G.: Prolegomena zu einer Untersuchung der Korruption in der Verwaltung, 1992, S. 298.
259 Vgl. Holmes, L.: The End of Communist Power, 1993, S. 148 zu Planwirtschaften und Schönherr, R.: Vorteilsgewährung und Bestechung als Wirtschaftsstraftaten, 1985, S. 99 zu Marktwirtschaften.

werden, werden diese -zumindest theoretisch- entweder nach dem Gesetz überhaupt nur belangt oder aber härter bestraft als die übrige Bevölkerung.

In Planwirtschaften, in denen die Justiz stark von der Partei abhängt, sehen sich korrupte Parteifunktionäre, wenn sie überhaupt angeklagt werden, milderer Bestrafung ausgesetzt als Nicht-Parteimitglieder, obwohl die Strafandrohung de iure für die Gesamtbevölkerung die gleiche ist. Viele der der Korruption überführten Parteikader werden nicht einmal vor Gericht gestellt und gehen daher auch nicht das Risiko einer schweren Bestrafung ein.[260] In der Bevölkerung und bei den Funktionären besteht kein Zweifel, daß es Gesetze für die Masse und andere -mildere- für die Bürokratie oder die Nomenklatura gibt.[261]

Die enge Vernetzung von Politik und Justiz in Planwirtschaften bewirkt eine mit Marktwirtschaften unvergleichbare Schonung von Parteifunktionären, die zu einer unterschiedlichen strafrechtlichen Behandlung von Korruption führt. Erfolgt in Planwirtschaften eine strafrechtliche Belangung aufgrund politikgeleiteter Entscheidungen und ist diese durch die fehlende Trennung von Politik und Rechtsprechung oft undurchsichtig und wegen der fehlenden Aufklärungsarbeit der Medien meist unveröffentlicht, existiert in demokratischen Marktwirtschaften bei gegebener Pressefreiheit eine weitgehende Trennung von politischer und strafrechtlicher Verantwortlichkeit, durch die öffentliche Amtsträger eher einer rechtsstaatlich getragenen Bestrafung entgegensehen. Die enge, durch Personalunion herbeigeführte Verbindung von politischer und richterlicher Führung in Planwirtschaften, durch die die Kontrollinstanzen in großer Abhängigkeit von der Partei stehen und häufig selbst in Korruptionshandlungen miteinbezogen sind, senkt die Aufdeckungswahrscheinlichkeit von Korruption.[262]

Beschränkt sich die Strafbarkeit von Korruption in Marktwirtschaften im Grunde genommen auf die aktive und passive Bestechung bzw. Vorteilsgewährung und Vorteilsannahme von öffentlichen Amtsträgern, so liegt der Schwerpunkt auf der politischen Korruption. Umfaßt das Strafrecht in Planwirtschaften die Möglichkeit der rechtlichen Ahndung sämtlicher, von dem Zentralplan abweichenden illegalen ökonomischen Tätigkeiten, die meist durch Korruption gedeckt werden, so werden diese doch aus schon angeführten Gründen, wie bspw. aus politischer Einsicht in die Notwendigkeit illegaler wirtschaftlicher Handlungen, selten bzw. relativ milde bestraft werden. Demgegenüber ermöglichen in Marktwirtschaften die durch fehlende gesetz-

---

260 Die Bestrafungen für Korruption reichen von Bußgeldern bis zu 20 % eines Gehalts für zwei Jahre über den Verlust des Arbeitsplatzes bis hin zu 15-jährigen Haftstrafen in Arbeitslagern oder Gefängnissen oder der Todesstrafe. Vgl. Holmes, L.: The End of Communist Power, 1993, S. 255 ff.
261 Vgl. Holmes, L.: The End of Communist Power, 1993, S. 263.
262 Vgl. Kerneck, B.: Russische Höllenkreise, 1995, S. 78.

liche Regelungen entstehenden Grauzonen häufig gar keine strafrichterliche Ahndung wirtschaftlicher Korruption, selbst wenn sie offenkundig ist.[263] Kann das Strafrecht seiner Aufgabe, der Verfolgung von als strafwürdig empfundenem Verhalten zu dienen und solches Verhalten in der Zukunft zu verhüten[264], nicht gerecht werden, weil solches Verhalten nicht unter Strafandrohung steht oder aber nicht geahndet wird, so lassen die jedem System immanenten Besonderheiten der strafrechtlichen Behandlung von Korruption in verschiedenen Wirtschaftssystemen darüber hinaus die theoretische und praktizierte Rechtsprechung als Vergleichsmaßstab untauglich oder doch problematisch erscheinen.

4.4. Unterschiedliche ökonomische Effizienz von Wirtschaftssystemen im Zusammenhang mit korruptiven Aktivitäten

Korruption als Teil der *conditio humana* tritt weltweit auf. Viele Menschen erliegen der Versuchung der Korruption, unabhängig von der sie umgebenden Wirtschafts- und Gesellschaftsordnung. Die Korruptionssystematik als solche ist immer dieselbe, obwohl die Korruptionssummen länderspezifisch differieren. Dennoch ergeben sich in Abhängigkeit von der ökonomischen Effizienz in den Wirtschaftssystemen unterschiedliche Motive und Ansatzpunkte für eine Korruptionshandlung, die einen systemischen Vergleich rechtfertigen.

Zur Verdeutlichung der sich durch unterschiedliche wirtschaftliche Funktionsfähigkeiten ergebenden Unterschiede in Markt- und in Planwirtschaften wird das Modell des *vollkommenen Marktes* für eine komparatorische Analyse von Korruption herangezogen. In dem Modell besteht höchste ökonomische Effizienz innerhalb eines Wirtschaftssystems. Korruption tritt als in diesem Falle unökonomisches Instrument nicht auf.

---

263 Aktenkundig ist z.B. der Freispruch eines Dolmetschers vom Vorwurf der Bestechlichkeit im sogenannten Mainzer Führerscheinskandal. Dieser hatte zugegeben, in 75 Fällen für unerlaubte Hilfestellungen bei Führerscheinprüfungen rund 165.000,- DM angenommen zu haben. Da das korruptive Verhalten des Mannes aber unter keinem rechtlichen Gesichtspunkt strafbar ist - er ist weder Amtsträger noch einer für den öffentlichen Dienst besonders Verpflichteter - wurde er freigesprochen und für die Untersuchungshaft entschädigt. Vgl. Associated Press: Freispruch im Mainzer Führerschein-Prozeß, Frankfurter Allgemeine Zeitung vom 26. Oktober 1995.
264 Vgl. Schick, P. J.: Die Korruption im Spiegel des Strafrechts, 1981, S. 580 f.

Diese These wird anhand der wichtigsten Prämissen eines vollkommenen Marktes verifiziert:

	Prämissen des vollkommenen Marktes
1)	Vollkommen homogene Güter
2)	Vollständige Markttransparenz
3)	Viele Anbieter und viele Nachfrager
4)	Fehlen von sachlichen, räumlichen und persönlichen Präferenzen
5)	Unendlich schnelle Reaktionsfähigkeit auf Marktveränderungen
6)	Keinerlei behördliche Eingriffe auf Preisgestaltung und Geschäftsbedingungen

Werden auf einem Markt ausschließlich homogene Leistungen angeboten (Prämisse 1), über deren Produktionsbedingungen, Qualitäten und Preise alle Marktteilnehmer vollständige Informationen haben (Prämisse 2), werden bei eventuellen Veränderungen nur minimale Anpassungszeiten an die neuen Marktbedingungen benötigt (Prämisse 5), existieren keinerlei Präferenzen (Prämisse 4) und mischt sich der Staat nicht in das Marktgeschehen ein (Prämisse 6), so kann es durch die jederzeit gegebene Möglichkeit der Marktteilnehmer zum Einstieg in gewinnträchtige bzw. Ausstieg aus verlustreichen Marktsegmenten (Prämisse 3) keine Korruption geben. Die polypolistische Marktform bei vollständiger Markttransparenz bewirkt die Herausbildung eines Gleichgewichtspreises, bei dem die Anbieter im langfristigen Gleichgewicht weder Gewinne noch Verluste machen und ein einzelner Marktteilnehmer die Preisbildung nicht beeinflussen kann: Ist sein Preis zu hoch, verliert er seinen Marktanteil, ist der Preis zu niedrig, kann er langfristig seine Kosten nicht decken; er scheidet aus dem Markt aus. Jegliche Korruptionshandlung würde durch fehlende Gewinne nur zu Verlusten führen -den Korruptionskosten stünden keine Korruptionserträge gegenüber, Korruption wäre damit ökonomisch nicht sinnvoll. Im Modell des vollkommenen Marktes tritt sie daher nicht auf.

In der Realität existiert das Modell des vollkommenen Marktes nicht. Vielmehr bestehen Marktunvollkommenheiten bzw. Marktbeschränkungen, die Korruption erst sinnvoll werden lassen. Im Rahmen einer komparatorischen Analyse von Korruption in verschiedenen Wirtschaftssystemen werden Markt- und Planwirtschaft an den beschriebenen theoretischen Konstrukten gemessen, ihre ökonomische Effizienz verglichen und unterschiedliche Ansatzpunkte für korruptive Handlungen aufgezeigt.

Marktwirtschaften funktionieren durch die Existenz eines (unvollkommenen) Marktes, auf dem sich individuelle Angebote und Nachfragen treffen und über einen weitgehend frei gebildeten Preis zum Ausgleich gebracht werden. In Planwirtschaften wird die Freiheit von Angebot, Nachfrage und Preis durch den Plan bzw. die Bilanzierung ersetzt. Auch wenn ein Markt im Sinne eines Ortes, an dem Waren und Dienstleistungen gehandelt werden, existiert, hat er keine mit Marktwirtschaften vergleichbare, regulative Aufgabe. Dennoch ist der Vergleich der Planwirtschaft mit den Prämissen des vollkommenen Marktes angemessen, da die das Marktmodell konstituierenden Voraussetzungen quasi-natürliches wirtschaftliches Handeln beschreiben, das aus dem ursprünglichen Gedanken menschlichen ökonomischen Zusammenlebens erwächst. Allein die dem Modell zugrundeliegende individuelle Entscheidungs- und Handlungsfreiheit entspricht der menschlichen Natur; vollständige zentralisierte Fremdbestimmung wirtschaftlichen Handelns entspringt der Idee eines erst später entstandenen Kollektivgedankens, der mit seinen liberalistischen Ursprüngen durchaus verglichen werden kann.

Vollkommen homogene Güter sind in der Realität nicht existent. Die Qualitätsunterschiede, die inhomogene Güter ausmachen, erschweren jedoch aufgrund komplizierterer Informationsgewinnung über Qualitäten und Preise ihre Selektion. Selbst bei Annahme eines einfachen Falles, bei dem Güter objektiv gesehen gleichartig sind, z.B. eine Benzinsorte verschiedener Hersteller, können diese jedoch aufgrund fehlender Informationen subjektiv heterogen sein. Insofern sind wirkliche oder vermeintliche Inhomogenität von Gütern und mangelnde Informationen über diese Güter und ihre Preise in einem zu behandeln.[265] Inhomogenität von Gütern, ob vermeintlich oder real, bewirken immer uneinheitliche Preise, die Korruption ökonomisch sinnvoll werden lassen. Der Einsatz von Korruption durch einen Anbieter in Marktwirtschaften kann bei der Entscheidung eines beauftragten Nachfragers für die Preisakzeptanz eines Gutes ausschlaggebend sein und durch die Auftragserteilung den Teilnehmern ökonomischen Nutzen stiften. In Planwirtschaften wird Korruption in diesem Falle nicht auftreten, da die allein der Verrechnung dienenden Preise, selbst für subjektiv ungleichartige Güter, zufolge der zentralen Preisbestimmung gleich sind. In Marktwirtschaften kann demgegenüber bei bestehender Inhomogenität von Gütern und einer damit einhergehenden Marktintransparenz Korruption für die betroffenen Wirtschaftssubjekte ökonomisch nutzenstiftend sein.

Wird der polypolistische Markt in bestehenden Wirtschaftssystemen durch Konzentrationen bzw. Fusionen von Marktpartnern und/oder das Eindringen des Staates in die Wirtschaft aufgehoben, dient Korruption individueller ökonomischer Nutzenstiftung. Das Auftreten von monopolistischen oder oligopolistischen Marktteilnehmern in

---

265 Vgl. Streissler, E.: Zum Zusammenhang zwischen Korruption und Wirtschaftsverfassung, 1981, S. 310.

Marktwirtschaften, deren Entscheidungsträger durch die Marktstellung des Unternehmens die Preise bestimmen und über die Existenzen von ihnen abhängiger Unternehmen entscheiden können, verstärkt Korruption. Die Abhängigkeit von Unternehmen, die als Anbieter oder Nachfrager mit dem Monopolisten in Verbindung treten, verführt sie zur Korruption der Entscheidungsträger, die durch ihre individuelle Nutzenmaximierung Präferenzen herausbilden, den Markt beschränken, Wettbewerb ausschalten und damit wiederum indirekten Einfluß auf die Preise nehmen. In Planwirtschaften tritt zwar auch ein Monopolist, in diesem Fall der Staat, im Wirtschaftsleben auf, indes ist die beschriebene Konkurrenzsituation, die zur Korruption verleitet, aufgrund der zentral geplanten Interdependenz aller Wirtschaftseinheiten und der ex ante geschlossenen Lieferverträge zur Versorgung der Bevölkerung, die den Wettbewerb gar nicht erst intendiert, nicht gegeben. In Planwirtschaften dient Korruption vielmehr dem Ziel, die für die Planerfüllung erforderlichen Güter und Dienstleistungen zu erhalten.

Unendlich schnelle Anpassungen von Unternehmen an sich ändernde Verhältnisse des Marktes werden in der Realität auf die natürlichen Zeitfaktoren, bspw. bei der Produktion, relativiert. Es gibt immer zeitliche Differenzen -Zeitvorsprung und -verzögerung- zwischen verschiedenen Unternehmen bei der Informationsgewinnung relevanter Marktdaten von der Rohstoffbeschaffung über Produktionsbedingungen bis zu Liefer- und Zahlungsbedingungen. In Marktwirtschaften dient Korruption der bewußten Steuerung von Informationsvorenthaltungen im bestehenden Wettbewerb, die zeitlich bedingte Nachteile ausgleichen oder Vorteile bewirken sollen. Korruption sichert in dieser Hinsicht den Absatz veralteter Produkte, indem der Kontrakt durch die marktkonträre Beeinflussung des Entscheidungsbevollmächtigten trotz bestehender Nachteile eingegangen wird. Eine durch Korruption des zuständigen Entscheidungsbevollmächtigten herbeigeführte, für ein Unternehmen positive Entscheidung zur Beibehaltung oder Fortführung von eigentlich nicht mehr der Zeit, der Nachfrage oder den Vorschriften entsprechenden Produkten, Produktionsanlagen oder Produktionsabläufen bewahrt dem Unternehmen seine Marktstellung.

Reagieren Unternehmen in Marktwirtschaften trotz der beschriebenen Probleme verhältnismäßig schnell auf Nachfrageverschiebungen, so kennzeichnet Planwirtschaften eine hohe Inflexibilität bei der Anpassung an sich ändernde Verhältnisse. Die zeitlich weit vorgelagerte zentrale Planung des gesamten Wirtschaftsablaufs, die mit Hilfe der Bilanzierung sämtliche Angebote, Nachfragen und damit auch die Preise für alle Wirtschaftssubjekte und -objekte festlegt und keine Handlungs- und Entscheidungsspielräume offenläßt, führt zu einem hohen Korruptionspotential zur Schaffung eines illegalen Marktes, der die fehlende Flexibilität und den mangelhaften Informationsstand der zentralen Planer ausgleicht. Korruption ermöglicht in Planwirtschaften die Produktion und den Konsum nachgefragter, aber offiziell nicht oder in nicht ausreichender Menge angebotener Güter und bewirkt dadurch eine Annäherung an die in Marktwirtschaften bestehenden Reaktionsgeschwindigkeiten. Gerade die Fähigkeit von Unternehmen, sich auf sich ändernde Nachfragen schnell einzustellen, macht die Effizienz eines Wirtschaftssystems aus. Korruption erhöht in Planwirtschaften in erheblichem Maße die ökonomische Effizienz, indem sie durch die Absicherung illegaler wirtschaftlicher Aktivitäten bei der Beschaffung und beim Absatz von In- und Outputs die Versorgung der Bevölkerung sichern hilft; außerdem initiiert sie Leistungsanreize auch in Bereichen, in denen sie im staatlichen System fehlen.[266]

Die Beschränkung von Wirtschaftstätigkeiten durch staatliche Eingriffe ist der zentrale Angriffspunkt für korruptive Einflußnahmen. Marktwirtschaften führen aufgrund großer Freiheiten aller Marktteilnehmer zu wirtschaftlichem Handeln. Individuelle Spielräume sollen zur Sicherung der Funktionsfähigkeit des Systems und des Gemeinwohls determiniert werden. Korruption tritt immer dann auf, wenn wirtschaftliches Handeln an ihre staatlich kontrollierten Grenzen gerät. An dem Schnittpunkt von Politik und Ökonomie setzt Korruption zur Ausweitung der als zu einschränkend empfundenen Handlungsfreiheiten an. Insofern bilden die Berührungspunkte der beiden gesellschaftlichen Faktoren den korruptionsanfälligsten Bereich innerhalb eines Wirtschaftssystems.

In Planwirtschaften sind Politik und Ökonomie identisch, d.h. die Schnittmenge der beiden Bereiche ist maximal. Daraus folgt, daß die Korruptionsanfälligkeit von Planwirtschaften die von Marktwirtschaften bei weitem übertrifft. Wird jegliches ökonomisches Handeln staatlich vorgeschrieben und kontrolliert und werden individuelle Handlungen eingeschränkt, sichert Korruption jede -illegale- Einzelaktion zur persönlichen Nutzenmaximierung als Antriebskraft des Wirtschaftens. In der Summe zieht Korruption in Planwirtschaften ein um die Anzahl der sich in der Illegalität abspielenden Tauschgeschäfte erhöhtes ökonomisches Potential auf sich als in Marktwirtschaften.

Mit zunehmender Einschränkung individuellen Handelns wächst der staatliche Kontrollapparat zur Sicherung postulierter Rahmenbedingungen. In Planwirtschaften ist die staatliche Organisation daher größer als in Marktwirtschaften, die den einzelnen Wirtschaftssubjekten grundsätzlich individuelle Handlungsfreiheiten einräumt. Plausibel ist, daß mit der Vergrößerung der Organisation eine Erschwerung der Kontrolle aller Repräsentanten dieser Organisation einhergeht, die aufgrund der wichtigen, systemerhaltenden Aufgabe der Organisation aber umso wichtiger ist. Mit ab-

---

266 Vgl. Neugebauer, G.: Grundzüge einer ökonomischen Theorie der Korruption, 1977, S. 120 f.

nehmender Aufdeckungswahrscheinlichkeit von Korruption innerhalb der Organisation steigt wiederum die Anfälligkeit seiner Vertreter für Korruption, was in der Konsequenz zur Aufweichung der Grenzziehung für ökonomisches Handeln und daraus resultierenden, zu neuen und noch einschränkenderen Vorschriften führt. Das Ergebnis dieses *Zug-um-Zug-Geschäfts* ist der Systemkollaps, bei dem schließlich sämtliche Grenzen brechen, keinerlei Ordnung mehr herrscht, aber ein weitgehend freier Markt entsteht.

Aus den Ausführungen kann der Schluß gezogen werden, daß mit wachsenden staatlichen Einflußnahmen innerhalb eines Wirtschaftssystems dessen Korruptionsanfälligkeit und die Korruptionsausübung zunehmen. Die in Marktwirtschaften deutlich beobachtbare Zunahme staatlicher Aktivitäten im Wirtschaftsleben, gemessen an der Staatsquote, signalisiert den Trend in Richtung auf planwirtschaftliche Ordnungsmerkmale. Planwirtschaften müssen sich jedoch systemimmanent mit einem größeren, effizienzerhöhenden Korruptionspotential auseinandersetzen als Marktwirtschaften. Die Bemühungen um eine Einschränkung der Korruption werden daher erst dann Erfolg versprechen können, wenn neben der Erhöhung der Aufdeckungswahrscheinlichkeit und der Strafsanktionen von Korruption gleichzeitig eine Rückbesinnung auf die ökonomisch effizienten Ideale von Marktwirtschaften erfolgt, die individuelles Handeln nur maßvoll einschränken und den Staat auf eine im Hintergrund agierende Rolle verweisen. Die Auflösungserscheinungen von Planwirtschaften zeigen, daß dies der systemerhaltendere Weg ist.

Literaturverzeichnis

Abele, Hanns:
Korruption, in: Enderle, Georges / Homann, Karl / Honecker, Martin / Kreber, Walter / Steinmann, Horst (Hrsg.): Lexikon der Wirtschaftsethik, Freiburg 1993, Sp. 571 - 577.

Abueva, José, Veloso:
The Contribution of Nepotism, Spoils and Graft to Political Development, in: Heidenheimer, Arnold, J. (Editor): Political Corruption, Readings in Comparative Analysis, New Jersey 1978, S. 534 - 539.

Acham, Karl:
Formen und Folgen der Korruption, in: Brünner, Christian (Hrsg.): Korruption und Kontrolle, Wien 1981, S. 27 - 74.

Ahlberg, René:
Sowjetgesellschaft im Epochenwandel, Frankfurt am Main 1992.

Aich, Prodosh:
Korruptionsarena Kommunalpolitik, in: Vorgänge - Zeitschrift für Bürgerrechte und Gesellschaftspolitik, 27. Jg., Heft 6, 11/1988, S. 49 - 64.

Aicher, Josef:
Korruptionsfördernde und korruptionshemmende Bedingungen bei der Vergabe öffentlicher Aufträge; Überlegungen und Alternativen zur Reform des Vergaberechtes, in: Brünner, Christian (Hrsg.): Korruption und Kontrolle, Wien 1981, S. 349 - 433.

Alemann, Ulrich von / Kleinfeld, Ralf:
Begriff und Bedeutung der politischen Korruption aus politikwissenschaftlicher Sicht, in: Benz, Arthur / Seibel, Wolfgang. (Hrsg.): Zwischen Kooperation und Korruption, Baden Baden 1992, S. 259 - 282.

Alemann, Ulrich von:
Korruption - ein blinder Fleck in der Politikwissenschaft, in: Die neue Gesellschaft - Frankfurter Hefte, 36. Jg., Nr. 10, 1989, S. 918 - 920.

Anderson, Eugene N. / Anderson Pauline:
Bürokratisierung und die Entwicklung der Beamtenloyalität, in: Fleck, Christian / Kuzmics, Helmut: Korruption - Zur Soziologie nicht immer abweichenden Verhaltens, Königstein/Ts. 1985, S. 104 - 127.

Anderson, Pauline / Anderson, Eugene N.:
Buereaucratic Institutionalization in Nineteenth Century Europe, in: Heidenheimer, Arnold, J. (Editor): Political Corruption, Readings in Comparative Analysis, New Jersey 1978, S. 91 - 105.

Andrade, Kendall:
Bribery, in: Journal of Business Ethics, Vol. 4, 1985, S. 239 - 248.

Arlacchi, Pino:
Ebbene si, paghiamo ancora il pizzo, in: L´ Esspresso, 4 (1994), Februar,
S. 24 - 32.

Arnim, Hans Herbert von:
Abgeordnetenkorruption, in: Juristenzeitung, 45. Jg., Nr. 21, 1990,
S. 1014 - 1017.

Arnim, Hans Herbert von:
Hat unsere Demokratie Zukunft?, Speyer 1993.

Arnold, Peter / Pallmann, Martin / Zahner, Phillipe:
Reichtum macht korrupt - Armut auch, Wo stille Gelder fließen, in: Direktion
für Entwicklungshilfe und humanitäre Zusammenarbeit (Hrsg.): Entwicklung -
Développment, Nr. 38, 1992, S. 27 - 29.

Ashworth, William:
Under the Influence, New York 1981.

Associated Press:
Anklage im Mainzer Führerscheinskandal, in: Frankfurter Allgemeine Zeitung
vom 07. Januar 1995.

Associated Press:
Behörde stellte Führerschein für Blinden aus, in: Frankfurter Allgemeine
Zeitung vom 14. Januar 1994.

Associated Press:
Korruptionsvorwürfe gegen deutsche Herzzentren, in: Frankfurter Allgemeine
Zeitung vom 30. Mai 1994.

Ayres, Ian / Braithwaite, John:
Responsive Regulation - Transcending the Deregulation Debate, New York,
Oxford 1992.

Balzac, Honoré de:
Die ungleichen Brüder Hulot, in: Fleck, Christian / Kuzmics, Helmut,
Korruption - Zur Soziologie nicht immer abweichenden Verhaltens,
Königstein/Ts. 1985, S. 42 - 50.

Bauchrowitz, Wolfgang:
Der immaterielle Vorteilsbegriff der Bestechungsdelikte im StGB, Frankfurt am Main 1988.

Bauer, Willi:
Geschichte und Wesen der Prostitution, 2. Aufl., Weltspiegelverlag, o. O. 1956.

Bayley, David H.:
The Effects of Corruption in a Developing Nation, in: Western Poitical Quaterly, 1966, S. 719 - 732.

Bayley, David, H.:
The Effects of Corruption in a Developing Nation, in: Heidenheimer, Arnold, J. (Editor): Political Corruption, Readings in Comparative Analysis, New Jersey 1978, S. 521 - 533.

Becker, Wolf-Dieter:
Erwägungen über das "Soziale" in der Sozialen Marktwirtschaft, in: Eichhorn, Peter / Engelhardt, Werner Wilhelm (Hrsg.): Standortbestimmung öffentlicher Unternehmen in der Sozialen Marktwirtschaft, Baden - Baden 1994.

Bellers, Jürgen (Hrsg.):
Politische Korruption, Vergleichende Untersuchungen, Münster 1989.

Benz, Arthur / Seibel, Wolfgang (Hrsg.):
Zwischen Kooperation und Korruption, Baden-Baden 1992.

Berliner, J.S.:
Tecnological Progress and the Evolution of Soviet Pricing Policy, in: Rosefielde, Steven (Editor): Economic Welfare and the Economics of Soviet Socialism, Cambridge 1981, S. 105 - 125.

Bernasconi, Paolo:
Über die Notwendigkeit eines internationalen Übereinkommens zur Verhütung und Bekämpfung der Korruption von Beamten, Entwurf für die 6. internationale Antikorruptions-Konferenz, Mexiko 1992.

Bernasconi, Paolo:
Langer Weg zur internationalen Konvention, in: Direktion für Entwicklungshilfe und humanitäre Zusammenarbeit (Hrsg.): Entwicklung - Développment, Nr. 38, November 1992, S. 18 - 21.

Bernholz, Peter:
Zur politischen Ökonomie der Transformation politischer und ökonomischer Regime, in: Hirscher, Gerhard / Leben, Burkhard (Hrsg.): Soziale Marktwirtschaft und Demokratie, München 1994, S. 11 - 35.

Beti, Dino:
Editorial, in: Direktion für Entwicklungshilfe und humanitäre Zusammenarbeit (Hrsg.): Entwicklung - Développment, Nr. 38, November 1992, S. 1.

Bilitza, Klaus / Lück, Helmut E.:
Sozialpsychologische Thesen zur Korruption, in: Psychologie Heute, Heft 9,
1977, S. 19 -21.

Bismarck, Philipp von:
Soziale Marktwirtschaft - Das Geschenk der Stunde Null, Freiburg 1992.

Blankenburg, Ehrhard:
Korruption und Skandal - zwei Seiten derselben Medaille, in: Oswald,
Hans: Macht und Recht, Festschrift für Heinrich Popitz, Opladen 1990.

Blankenburg, Erhard / Staudhammer, Rainer / Steinert, Heinz:
Political Scandals and Corruption Issues in West Germany, in: Heidenheimer,
Arnold J. / Johnston, Michael / LeVine, Victor (Editor): Political Corruption,
Second Edition, New Brunswick 1990, S. 913 - 932.

Blok, Anton:
Die sizilianische Mafia im Prozeß der Sozialisation, in: Fleck, Christian /
Kuzmics, Helmut: Korruption - Zur Soziologie nicht immer abweichenden
Verhaltens, Königstein/Ts. 1985, S. 281 - 301.

Bluth, Siegfried:
Die korrupte Politik - Ein politisches und wirtschaftliches Sittengemälde,
Esslingen 1983.

Böhret, Carl / Jann, Werner:
Verwaltungsskandale, in: Aus Politik und Zeitgeschichte, B 12/82, S. 35 - 52.

Böll, Heinrich:
Schmieren lernen, in: Fleck, Christian / Kuzmics, Helmut: Korruption - Zur
Soziologie nicht immer abweichenden Verhaltens, Königstein/Ts. 1985,
S. 64 - 69.

Boulton, David:
The Grease Machine, New York 1978.

Braithwaite, John:
Transnational Corporations and Corruption: Towards some International
Solutions, in: International Journal of the Sociology of Law, Vol. 7 (1979),
S. 125 - 142.

Bräutigam, Hans Harald / Perina, Udo:
Kuhhandel im OP, in: Die Zeit vom 03. Juni 1994.

Brede, Helmut:
Öffentliche und private Unternehmen im Wettbewerb und in wettbewerblichen Ausnahmebereichen, in: Eichhorn, Peter / Engelhardt, Werner Wilhelm: Standortbestimmung öffentlicher Unternehmen in der Sozialen Marktwirtschaft, Baden-Baden 1994, S. 67 - 80.

Brooks, Robert C.:
The Nature of Political Corruption, in: Heidenheimer, Arnold, J. (Editor): Political Corruption, Readings in Comparative Analysis, New Jersey 1978, S. 56 - 62.

Brünner, Christian (Hrsg.):
Korruption und Kontrolle, Wien 1981.

Brünner, Christian:
Korruption und Kontrolle - eine Einleitung, in: Brünner, Christian (Hrsg.): Korruption und Kontrolle, Wien 1981, S. 11 - 26.

Brünner, Christian:
Zur Analyse individueller und sozialer Bedingungen von Korruption, in: Brünner, Christian (Hrsg.): Korruption und Kontrolle, Wien 1981, S. 677 - 705.

Bundesministerium der Justiz (Hrsg.):
Anschluß- und Vertiefungsuntersuchungen zur bundesweiten Erfassung von Wirtschaftsstraftaten nach einheitlichen Gesichtspunkten. Band 1: Betrug, Untreue, Wucher, Vorteilsgewährung und Bestechung als Wirtschaftsstraftaten, Bonn 1984.

Bundesministerium der Justiz (Hrsg.):
Anschluß- und Vertiefungsuntersuchungen zur bundesweiten Erfassung von Wirtschaftsstraftaten nach einheitlichen Gesichtspunkten. Band 2: Subventions- und Kreditbetrug, Bonn 1984.

Bundesverband der Deutschen Industrie e. V. (Hrsg.):
Empfehlungen für die gewerbliche Wirtschaft zur Bekämpfung der Korruption in Deutschland, Köln o. D.

Caps, Carola:
Rostenkowski wegen Betrugs angeklagt, in: Frankfurter Allgemeine Zeitung vom 03. Juni 1994.

Carson, Thomas L.:
Bribery and Illicit Agreements: A reply to Phillips, in: Journal of Business Ethics, Vol. 6, 1987, S. 123 - 125.

Carson, Thomas L.:
Bribery, Extorsion and "The Foreign Corrupt Practices Act", in: Philosophy and Public Affairs, Band 14, 1985, S. 66 - 90.

Chambliss, William:
USA: Die Vereinigung, in: Fleck, Christian / Kuzmics, Helmut: Korruption-Zur Soziologie nicht immer abweichenden Verhaltens, Königstein/Ts. 1985, S. 129 - 142.

Chandler, Raymond:
Marlowe und die Polizei, in: Fleck, Christian / Kuzmics, Helmut: Korruption - Zur Soziologie nicht immer abweichenden Verhaltens, Königstein/Ts. 1985, S. 54 - 57.

Christian, David:
Vodka and Corruption in Russia on the Eve of Emancipation, in: Slavic Review, Vol. 46, 1987, Nr. 3/4, S. 471 - 488.

Clarke, Michael:
Corruption - Causes, Consequences and Controll, London 1983.

Claussen, Hans Rudolf:
Korruption im öffentlichen Dienst, Köln 1995.

Colombo, Gerardo:
Die Ermittlungen der italienischen Justizbehörden zu Straftaten gegen die öffentliche Verwaltung. Die schädlichen Folgen der Korruption, Vortrag im Rahmen der internationalen Fachtagung der Friedrich-Ebert-Stiftung zum Thema: "Korruption in Deutschland: Ursachen, Erscheinungsformen, Bekämpfungsstrategien" in Berlin am 16. / 17.02.1995.

Commissioner of the Independent Commission Against Corruption :
Annual Report on the Activities of the Independent Commission Against Corruption for 1993, Hong Kong 1994.

Connelly, Mark Thomas:
The Response to Prostitution in the Progressive Era, North Carolina 1980.

Cremer, Georg:
"Das kommt ja sowieso nicht an!", Das Problem des Mißbrauchs in der Katastrophenhilfe, veröffentlichtes Manuskript, Freiburg 1995.

Cremer, Georg:
Schein-Consulting, Titelblattgeschäfte, Kick - back - Auftragsforschung als Instrument der Mittelumlenkung, in: Internationales Asienforum, Vol. 21, 1990, Nr. 3 - 4, S. 209 - 234.

Cyert, Richard M. / March, James G.:
Eine verhaltenswissenschaftliche Theorie der Unternehmung, 2. Aufl.,
Stuttgart 1995.

Danley, John R.:
Toward a Theory of Bribery, in: Business & Professionals Ethics Journal,
Vol. 2, 1983, S. 19 - 39.

De Campo, Ana María Romero:
Eine kokainsüchtige Wirtschaft, in: Direktion für Entwicklungshilfe und
humanitäre Zusammenarbeit (Hrsg.): Entwicklung - Développment,
Nr. 38, 1992, S. 14 - 15.

De George, Richard T.:
Whistle - Blowing, in: Enderle, Georges / Homann, Karl / Honecker,
Martin / Kreber, Walter / Steinmann, Horst (Hrsg.): Lexikon der Wirtschafts-
ethik, Freiburg 1993, Sp. 1275 - 1278.

Deutsche Presseagentur:
Unternehmenschef in China wegen Korruption hingerichtet, in: Frankfurter
Allgemeine Zeitung vom 12. April 1994.

Deutsche Stiftung für internationale Entwicklung (Hrsg.):
Accountabiltity and Transparency in International Economic Development
- the Launching of Transparency International, Berlin 1994.

Deysine, Anne:
Political Corruption: A Review of the Literature, in: European Journal of
Political Research, 12. Jg., Vol. 8 (1980), Heft 4, S. 447 - 462.

Dobel, Patrick J.:
The Corruption of the State, in: The American Political Science Review,
Vol. 72, 1978, S. 958 - 978.

Dreher, Eduard / Tröndle, Herbert:
Kommentar zum Strafgesetzbuch, 47. Aufl., München 1995.

Ebbighausen, R. / Neckel, S. (Hrsg.):
Anatomie des politischen Skandals, Frankfurt am Main 1989.

Ebke, Werner:
Bestechung ausländischer Amtsträger, in: Iprax, Praxis des internationalen Privat- und Verfahrensrechts, 11. Jg., 1991, Nr. 3, S. 148 - 155.

Eichhorn, Peter / Engelhardt, Werner Wilhelm (Hrsg.):
Standortbestimmung öffentlicher Unternehmen in der Sozialen
Marktwirtschaft, Baden - Baden 1994.

Eichhorn, Peter:
Herausforderungen für Führungskräfte in öffentlichen Unternehmen, in: Eichhorn, Peter / Engelhardt, Werner Wilhelm: Standortbestimmung öffentlicher Unternehmen in der Sozialen Marktwirtschaft, Baden - Baden 1994, S. 227 - 246.

Eigen, Peter:
Bündnispartner im Kampf gegen internationale Korruption, Vortrag im Rahmen der internationalen Fachtagung der Friedrich - Ebert - Stiftung zum Thema: "Korruption in Deutschland: Ursachen, Erscheinungsformen, Bekämpfungsstrategien" in Berlin am 16. / 17.02.1995.

Eigen, Peter:
Transparency in Public Procurement, Speech at the 6th International Seminar on Public Procurement 7 - 9th May 1994 in Istanbul.

Eigen, Peter:
Transparency International, in: Development and Cooperation, 2 (1993), S. 9 -12.

Eisenstadt, Abraham S. / Hoogenboom, Ari / Trefousse, Hans L. (Hrsg.):
Before Watergate: Problems of Corruption in American Society, New York 1979.

Eisenstadt, Abraham S.:
Political Corruption in American History, in: Heidenheimer, Arnold J. / Johnston, Michael / LeVine, Victor (Editor): Political Corruption, Second Edition, New Brunswick 1990, S. 537 - 556.

Elliot, Michael:
Money talks, in: Newsweek, November 14, 1994, S. 10 - 15.

Elwert, Georg:
The Law of Venal Accumulation - Corruption in Africa, in: Development and Cooperation, 2 (1993), S. 16 -18.

Enderle, Georges:
Der Revisor vor der Bestechung, in: Handlungsorientierte Wirtschaftsethik, Stuttgart 1993, S. 181 - 188.

Engelhardt, Volker:
Zur Struktur der Bestechungstatbestände, Düsseldorf 1963.

Engels, Benno:
Is Good Governance Possible?, in: Development and Cooperation, 2 (1993), S. 13 -16.

Engels, Benno:
Korruption - altes Problem mit neuer Brisanz, in: Nord - Süd Aktuell, 5. Jg., Heft 2, 1991, S. 251 - 256.

Erd, Rainer:
Gewerkschaften und Korruption, - am Beispiel der amerikanischen Unions -, in: WSI Mitteilungen, Monatszeitschrift des Wirtschafts- und Sozialwissenschaftlichen Instituts des Deutschen Gewerkschaftsbundes, 44. Jg., Heft 3, 1988, S. 167 - 176.

Eschenburg, Theodor:
German Attempts at Legal Definition of Parliamentary Corruption, in: Heidenheimer, Arnold, J. (Editor): Political Corruption, Readings in Comparative Analysis, New Jersey 1978, S. 404 - 408.

Eschenburg, Theodor:
The Decline of the Bureaucratic Ethos in the Federal Republic, in: Heidenheimer, Arnold, J. (Editor): Political Corruption, Readings in Comparative Analysis, New Jersey 1978, S. 259 - 265.

Etzioni, Amitai:
Capital Corruption - The New Attack on American Democracy, New York 1984.

Eucken, Walter:
Die Grundlagen der Nationalökonomie, 7. Aufl., Berlin 1959.

Fabris, Hans - Heinz:
Massenmedien - Instrumente der "Skandalisierung" oder "Vierte Gewalt"? - Zum Kontrollpotential der Medien, in: Brünner, Christian (Hrsg.): Korruption und Kontrolle, Wien 1981, S. 239 - 264.

Fätkinhäuser, Hans-Jürgen:
Korruption in Deutschland - Strafdrohung/Strafrechtslage, Vortrag im Rahmen der internationalen Fachtagung der Friedrich - Ebert - Stiftung zum Thema: "Korruption in Deutschland: Ursachen, Erscheinungsformen, Bekämpfungsstrategien" in Berlin am 16. / 17.02.1995.

Fechter, Iring:
Politik, Geld, Korruption, in: Merkur, Band 37, 1977, S. 918 - 922.

Fikentscher, Wolfgang:
Demokratie, München 1993.

Finer, Samuel E.:
Patronage and the Public Service: Jeffersonian Bureaucracy and the British Tradition, in: Heidenheimer, Arnold, J. (Editor): Political Corruption, Readings in Comparative Analysis, New Jersey 1978, S. 106 - 128.

Fischer, Heinz - Joachim:
Indigniert sehen die Italiener, wie ihr Staat im Sumpf der Korruption versinkt, in: Frankfurter Allgemeine Zeitung vom 03. November 1993.

Fischer, Peter:
Korruption im internationalen Wirtschaftsverkehr im Zusammenhang mit der Tätigkeit transnationaler Unternehmen, in: Brünner, Christian (Hrsg.): Korruption und Kontrolle, Wien 1981, S. 469 - 489.

Fleck, Christian / Kuzmics, Helmut:
Korruption - Zur Soziologie nicht immer abweichenden Verhaltens, Königstein/Ts. 1985.

Ford, Henry Jones:
Municipal Corruption: A Comment on Lincoln Steffens, in: Heidenheimer, Arnold, J. (Editor): Political Corruption, Readings in Comparative Analysis, New Jersey 1978, S. 284 - 294.

Freiberg, Konrad:
GdP: Die Bekämpfung der Korruption muß einen höheren Stellenwert erhalten, Vortrag im Rahmen der internationalen Fachtagung der Friedrich - Ebert - Stiftung zum Thema: "Korruption in Deutschland: Ursachen, Erscheinungsformen, Bekämpfungsstrategien" in Berlin am 16. / 17.02.1995.

Freisitzer, Kurt:
Gesellschaftliche Bedingungen der Korruption; Versuch einer verhaltens-wissenschaftlichen Deutung, in: Brünner, Christian (Hrsg.): Korruption und Kontrolle, Wien 1981, S. 151 - 163.

Friedrich, Carl Joachim:
Pathologie der Politik. Die Funktion der Mißstände: Gewalt, Verrat, Korruption, Geheimhaltung, Propaganda, Frankfurt am Main 1973.

Friedrich, Carl Joachim:
Totalitäre Diktatur, Stuttgart 1957.

Frisch, Dieter:
Gegen Korruption in internationalen Wirtschaftsbeziehungen: in: "Transparency International", Beitrag zum Symposium Internationales Management und Ethik in Weingarten vom 13. - 14. 04. 1994.

Galasi, P. / Kertesi, G.:
Rat Race and Equilibria in Markets with Side Payments under Socialism, in: Acta Oeconomica, Hungarian Academy of Science, Budapest, Vol. 41, 1989, Nr. 3 - 4, S. 267 - 290.

Gardiner, John A.:
The Politics of Corruption in an American City, in: Heidenheimer, Arnold, J. (Editor): Political Corruption, Readings in Comparative Analysis, New Jersey 1978, S. 167 - 175.

Gerlich, Peter:
Korruption im Systemvergleich, in: Brünner, Christian (Hrsg.): Korruption und Kontrolle, Wien 1981, S. 165 - 181.

Gillespie, Kate / Okruhlik, Gwenn:
The Political Dimension of Corruption Cleanups, in: Comparative Politics, Vol. 24 (1991), Heft 1, S. 77 - 95.

Göbel, Heike:
Der Maschinenbau wehrt sich gegen Staatseingriffe in die Wirtschaft, in: Frankfurter Allgemeine Zeitung vom 14. Juni 1995.

Goodman, Margaret:
Preserving Privilige in Yucatan, in: Heidenheimer, Arnold J. / Johnston, Michael / LeVine, Victor (Editor): Political Corruption, Second Edition, New Brunswick 1990, S. 639 - 658.

Gorki, Maxim:
Ehrenrettung durch Bestechung, in: Fleck, Christian / Kuzmics, Helmut, Korruption - Zur Soziologie nicht immer abweichenden Verhaltens, Königstein/Ts. 1985, S. 51 - 53.

Graf Hohenthal, Carl:
Milliarden-Kosten durch Bürokratie, Frankfurter Allgemeine Zeitung vom 27. Juni 1995.

Granick, David:
Soviet Use of Fixed Prices: Hypothesis of a Job - Right Constraint, in: Rosefielde, Steven (Editor): Economic Welfare and the Economics of Soviet Socialism, Cambridge 1981, S. 85 - 103.

Graupe, Johannes:
Die Systematik und das Rechtsgut der Bestechungsdelikte, München 1988.

Gronbeck, Bruce E.:
Die Rhetorik politischer Korruption, in: Fleck, Christian / Kuzmics, Helmut: Korruption - Zur Soziologie nicht immer abweichenden Verhaltens, Königstein/Ts. 1985, S. 256 - 280.

Gröner, Helmut / Knorr, Andreas:
Außenhandelsordnung und Soziale Marktwirtschaft, in: Klein, Werner (Hrsg.): Soziale Marktwirtschaft: Ein Modell für Europa, Berlin 1994, S. 91 -108.

Guggenberger, Bernd:
Plebiszitäre Elemente in der repräsentativen Demokratie, in: Hirscher, Gerhard (Hrsg.): Repräsentative Demokratie und politische Partizipation, München 1993, S. 145 - 162.

Gutenberg, Erich:
Grundlagen der Betriebswirtschaftslehre, Band 1, Berlin 1983.

Hamel, Hannelore (Hrsg.):
Soziale Marktwirtschaft - Sozialistische Planwirtschaft, 5. Aufl., München 1989.

Hamel, Hannelore:
Soziale Marktwirtschaft: Anspruch und Realität eines ordnungspolitischen Konzepts, in: Klein, Werner (Hrsg.): Soziale Marktwirtschaft: Ein Modell für Europa, Berlin 1994, S. 109 - 132.

Hamm, Walter:
Dämme gegen die Gesetzgebungsflut, in: Hirscher, Gerhard / Leben, Burkhard (Hrsg.): Soziale Marktwirtschaft und Demokratie, München 1994, S. 83 - 96.

Handlögten, Günter / Venske, Henning:
Klüngel, Filz und Korruption, Düsseldorf 1993.

Hank, Rainer:
Beschenkt oder gekauft?, in: Frankfurter Allgemeine Magazin, 47. Woche, 24. 11. 1995, S. 64 - 69.

Hartley - Brewer, Elisabeth:
Ein bißchen Korruption, in: Neue Gesellschaft - Frankfurter Hefte, Heft 1, Januar 1986, S. 89.

Haubold, Erhard:
Mancher sieht schon ein Tigerbaby, in: Frankfurter Allgemeine Zeitung vom 14. März 1995.

Haubrich, Walter:
Befriedigung in Madrid nach der Festnahme Roldáns, in: Frankfurter Allgemeine Zeitung vom 01. März 1995.

Haubrich, Walter:
Wenn das Geld auf dem Tisch liegt, in: Frankfurter Allgemeine Zeitung vom 26. Mai 1994.

Heberer, Thomas:
Korruption in China: Analyse eines politischen, ökonomischen und
sozialen Problems, Opladen 1991.

Heidenheimer, Arnold J. / Johnston, Michael / LeVine, Victor (Editor):
Political Corruption, Second Edition, New Brunswick 1990.

Heidenheimer, Arnold J.:
Problems of Comparing American Political Corruption, in: Heidenheimer,
Arnold J. / Johnston, Michael / LeVine, Victor (Editor): Political Corruption,
Second Edition, New Brunswick 1990, S. 573 - 585.

Heidenheimer, Arnold, J. (Editor):
Political Corruption, Readings in Comparative Analysis, New Jersey 1978.

Heinichen, Friedrich Adolph:
Lateinisch - deutsches Schulwörterbuch, Leipzig 1887.

Heller, Joseph:
Der Krieg als Ware, in: Fleck, Christian / Kuzmics, Helmut: Korruption -
Zur Soziologie nicht immer abweichenden Verhaltens, Königstein/Ts.
1985, S. 58 - 61.

Hemmer, Hans - Rimbert:
Wirtschaftsprobleme der Entwicklungsländer, 2. Aufl., München 1988.

Hencke, David:
Zusammenfassung des Vortrags "Korruption im Parlament. Das Beispiel
Großbritannien", Vortrag im Rahmen der internationalen Fachtagung der
Friedrich - Ebert- Stiftung zum Thema: "Korruption in Deutschland:
Ursachen, Erscheinungsformen, Bekämpfungsstrategien" in Berlin am
16. / 17.02.1995.

Herbig, Gottfried:
Korruptionsfälle in der Stadtverwaltung Frankfurt, in: Verwaltungs -
Archiv, Zeitschrift für Verwaltungslehre, Verwaltungsrecht und
Verwaltungspolitik, 80. Band, Heft 3, 1989, S. 381 - 393.

Hersberger, Helmut:
Kampf gegen Wirtschaftskriminalität, in: Information der internationalen
Treuhand AG, Nr. 97, April, Basel 1995, S. 1 - 12.

Hinterhuber, Hans / Nill, Alexander:
Unternehmensethik im Kontext interkultureller Geschäftbeziehungen, in:
Journal für Betriebswirtschaft, 43. Jg., Heft 6, 1993, S. 258 - 272.

Hirschenkrämer, Klaus:
Bestechung und Bestechlichkeit von Angestellten (§ 12 UWG), Köln 1964.

168

Hirscher, Gerhard (Hrsg.):
Repräsentative Demokratie und politische Partizipation, München 1993,
S. 145 - 162.

Hirscher, Gerhard / Leben, Burkhard (Hrsg.):
Soziale Marktwirtschaft und Demokratie, München 1994.

Hitzler, Ronald:
Skandal: Karrierebremse oder Karrierevehikel? Inszenierungsprobleme
Bonner Parlamentarier, in: SOWI, 16. Jg., Heft 1, 1987, S. 22 - 27.

Höhne - Mack, Ingeborg:
Fälle politischer Korruption in der Bundesrepublik, in: SOWI, 16. Jg., Heft 1,
1987, S. 13 - 21.

Holmes, L.:
The End of Communist Power, Anti - Corruption Campaigns and Legitimation
Crisis, o. O. 1993.

Homann, Karl:
Wirtschaftsethik, in: Enderle, Georges / Homann, Karl / Honecker, Martin /
Kreber, Walter / Steinmann, Horst (Hrsg.): Lexikon der Wirtschaftsethik,
Freiburg 1993, Sp. 1286 - 1296.

Hoogenboom, Ari:
Spoilsmen and Reformers: Civil Service Reform and Public Morality, in:
Heidenheimer, Arnold, J. (Editor): Political Corruption, Readings in
Comparative Analysis, New Jersey 1978, S. 276 - 283.

Hoppmann, Erich:
Freiheit, Marktwirtschaft und ökonomische Effizienz, in: Hirscher, Gerhard /
Leben, Burkhard (Hrsg.): Soziale Marktwirtschaft und Demokratie,
München 1994, S. 36 - 53.

Höss, Rudolf:
"Kanada", in: Fleck, Christian / Kuzmics, Helmut: Korruption - Zur
Soziologie nicht immer abweichenden Verhaltens, Königstein/Ts. 1985,
S. 62 - 63.

Huntington, Samuel P.:
Modernization and Corruption, in: Heidenheimer, Arnold J. / Johnston,
Michael / LeVine, Victor (Editor): Political Corruption, Second Edition,
New Brunswick 1990, S. 377 - 388.

Husted, Bryan W.:
Honor among Thieves: A Transaction - Cost Interpretation of Corruption in Third World Countries, in: Business Ethics Quarterly, Volume 4, Issue 1, 1994, S. 17 - 27.

Hutchinson, John:
The Imperfect Union, A history of Corruption in American Trade Union, New York 1972.

International Chamber of Commerce (Editor):
Extortion and Bribery in Business Transactions, Paris 1977.

Jacoby, Neil H. / Nehemkis, Peter / Eells, Richard:
Bribery and Extortion in World Business - A study of Corporate Political Payments Abroad, New York 1977.

Johnston, Michael:
Corruption and Political Culture in Britain and the United States, in: Nick, Rainer / Philp, Mark / Pinto - Duschinsky, Michael: Political Corruption and Scandals, Wien 1989, S. 31 - 49.

Johnston, Michael:
Political Corruption and Public Policy in America, Belmont 1982.

Johnston, Michael:
Right or Wrong in American Politics: Popular Conceptions of Corruption, in: Heidenheimer, Arnold J. / Johnston, Michael / LeVine, Victor (Editor): Political Corruption, Second Edition, New Brunswick 1990, S. 743 - 761.

Johnston, Michael:
The Political Consequences of Corruption: A Reassessment, in: Comparative Politics, Vol. 18 (1986), S. 459 - 443.

Junghanns, Karina:
Öffentliche Auftragsvergabe ist kaum mehr kalkulierbar, in: Handelsblatt vom 16. Juni 1995.

Kaps, Carola:
Die Korruption in der Dritten Welt ist wie ein Flächenbrand, in: Frankfurter Allgemeine Zeitung vom 04. März 1994.

Karkowsky, Josef:
Vor Versuchung schützen, in: Wirtschaft im Südwesten, 12/95, S. 5 - 7.

Katsenelinboigen, Aron:
Corruption in the USSR: Some Methodological Notes, in: Clarke, Michael: Corruption, London 1983, S. 220 - 238.

Katsenelinboigen, Aron:
Studies in Soviet Economic Planning, New York 1978.

Kenawy, Shadia:
Korruption als soziales Problem peripherer Gesellschaften, Bielefeld 1984.

Kerneck, Barbara:
Russische Höllenkreise, in: Michel, Karl Markus / Spengler, Tilman
(Hrsg.):Kursbuch Korruption, Berlin 1995, S. 77 - 89.

Key, V. O. Jr.:
Techniques of Political Graft, in: Heidenheimer, Arnold, J. (Editor):
Political Corruption, Readings in Comparative Analysis, New Jersey
1978, S. 46 - 53.

Klaveren , Jacob van:
Die Korruption in den Kapitalgesellschaften, besonders in den großen
Handelskompagnien, in: Vierteljahreszeitschrift für Sozial- und Wirtschafts-
geschichte, 45. Jg., 1958, S. 433 - 468.

Klaveren, Jacob van:
Corruption as a Historical Phenomenon, in: Heidenheimer, Arnold, J.
(Editor): Political Corruption, Readings in Comparative Analysis,
New Jersey 1978, S. 67 - 75.

Klaveren, Jacob van:
The Concept of Corruption, in: Heidenheimer, Arnold, J. (Editor): Political
Corruption, Readings in Comparative Analysis, New Jersey 1978, S. 38 - 40.

Klaveren, Jakob van:
Corruption: The Special Case of the United States, in: Heidenheimer,
Arnold, J. (Editor): Political Corruption, Readings in Comparative Analysis,
New Jersey 1978, S. 269 - 275.

Klaveren, Jakob van:
Die historische Erscheinung der Korruption in ihrem Zusammenhang mit
der Staats- und Gesellschaftsstruktur betrachtet, in: Vierteljahreszeitschrift für
Sozial- und Wirtschaftsgeschichte, 44. Band, 1957, Heft 4, S. 289 - 324.

Klavern, Jakob van:
Die internationalen Aspekte der Korrruption, in: Vierteljahreszeitschrift für
Sozial- und Wirtschaftsgeschichte, 45. Jg., 1958, S. 469 - 504.

Klein, Rolf:
Straflosigkeit der Abgeordnetenbestechung, Einer Straflücke zum
25 - jährigen Bestehen, in:Zeitschrift für Rechtspolitik, 12. Jg., 1979,
Heft 7, S. 174.

Klein, Werner (Hrsg.):
Soziale Marktwirtschaft: Ein Modell für Europa, Berlin 1994.

Kleiner, Paul:
Bestechung, Bern 1992.

Klemm, Volker:
Korruption und Amtsmißbrauch in der DDR, Stuttgart 1991.

Klemmer, Paul / Schubert, Klaus (Hrsg.):
Politische Maßnahmen zur Verbesserung von Standortqualitäten, Berlin 1992.

Klitgaard, Robert:
Fighting Corruption After Democratic Reform: or, What If We Are All
Rent-Seekers?, o. O. 1992.

Klittgaard, Robert, E.:
Controlling Corruption, London 1988.

Knüpfer, Uwe:
Dienst am Volk in "Sack und Asche"?, in: Badische Zeitung vom 28. Mai 1994.

Köhler, Herbert W.:
Plädoyer für eine Verfassungslehre der Wirtschaft, Köln 1993.

Krähe, Walter:
Aktive und passive Bestechung aus betriebswirtschaftlicher Sicht, in:
Zeitschrift für handelswissenschaftliche (betriebswirtschaftliche) Forschung,
19. Jg.,1968, S. 202 - 213.

Kramer, John M.:
Political Corruption in the USSR, in: Western Political Quaterly, 1977,
S. 213 - 224.

Kreutz, Henrik / Bacher, Johann:
Die Entstehung von Korruption in asymetrischen Mobilitätsprozessen: Die
Akkumulation von Macht und die Vergeudung ökonomischer Ressourcen,
in: Kreutz, Henrik / Bacher, Johann: Disziplin und Kreativität, Sozial-
wissenschaftliche Computersimulation: theoretische Experimente und
praktische Anwendung, Opladen 1991, S.101 - 132.

Kube, Edwin / Vahlenkamp, Werner:
Korruption - hinehmen oder handeln?, in: Verwaltungsarchiv, Band 85,
1994, S. 432 - 449.

Kümmel, Hans Martin:
Bestechung im Alten Orient, in: Schuller, Wolfgang (Hrsg.), Korruption im Altertum, Konstanzer Symposium, Oktober 1979, München 1982, S. 55 - 64.

Lachmann, Werner:
Beschränkung der Staatstätigkeit in der Marktwirtschaft - Versuch einer Bewertung aus ethischer Sicht, in: Hirscher, Gerhard / Leben, Burkhard (Hrsg.): Soziale Marktwirtschaft und Demokratie, München 1994, S. 62 - 82.

Lampert, Nick:
The Whistleblowers: Corruption and Citizens' Complaints in the USSR, in: Clarke, Michael: Corruption, London 1983, S. 268 - 287.

Landfried, Christine:
Parteifinanzen und politische Macht: eine vergleichende Studie zur Bundesrepublik Deutschland, zu Italien und den USA, Baden-Baden 1990.

Lane, Henry W. / Simpson, Donald G.:
Bribery in International Business: Whose Problem Is It?, in: Journal of Business Ethics, Vol. 3, 1984, S. 35 - 42.

Leff, Nathaniel H.:
Economic Development through Bureaucratic Corruption, in: Heidenheimer, Arnold J. / Johnston, Michael / LeVine, Victor (Editor): Political Corruption, Second Edition, New Brunswick 1990, S. 389 - 403.

Leipold, Helmut:
Wirtschafts- und Gesellschaftssysteme im Vergleich, 5. Aufl., Stuttgart 1988.

Leontsini, Stavroula:
Die Prostitution im frühen Byzanz, Wien 1989.

Leschke, Martin:
Ökonomische Verfassungstheorie und Demokratie: das Forschungsprogramm der Constitutional Economics und seine Anwendung auf die Grundordnung der Bundesrepublik Deutschland, Berlin 1993.

Leube, Kurt R. (Hrsg.):
Liberale Marktwirtschaft, Wien 1992.

Leube, Kurt R.:
Friedrich A. von Hayek, Leben und Werk, in: Leube, Kurt R. (Hrsg.): Liberale Marktwirtschaft, Wien 1992, S. 9 - 25.

Leutheusser-Schnarrenberger, Sabine:
Konzept zur Korruptionsbekämpfung, Manusskript zum Vortrag beim Liberalen Rechtstag "Korruption" am 25. 11. 1995 in Karlsruhe.

LeVine, Victor T.:
Transnational Aspects of Political Corruption, in: Heidenheimer, Arnold J./ Johnston, Michael / LeVine, Victor (Editor): Political Corruption, Second Edition, New Brunswick 1990, S. 685 - 699.

Leys, Colin:
What Is the Problem about Corruption?, in: Heidenheimer, Arnold, J. (Editor): Political Corruption, Readings in Comparative Analysis, New Jersey 1978, S. 31 - 37.

Leyva, Ciro Gómez:
Die Korruption blüht nach wie vor, in: Direktion für Entwicklungshilfe und humanitäre Zusammenarbeit (Hrsg.): Entwicklung -Développment, Nr. 38, 1992, S. 8 - 10.

Liebl, Karlhans:
Das Ausmaß der Korruption in der öffentlichen Verwaltung. Ergebnisse einer empirischen Erhebung, in: Benz, A. / Seibel, W. (Hrsg.): Zwischen Kooperation und Korruption, Baden - Baden 1992, S. 283 - 294.

Liebl, Karlhans:
Wirtschaftskriminalität: Die "Kriminalität der Mächtigen", in: Vorgänge - Zeitschrift für Bürgerrechte und Gesellschaftspolitik, 27. Jg., Heft 6, 1988, S. 8 -10.

Lippmann, Walter:
A Theory about Corruption, in: Heidenheimer, Arnold, J. (Editor): Political Corruption, Readings in Comparative Analysis, New Jersey 1978, S. 294 - 297.

Littwin, Frank:
Die steuerliche Abzugsfähigkeit von Provisionen, Schmier- und Bestechungsgeldern, in: Betriebs - Berater, Heft 33, 1994, S. 2326 - 2328.

Lopes, Henri:
Selbstkritik und Solidarität, in: Direktion für Entwicklungshilfe und humanitäre Zusammenarbeit (Hrsg.): Entwicklung - Développment, Nr. 38, 1992, S. 17 - 18.

Lüdtke, Helmut / Schweizer, Hartmut:
Korruptionsneigung bei unterschiedlichen Erwartungskonstellationen in der Handlungssituation, in: Kölner Zeitschrift für Soziologie und Sozial - psychologie, 45. Jg., Heft 3, 1993, S. 465 - 483.

174

Maihold, Günther:
Korruption in Entwicklungsländern, in: Vorgänge - Zeitschrift für Bürgerrechte
und Gesellschaftspolitik, 27. Jg., Heft 6, 1988, S. 65 - 76.

Malcom, Jack:
Corruption & Progress, New York 1989.

Manning, Bayless:
The Purity Potledge: Conflict of Interest and Moral Escalation, in:
Heidenheimer, Arnold, J. (Editor): Political Corruption, Readings in
Comparative Analysis, New Jersey 1978, S. 307 - 313.

Masnata, Albert:
Kollektivistische Planwirtschaft und Marktwirtschaft im Vergleich,
Diessenhofen 1979.

Matis, Herbert / Stiefel, Dieter (Hrsg.):
Der Weg aus der Knechtschaft: Probleme des Übergangs von der
Planwirtschaft zur Marktwirtschaft, Wien 1992.

Matzner, Egon:
Der moderne öffentliche Sektor und das Phänomen Korruption, in: Brünner,
Christian (Hrsg.): Korruption und Kontrolle, Wien 1981, S. 329 - 347.

Maurer, Malte:
Bestechung im Außenhandel, München 1992.

Mayer - Maly, Theo:
Grundsätzliche Überlegungen zur Wirksamkeit des Rechts bei der
Bekämpfung von Korruption, in: Brünner, Christian (Hrsg.): Korruption
und Kontrolle, Wien 1981, S. 491 - 507.

Meadows, Dennis / Meadows, Donella / Zahn, Erich / Milling, Peter:
Die Grenzen des Wachstums - Bericht des Club of Rome zur Lage der
Menschheit, Stuttgart 1972.

Michel, Karl Markus / Spengler, Tilman (Hrsg.):
Kursbuch Korruption, Berlin 1995.

Miller, Manfred:
Korruption, Kontrolle und Konzepte zum Abbau von Mißständen in Politik und
Verwaltung, in: Die Verwaltung, Zeitschrift für Verwaltungswissenschaften,
23. Band, 1990, Heft 1, S. 227 - 245.

Mkandawire, Thandika:
Africa and the Changes in Eastern Europe. Notes for VIIth General Conference
of EADI in Berlin vom 15. - 18. September 1993.

Molitor, Bernhard:
Der Übergang von einer zentralistischen Planwirtschaft zur Sozialen Marktwirtschaft, Tübingen 1991.

Möllering, Jürgen:
Bekämpfung der Korruption als unternehmerische Aufgabe, in: Magazin Wirtschaft, November 1995, S. 19 - 20.

Möllering, Jürgen:
Korruption: erst kleine Geschenke, dann Bares..., in: Wirtschaft im Südwesten, Dezember 1995, S. 3 - 4.

Möllering, Jürgen:
Korruption - Bessere Blicke für gefährliche Pflanze, in: Magazin Wirtschaft, November 1995, S. 9.

Montias, John Michael / Rose - Ackerman, Susan:
Corruption in a Soviet - Type Economy: Theoretical Considerations, in: Rosefielde, Steven (Editor): Economic Welfare and the Economics of Soviet Socialism, Cambridge 1981, S. 53 - 83.

Moody - Stuart, George:
Grand Corruption in the Third World Development, Berlin1994.

Müller - Armack, Alfred:
Wirtschaftsordnung und Wirtschaftspolitik, Band 4 der Beiträge zur Wirtschaftspolitik, 2. Aufl., Bern 1976.

Müller, Rudolf / Wabnitz, Heinz-Bernd:
Wirtschaftskriminalität, Eine Darstellung der typischen Erscheinungsformen mit praktischen Hinweisen zur Bekämpfung, München 1982.

Müller, Rudolf / Wabnitz, Heinz-Bernd:
Wirtschaftskriminalität, Eine Bedrohung für Staat und Gesellschaft, in: Aus Politik und Zeitgeschichte, Beilage zur Wochenzeitung Das Parlament, B 23/95, S. 28 - 35.

Müller, Udo:
Administrative Möglichkeiten einer wirksameren Korruptionsbekämpfung, Vortrag im Rahmen der internationalen Fachtagung der Friedrich - Ebert - Stiftung zum Thema: "Korruption in Deutschland: Ursachen, Erscheinungsformen, Bekämpfungsstrategien" in Berlin am 16. / 17.02.1995.

Müller, Udo:
Korruption in der öffentlichen Verwaltung, Typologie und Schaden im Baubereich, in: Kriminalistik, Heft 8 - 9, 1993, S. 509 - 516.

Myrdal, Gunnar:
Corruption as a Hindrance to Modernization in South Asia, in:
Heidenheimer, Arnold J. / Johnston, Michael / LeVine, Victor (Editor):
Political Corruption, Second Edition, New Brunswick 1990, S. 405 - 421.

Myrdal, Gunnar:
Corruption: Its Causes and Effects, in: Heidenheimer, Arnold, J. (Editor),
Political Corruption, Readings in Comparative Analysis, New Jersey
1978, S. 540 - 545.

Neckel, Sighard:
Macht und Legitimität im politischen Skandal, in: Vorgänge - Zeitschrift für
Bürgerrechte und Gesellschaftspolitik, 27. Jg., Heft 6, 11 / 1988, S. 38 - 48.

Neubert, Helmut:
Innerbetriebliche Maßnahmen zur Vorbeugung gegen aktive und passive
Bestechung, in: Der Betrieb, 14. Jg., 1961, S. 849 - 851.

Neugebauer, Gregory:
Grundzüge einer ökonomische Theorie der Korruption, Basel 1977.

Nick, Rainer / Philip, Mark / Pinto - Duschinsky (Editors):
Political Corruption and Scandals - Case Studies from East and West,
Wien 1989.

Noack, Paul:
Die politische Dimension der Korruption, Vortrag im Rahmen der
internationalen Fachtagung der Friedrich - Ebert - Stiftung zum Thema:
"Korruption in Deutschland: Ursachen, Erscheinungsformen,
Bekämpfungsstrategien" in Berlin am 16. / 17.02.1995.

Noack, Paul:
Korruption - die andere Seite der Macht, München 1985.

Noack, Paul:
Politische Korruption: Theorie, Geschichte, Gegenwart, in: SOWI, 16. Jg.,
Heft 1, 1987, S. 5 - 12.

Noethlichs, K. L.:
Bestechung, Bestechlichkeit und die Rolle des Geldes in der spartanischen
Aussen - und Innenpolitik vom 7. - 2. Jh. v. Chr., in: Historia, Band 36, 1987,
Nr. 2, S. 129 - 170.

Nye, J. S.:
Corruption and Political development: A Cost - Benefit Analysis, in:
Heidenheimer, Arnold, J. (Editor): Political Corruption, Readings in
Comparative Analysis, New Jersey 1978, S. 564 - 578.

o. V.:
Am Bau läuft vieles wie geschmiert, in: Handelsblatt vom 12. Juli 1995.

o. V.:
"Korruption gefährdet die Demokratie", in: Frankfurter Allgemeine Zeitung vom 16. Juni 1994.

o. V.:
Bares oder einen BMW, in: Der Spiegel, 22/1994, S. 92.

o. V.:
Corruption Biggest Fear in Russia, in: Transparency International Newsletter, 9/1995.

Organisation for Economic Cooperation and Development (Editor):
OECD Economic Survey - The Russian Federation 1995, Paris 1995.

Organisation for Economic Cooperation and Development (Editor):
Tax Treatment of "illicit payment", Paper of the Discussion of the Ad hoc Group´s Meeting at 20. 09. 1993, France 1993.

Organisation for Economic Cooperation and Development, Council of the:
Recommendation on Bribery in International Business Transactions, Paris o. Jg.

Otte, Rainer:
Korruption höhlt die Marktwirtschaft aus, in: Blick durch die Wirtschaft vom 15. April 1994.

Payne, Bruce L.:
Spiro Agnew and Maryland Customs, in: Heidenheimer, Arnold J. / Johnston, Michael / LeVine, Victor (Editor): Political Corruption, Second Edition, New Brunswick 1990, S. 601 - 625.

Peschel - Gutzeit, Lore Maria:
Begrüßungsrede anläßlich der Eröffnung der internationalen Fachtagung der Friedrich - Ebert - Stiftung zum Thema: "Korruption in Deutschland: Ursachen, Erscheinungsformen, Bekämpfungsstrategien" in Berlin am 16. / 17.02.1995.

Peters, John G. / Welch, Susan.:
Political Corruption in America, in: The American Political Science Review, Vol. 72, 1978, S. 974 - 984.

Peters, John G. / Welch, Susan:
Gradients of Corruption in Perceptions of American Public Life, in:
Heidenheimer, Arnold J. / Johnston, Michael / LeVine, Victor (Editor):
Political Corruption, Second Edition, New Brunswick 1990, S. 723 - 741.

Philips, Michael:
Bribery, in: Ethics, Vol. 94, 1984, S. 621 - 636.

Philp, Mark:
Politics, Markets and Corruption, in: Nick, Rainer / Philp, Mark / Pinto -
Duschinsky, Michael: Political Corruption and Scandals, Wien 1989,
S. 16 - 30.

Pieth, Mark:
Empfehlungen der OECD gegen Korruption im internationalen
Geschäftsverkehr, Vortrag im Rahmen der internationalen Fachtagung
der Friedrich - Ebert - Stiftung zum Thema: "Korruption in Deutschland:
Ursachen, Erscheinungsformen, Bekämpfungsstrategien" in Berlin am
16. / 17.02.1995.

Pippig, Gerhard:
Verwaltungsskandale. Zur Kooruption in der öffentlichen Verwaltung,
in: Aus Politik und Zeitgeschichte, Beilage zur Wochenzeitung Das
Parlament, B 7/90, S.11 - 20.

Pohoryles, Ronald:
Do Democracies Need Corruption? A Pragmatic View on a Widespread
Phenomenon, in: Nick, Rainer / Philp, Mark / Pinto - Duschinsky, Michael:
Political Corruption and Scandals, Wien 1989, S. 7 - 13.

Pracht, Elisabeth:
Psychologie, 3. Aufl., Köln 1993.

Presse- und Informationsdienst der Bundesregierung (Hrsg.):
Bulletin, Die Kriminalität in der Bundesrepublik, Die polizeiliche Kriminal-
statistik für das Jahr 1994, Bonn 1995.

Quarthal, Franz:
Korruption in Gesellschaft und Staat des Ancien Régime, in: SOWI, 16. Jg.,
Heft 1, 1987, S. 41 - 46.

Raith, Werner:
Der Korruptionsschock, Reinbek bei Hamburg 1994.

Raith, Werner:
Thesen zum Vortrag Korruption: Der Weg in die politische und gesellschaftliche Krise, Das Beispiel Italien, Vortrag im Rahmen der internationalen Fachtagung der Friedrich - Ebert - Stiftung zum Thema: "Korruption in Deutschland: Ursachen, Erscheinungsformen, Bekämpfungsstrategien" in Berlin am 16. / 17.02.1995.

Ravenholt, Albert:
The peso Prics of Politics in the Philippines, in: Heidenheimer, Arnold, J. (Editor): Political Corruption, Readings in Comparative Analysis, New Jersey 1978, S. 469 - 478.

Rennstich, Karl:
Korruption, Eine Herausforderung für Gesellschaft und Kirche, Stuttgart 1990.

Richter, Horst - Eberhard:
Die hohe Kunst der Korruption, Hamburg 1989.

Ricks, Sven:
Ökonomische Analyse der Wirtschaftskriminalität unter besonderer Berücksichtigung der Korruption und Bestechung, Berlin 1995.

Robinton, Madeline E.:
The British Method of Dealing with Political Corruption, in: Heidenheimer, Arnold, J. (Editor): Political Corruption, Readings in Comparative Analysis, New Jersey 1978, S. 249 - 258.

Rogovin, Vladim S.:
Problems of Corruption in Soviet Society: The Experience of Sociological and Historical Analysis, in: Nick, Rainer / Philps, Mark / Pinto - Duchinsky, Michael: Political Corruption and Scandals, Wien 1989, S. 77 - 92.

Rogow, Arnold A. / Lasswell, H. D.:
The Definition of Corruption, in: Heidenheimer, Arnold, J. (Editor): Political Corruption, Readings in Comparative Analysis, New Jersey 1978, S. 54 - 55.

Rose - Ackerman, Susan:
Corruption and the Private Sector, in: Heidenheimer, Arnold J. / Johnston, Michael / LeVine, Victor (Editor): Political Corruption, Second Edition, New Brunswick 1990, S. 661 - 683.

Rose - Ackerman, Susan:
Corruption, A Study in Political Economy, London 1978.

Rose - Ackerman, Susan:
The Economics of Corruption, in: Journal of Public Economics, February 1975, S. 187 - 203.

Rose - Ackerman, Susan:
Which bureaucracies are less corruptible ?, in: Heidenheimer, Arnold J. /
Johnston, Michael / LeVine, Victor (Editor): Political Corruption, Second
Edition, New Brunswick 1990, S. 803 - 825.

Rose - Ackermann, Susan:
Korruption als Problem der ökonomischen Theorie, in: Fleck, Christian /
Kuzmics, Helmut: Korruption - Zur Soziologie nicht immer abweichenden
Verhaltens, Königstein/Ts. 1985, S. 228 - 255.

Rosefielde, Steven (Editor):
Economic Welfare and the Economics of Soviet Socialism, Cambridge
1981.

Rosenthal, Michael:
An American Attempt to Control International Corruption, in: Heidenheimer,
Arnold J. / Johnston, Michael / LeVine, Victor (Editor): Political Corruption,
Second Edition, New Brunswick 1990, S. 701 - 715.

Roßnagel, Alexander:
Bomben, Backschisch und Bordelle, in: Vorgänge - Zeitschrift für
Bürgerrechte und Gesellschaftspolitik, 27. Jg., Heft 6, 1988, S. 15 - 19.

Roth, Jürgen:
Der Sumpf, Korruption in Deutschland, München 1995.

Roth, Roland:
Politische Korruption in der Bundesrepublik - Notizen zu einem
verdrängten Thema, in: Fleck, Christian / Kuzmics, Helmut: Korruption -
Zur Soziologie nicht immer abweichenden Verhaltens, Königstein/Ts.
1985, S. 143 - 158.

Rousseau, Jean - Jacques:
Diskurs über die Ungleichheit, 3. Aufl., Paderborn 1993.

Ruff, Charles F. C.:
Federal Prosecution of Local Corruption, in: Heidenheimer, Arnold J. /
Johnston, Michael / LeVine, Victor (Editor): Political Corruption, Second
Edition, New Brunswick 1990, S. 627 - 637.

Ruppe, Hans Georg:
Korruption und Steuerrecht, in: Brünner, Christian (Hrsg.): Korruption und
Kontrolle, Wien 1981, S. 593 - 609.

Ryzhenkov, Alexander:
Voluntary Learning as a Ground for Progressive Social Evolution (An
Application to the CIS), o.O., o.D.

Sabelli, Fabrizio:
Korruption zwischen Moral und Kultur, in: Direktion für Entwicklungshilfe und humanitäre Zusammenarbeit (Hrsg.): Entwicklung - Développment, Nr. 38, 1992, S. 4 - 6.

Salzberger, Wolfgang:
Unveröffentlichter Arbeitsbericht zum § 4 Abs. 5 Nr. 10 EStG nach dem Jahressteuergesetz 1996, Mannheim 1995.

Schaupensteiner, Wolfgang:
Bekämpfung von Korruption und Wirtschaftskriminalität - Was muß verbessert werden?, in: Friedrich-Ebert-Stiftung (Hrsg.): Gesprächskreis Politik und Wissenschaft, Reihe Recht und Politik, Bonn 1994, S. 3 - 32.

Schaupensteiner, Wolfgang:
Korruption in Deutschland, Vortrag im Rahmen der internationalen Fachtagung der Friedrich - Ebert - Stiftung zum Thema: "Korruption in Deutschland: Ursachen, Erscheinungsformen, Bekämpfungsstrategien" in Berlin am 16. / 17.02.1995.

Schaupensteiner, Wolfgang:
Korruptions - Kartelle, Ein Blick hinter die Kulissen des Bauwesens, in: Claussen, Hans Rudolf: Korruption im öffentlichen Dienst, Köln 1995, S. 83 - 89.

Schellenberg, Hans:
Ein Esel = zwei Arbeiter?, in: Direktion für Entwicklungshilfe und humanitäre Zusammenarbeit (Hrsg.): Entwicklung - Développment, Nr. 38, 1992, S. 24 - 26.

Schick, Peter J.:
Die Korruption im Spiegel des Strafrechts, in: Brünner, Christian (Hrsg.): Korruption und Kontrolle, Wien 1981, S. 573 - 592.

Schlaffke, Winfried:
Vom Nutzen des Egoismus: Ohne Schaffen kein Verteilen, Köln 1994.

Schlecht, Otto:
Grundlagen und Perspektiven der sozialen Marktwirtschaft, Tübingen 1990.

Schmidt - Hieber, Werner / Kiesswetter, Ekkehard:
Parteigeist und politischer Geist in der Justiz, in: NJW 1992, Heft 29, S. 1790 - 1794.

Schmidt - Hieber, Werner:
Strafbarkeit der Ämterparonage, in: NJW, 1989, Heft 9, S. 558 - 562.

Schmidt, Kurt / Garschagen, Christine:
Korruption, in: Albers, Willi (Hrsg.): Handwörterbuch der Wirtschaftswissenschaften, Band 4, Stuttgart 1978, Sp. 564 - 572.

Schmidt, Kurt:
Zur Ökonomik der Korruption, in: Schmollers Jahrbuch für Wirtschafts- und Sozialwissenschaften, 89. Jg., 1. Halbband 1969, S. 129 - 143.

Schmitt, Uwe:
Menschen unter Wachstumstrümmern, in: Frankfurter Allgemeine Zeitung vom 30. Juni 1995.

Schmitt, Uwe:
Ehemaliger Minister in Japan verurteilt, in: Frankfurter Allgemeine Zeitung vom 31. Mai 1994.

Schnitzler, Lothar:
Wie ein Gesetzloser, in: Wirtschaftswoche, Nr. 32 vom 03. 08. 1995, S. 58 - 59.

Schönherr, Roland:
Vorteilsgewährung und Bestechung als Wirtschaftsstraftaten, Freiburg 1985.

Schwalbe, Ulrich:
Gewerkschaften und Korruption, in: Zeitschrift für Wirtschafts- und Sozialwissenschaften, 114. Jg., Berlin 1995, S. 617 - 634.

Schwalbe, Ulrich:
Gewerkschaften und Korruption, Mannheim 1992.

Schwartz, Charles A.:
Corruption and Political Development in the USSR, in: Comparative Politics, Vol. 11 (1979), S. 425 - 443.

Scott, James C.:
Thailand: Ein Beispiel aus der Dritten Welt, in: Fleck, Christian / Kuzmics, Helmut: Korruption - Zur Soziologie nicht immer abweichenden Verhaltens, Königstein/Ts. 1985, S. 174 - 199.

See, Hans / Schenk, Dieter (Hrsg.):
Wirtschaftsverbrechen, Köln 1992.

See, Hans:
Wirtschaftsverbrechen - der innere Feind der freien Marktwirtschaft und Demokratie, in: See, Hans / Schenk, Dieter (Hrsg.): Wirtschafts- verbrechen, Köln 1992, S. 39 - 54.

Seidl,
Mafia im Staat, Freiburg 1993.

Sell, Friedrich L.:
Ökonomik der Entwicklungsländer, Frankfurt am Main 1993.

Shackelton, J. R.:
Corruption: An Essay in Economic Analysis, in: Political Quaterly, Vol. 49 (1978), S. 25 - 37.

Shleifer, Andrei / Vishny, Robert W.:
Corruption, in: Quarterly Journal of Economics, Autumn 1993, S. 599 - 617.

Siegl, Elfie:
Erpressung, Bestechung, Mord auf Bestellung, in: Frankfurter Allgemeine Zeitung vom 04. März 1995.

Silbermann, Alphons:
Wann Menschen sich bestechen lassen, in: Psychologie Heute, Heft 9, 1977, S. 15 - 18.

Simis, Konstantin M.:
USSR: The Corrupt Society, New York 1982.

Singh, Tavleen:
Krake mit allgegenwärtigen Fangarmen, in: Direktion für Entwicklungshilfe und humanitäre Zusammenarbeit (Hrsg.): Entwicklung - Développment, Nr. 38, 1992, S. 10 - 13.

Smelser, Neil J. (Editor):
Readings on Economic Sociology, Englewoodcliffs 1965.

Smelser, Neil J.:
Stabilität, Instabilität und die Analyse der politischen Korruption, in: Fleck, Christian / Kuzmics, Helmut: Korruption - Zur Soziologie nicht immer abweichenden Verhaltens, Königstein/Ts. 1985, S. 202 - 227.

Smith, Adam:
Der Wohlstand der Nationen, herausgegeben von Horst C. Recktenwald, 6. Aufl., München 1993

Smith, Theodore M.:
Corruption, Tradition, and Change in Indonesia, in: Heidenheimer, Arnold J. / Johnston, Michael / LeVine, Victor (Editor): Political Corruption, Second Edition, New Brunswick 1990, S. 423 - 440.

SPD - Bundestagsfraktion (Hrsg.):
Entwurf eines Gesetzes zur Bekämpfung der Korruption durch die Abschaffung der steuerlichen Absetzbarkeit von Schmier- und Bestechungsgeldern (Steuerliches Korruptionsbekämpfungsgesetz - StKBG), Bonn 1995.

Staudhammer, R.:
B.ananen R.epublik D.eutschland - Parteienfinanzierung im Zwielicht von Korruptionsaffären und Skandalgeschichten, in: Vorgänge - Zeitschrift für Bürgerrechte und Gesellschaftspolitik, 27. Jg., Heft 6, 11/1988, S. 77 - 101.

Steiert, Rudolf:
"Korruption": Zum Verfall der politischen Ordnung in der klassischen Theorie, in: SOWI, 16. Jg., Heft 1, 1987, S. 28 - 32.

Stewart, Debra W. / Stewart Cynthia V.:
Controlling Corruption in Post - Communist Societies: A study of Decommunization Process in Poland and the Former Czecholovakia. Presentation at the Third International Conference on Ethics in the Public Service, Israel 1993.

Streissler, Erich:
Zum Zusammenhang zwischen Korruption und Wirtschaftsverfassung; Korruption im Vergleich der Wirtschaftssysteme, in: Brünner, Christian (Hrsg.): Korruption und Kontrolle, Wien 1981, S. 299 - 328.

Sturminger, Alfred:
Die Korruption in der Weltgeschichte, München 1982.

Sturn, Richard:
Geld als Medium der Korruption, in: WiSt, Heft 10, 1992, S. 520 - 524.

Theobald, Robin:
Corruption, Development and Underdevelopment, London 1990.

Tilman, Robert O.:
Black - Market Bureaucracy, in: Heidenheimer, Arnold, J. (Editor), Political Corruption, Readings in Comparative Analysis, New Jersey 1978, S. 62 - 64.

Truong, Thanh-Dam:
Sex, Money and Morality: Prostitution and Tourism in Southeast Asia, London 1990.

Turow, Scott:
What´s Wrong with Bribery?, in: Journal of Business Ethics, Vol. 4, 1985, S. 249 - 251.

Uibopuu, Henn-Jüri:
Korruption im Spiegel der internationalen Praxis und des Völkerrechts, in: Brünner, Christian (Hrsg.): Korruption und Kontrolle, Wien 1981, S. 281 - 297.

United Nations (Editor):
Dicussion Guide to Ninth United Nations Congress on the Prevention of Crime and the Treatment of Offenders, New York 1993.

United Nations (Editor):
The United Nations Code of Conduct on Transnational Corporations, New York 1986.

United Nations Centre for Social Development and Humatitarian Affairs (Editor):
Crime Prevention and Criminal Justice in the Context of Development: Realaties and Perspectives of International Cooperation - Pratical Measures against Corruption, New York 1993.

United Nations Interregional Crime and Justice Research Institute (Editor):
UNICRCI Workprogramme 1993, Rome 1992.

US - Government:
SEC Voluntary Compliance Program on Corporate Disclosure, Staff Study by the Subcommittee on Oversight and Investigations, Washington (DC) 1976.

Vahlenkamp, Werner / Knauß, Ina:
Korruption - hinnehmen oder handeln? BKA - Forschungsreihe Band 33, Korruption - ein unscharfes Phänomen als Gegenstand zielgrichteter Prävention, Ergebnisse eine Forschungsprojekts, Wiesbaden 1995.

Veyne, Paul:
Brot und Spiele, Wahl und Bestechung im alten Rom in: Merkur, Zeitschrift für europäisches Denken, 42. Jg., Heft 8, 1988, S. 657 - 668.

Vollrath, Ernst:
Korruption in der Politik und Korruption der Politik, in: Zeitschrift für Politik, 24. Jg., Heft 4, 1977, S. 332 - 341.

Voslensky, Michael S.:
Sowjetunion: Die korrupte Nomenklatura, in: Fleck, Christian / Kuzmics, Helmut: Korruption - Zur Soziologie nicht immer abweichenden Verhaltens, Königstein/Ts. 1985, S. 159 - 173.

Wagener, Hans-Jürgen:
Zur Analyse von Wirtschaftssystemen, Berlin 1979.

Ward, Peter M. (Editor):
Corruption, Development and Inequality, Soft Touch or Hard Graft?, Portsmouth 1989.

Watrin, Christian:
Ordnungs- und wirtschaftspolitische Grundlagen Sozialer Marktwirtschaft,
in: Klein, Werner (Hrsg.): Soziale Marktwirtschaft: Ein Modell für Europa,
Berlin 1994, S. 9 - 30.

Weber, Max:
Der Sozialismus, Weinheim 1995.

Weede, Erich:
Ungleichheit durch Umverteilung, in: Hirscher, Gerhard / Leben, Burkhard
(Hrsg.): Soziale Marktwirtschaft und Demokratie, München 1994, S. 52 - 61.

Wehrschütz, Christian:
Die neuen Feinde der offenen Gesellschaft - Totalitäre Tendenzen westlicher
Großgesellschaften, in: Leube, Kurt R. (Hrsg.): Liberale Marktwirtschaft,
Wien 1992.

Weidenfeld, Ursula / Potthoff, Christian / Sauer, Ulrike:
Korruption: Ethischer Spagat, in: Wirtschaftswoche, Nr. 46 vom 10. 11. 1994,
S. 33 - 36.

Weidenfeld, Werner:
Einführung: Neue Wege in der europäischen Umweltpolitik, in: Wicke,
Lutz / Huckestein, Burkhard: Umwelt Europa - der Ausbau zur ökologischen
Marktwirtschaft, Gütersloh 1991, S. 9 - 19.

Weidmann, Rainer:
Wirtschaft in der Sowjetunion, in: Neue Gesellschaft - Frankfurter Hefte,
Heft 1, Januar 1986, S. 403 - 411.

Weise, Norbert:
Korruption - Schwierigkeiten der strafrechtlichen Verfolgung in der Praxis,
Manusskript zum Vortrag beim Liberalen Rechtstag "Korruption" am
25. 11. 1995 in Karlsruhe.

Wenger, Karl:
Subventionsmißbrauch, Subventionskriminalität und Subventionskontrolle, in: Brünner, Christian (Hrsg.): Korruption und Kontrolle, Wien
1981, S. 435 - 468.

Wertheim, W. F.:
Sociological Aspects of Corruption in Southeast Asia, in: Heidenheimer,
Arnold, J. (Editor): Political Corruption, Readings in Comparative Analysis,
New Jersey 1978, S. 195 - 211.

Wewer, Göttrik:
Prolegomena zu einer Untersuchung der Korruption in der Verwaltung, in:
Benz, A. / Seibel, W. (Hrsg.): Zwischen Kooperation und Korruption,
Baden Baden 1992, S. 295 - 324.

Wild, Karl:
Wo stille Gelder fliessen, in: Direktion für Entwicklungshilfe und
humanitäre Zusammenarbeit (Hrsg.): Entwicklung - Développment, Nr.
38, 1992, S. 22 - 24.

Wilhelm, Rolf:
Entwicklungshilfe im korrupten Umfeld?, in: Direktion für Entwicklungs-
hilfe und humanitäre Zusammenarbeit (Hrsg.): Entwicklung - Développment,
Nr. 38, 1992, S. 30 - 31.

Wilson, James Q.:
Corruption: The Shame of the States, in: Heidenheimer, Arnold J. /
Johnston, Michael / LeVine, Victor (Editor): Political Corruption, Second
Edition, New Brunswick 1990, S. 589 - 600.

Wolff, Volker:
Doppelmoral, in: Wirtschaftswoche, Nr. 46, vom 10. 11. 1994, S. 3.

Wurm, Felix J.:
Verbotene Zuwendungen im internationalen Wirtschaftsverkehr und die
aktienrechtliche Haftung des Vorstands einer Aktiengesellschaft, Bonn
1989.

Zachert, Hans - Ludwig:
Ist die Korruption in der Bundesrepublik auf dem Vormarsch?, Vortrag bei
der Tagung "Korruption - eine neue Qualität der Kriminalität in Deutschland?"
des Justizministeriums des Landes Baden-Württemberg am 05. 04. 1995
in Stuttgart.

Zachert, Hans-Ludwig:
Korruption und Korruptionsbekämpfung, Vortrag im Rahmen der nternationalen
Fachtagung der Friedrich - Ebert - Stiftung zum Thema: "Korruption in
Deutschland: Ursachen, Erscheinungsformen, Bekämpfungsstrategien" in
Berlin am 16. / 17.02.1995.

DUV DeutscherUniversitätsVerlag
GABLER·VIEWEG·WESTDEUTSCHER VERLAG

Aus unserem Programm

Hans-H. Bleuel
Wirtschaftspolitik der Systemtransformation
1996. XVI, 232 Seiten, Broschur DM 89,-/ ÖS 650,-/ SFr 81,-
GABLER EDITION WISSENSCHAFT
ISBN 3-8244-6393-8
Die Wirtschaftspolitiken der Systemtransformation in den mittel- und ost-
europäischen Ländern weisen grundlegende Defizite auf, die eine positivere
Wirtschaftsentwicklung verhindern. Der Autor deckt diese Defizite auf und
entwickelt Vorschläge für eine konsistentere Transformationsstrategie.

Ulrich Cordes
Das öffentliche Rechnungswesen
Datenquelle für den Staatssektor der Volkswirtschaftlichen Gesamtrechnung
1996. XIV, 214 Seiten, Broschur DM 89,-/ ÖS 650,-/ SFr 81,-
GABLER EDITION WISSENSCHAFT
ISBN 3-8244-6292-3
Was sind die Auswirkungen einer grundlegenden Neugestaltung des öffent-
lichen Rechnungswesens auf die Volkswirtschaftliche Gesamtrechnung
(VGR) und die Finanzstatistik? Leistet ein neues Rechnungsmodell einen
Beitrag zur Verbesserung der Datenbasis?

Martin Deckert
Liberalisierung in südostasiatischen Volkswirtschaften
Glaubwürdigkeit als kritischer Erfolgsfaktor in der Deregulierung von
Finanzsystemen
1996. XVI, 260 Seiten,
Broschur DM 98,-/ ÖS 715,-/ SFr 89,-
GABLER EDITION WISSENSCHAFT
ISBN 3-8244-6378-4
Der Autor untersucht anhand einer detaillierten Bestandsaufnahme der ein-
zelnen Finanzsysteme die Gründe der erfolgreichen Liberalisierungsstrate-
gien und gibt einen Überblick über den gegenwärtigen Stand der Deregulie-
rung.

Thorsten Feix
Räumliche Wirtschaftsstruktur und Industriepolitik
1996. XVIII, 188 Seiten,
Broschur DM 89,-/ ÖS 650,-/ SFr 81,-
GABLER EDITION WISSENSCHAFT
ISBN 3-8244-6306-7
Der Autor zeigt, wie die moderne Volkswirtschaftslehre die räumliche Wirt-
schaftsstruktur erklärt und welchen bedeutenden Einfluß die Industriepolitik
spielt. Im Ergebnis rät der Autor ab, die Industriepolitik für räumliche Struk-
turziele einzusetzen.

DeutscherUniversitätsVerlag
GABLER · VIEWEG · WESTDEUTSCHER VERLAG

Roland Felkai
Die Reform des ungarischen Steuersystems
Ausgestaltung der Besteuerung bei Einführung der Marktwirtschaft
1996. XVII, 201 Seiten, Broschur DM 89,-/ ÖS 650,-/ SFr 81,-
GABLER EDITION WISSENSCHAFT
ISBN 3-8244-6430-6
Der Autor analysiert das sozialistische Steuersystem Ungarns und zeigt
dessen Mängel vor dem Hintergrund der Systemtransformation auf. Darauf
aufbauend stellt der Autor die Reform der einzelnen Steuerarten kritisch
dar.

Bernhard Funk
Diebstahl im Handel
Deliktbekämpfung im Spannungsfeld zwischen Ökonomie und Rechtsnorm
1996. XII, 182 Seiten, 15 Abb., 2 Tab.,
Broschur DM 89,-/ ÖS 650,-/ SFr 81,-
DUV Wirtschaftswissenschaft
ISBN 3-8244-0321-8
Im Spannungsfeld zwischen steigender Deliktzahl und rechtspolitischen
Vorstößen zur sogenannten "Entkriminalisierung" zeigt Bernhard Funk, daß
Diebstahlsvermeidung nicht zum Nulltarif zu haben ist und folglich auch
einem ökonomischen Kalkül unterliegt.

Torsten George
Das Ladenschlußgesetz auf dem Prüfstand
Beschäftigungseffekte einer Flexibilisierung der Ladenöffnungszeiten
1996. XVIII, 261 Seiten,
Broschur DM 98,-/ ÖS 715,-/ SFr 89,-
GABLER EDITION WISSENSCHAFT
ISBN 3-8244-6317-2
Im Mittelpunkt der Untersuchung steht die Beschäftigungswirkung einer
Flexibilisierung der zeitlichen Betriebsbereitschaft. Bei den gegenwärtig
diskutierten Modellen ist zu befürchten, daß es zu einem Beschäftigungs-
rückgang kommt. Der Autor zeigt Alternativen.

Marek Jenöffy-Lochau
Medien, Propaganda und Public Choice
1997. XVII, 217 Seiten, 41 Abb., 18 Tab.,
Broschur DM 89,-/ ÖS 650,-/ SFr 81,-
DUV Wirtschaftswissenschaft
ISBN 3-8244-0329-3
Diese Arbeit versucht, Präferenzen von Individuen als Aggregat in der Vergangenheit aufgenommener Informationen zu verstehen. Dadurch wird er-
klärbar, welche individuellen Präferenzen stabil und welche durch Medien
beeinflußbar sind, was unter Regulierungsaspekten von weitreichender Bedeutung ist.

DUV DeutscherUniversitätsVerlag
GABLER · VIEWEG · WESTDEUTSCHER VERLAG

Richard Reuter
Dumping aus marktökonomischer Sicht
1996. XX, 287 Seiten,
Broschur DM 98,-/ ÖS 715,-/ SFr 89,-
GABLER EDITION WISSENSCHAFT
ISBN 3-8244-6329-6
Kern der Arbeit ist die Klärung des Phänomens "Dumping" mit umfassenden marktökonomischen Argumenten. Die Bedingungen für Dumping werden herausgearbeitet, so daß sein Auftreten auf bestimmten Märkten prognostiziert werden kann.

Peter Stauvermann
Endogenes Wachstum in OLG-Modellen
Normative und positive Aspekte der "Neuen Wachstumstheorie"
1997. X, 161 Seiten,
Broschur DM 89,-/ ÖS 650,-/ SFr 81,-
GABLER EDITION WISSENSCHAFT
ISBN 3-8244-6445-4
Der Autor diskutiert insbesondere Maßnahmen wie beispielsweise Subventionierung der Kapitalbildung, Intergenerationelle Umverteilungsmaßnahmen oder Distributionspolitik und untersucht die wachstumstheoretischen Konsequenzen dieser Staatseingriffe im Detail.

Andreas Oliver Vogt
Korruption im Wirtschaftsleben
Eine betriebswirtschaftliche Schaden-Nutzen-Analyse
1997. XIV, 187 Seiten,
Broschur DM 89,-/ ÖS 650,-/ SFr 81,-
GABLER EDITION WISSENSCHAFT
ISBN 3-8244-6447-0
Der Autor zeigt in seiner betriebswirtschaftlichen Analyse, daß neben den rechts- und gesellschaftspolitischen Aspekten insbesondere der mikroökonomische Nutzen und der makroökonomische Schaden bei der Untersuchung korruptiver Geschäfte betrachtet werden müssen.

Die Bücher erhalten Sie in Ihrer Buchhandlung!
Unser Verlagsverzeichnis können Sie anfordern bei:

Deutscher Universitäts-Verlag
Postfach 30 09 44
51338 Leverkusen